El origen de la hispanofobia de la izquierda española

JOSÉ LUIS POZO FAJARNÉS

El origen de la hispanofobia de la izquierda española

El marxismo contra la idea de España

SEKOTIA

SEKOTIA
www.sekotia.com
@sekotia

Primera edición: marzo de 2025

Sekotia • Colección Reflejos de Actualidad
Editor: Humberto Pérez Tomé Román

info@almuzaralibros.com
Parque Logístico de Córdoba. Ctra. Palma del Río, km 4
C/8, Nave L2, nº 3. 14005 - Córdoba

Imprime: Romanyà Valls
ISBN: 978-84-19979-71-1
Depósito legal: CO-541-2025
Hecho e impreso en España - *Made and printed in Spain*

A mi hermana Begoña, que no ha dejado de preocuparse por mí desde que vino a este mundo, ya mi cuñado José Antonio. Con todo mi cariño.

ÍNDICE

INTRODUCCIÓN

Aunque no podemos generalizar, en España se da la circunstancia de que los que *son* de izquierdas, sean militantes de los partidos situados en ese arco ideológico o sean meramente votantes de esos mismos partidos, se caracterizan por minusvalorar el fundamento que les identifica desde su nacimiento, se identifican por denigrar a España y lo que implica ser español. Entre la izquierda española se da un rechazo de nuestros símbolos nacionales: de la bandera y del himno nacional. Y también se da entre ellos un desprecio por las corporaciones más cercanas a esas simbologías rechazadas. Se desprecia de un modo u otro la labor de las instituciones con un carácter más españolizante: el Ejército, la Guardia Civil o la Policía nacional. Haciendo de ese modo el caldo gordo a otras ideologías que no son de izquierda. Nos referimos a los partidos nacionalistas que proliferan en España desde hace más de un siglo. Esto es lo que lamentablemente comprobamos en nuestra nación, que hay cada vez más representantes y votantes de izquierdas que desprecian todo lo que sea o les suene a «español». Desprecio que podemos calificarlo sin tapujos de «odio a España», de «hispanofobia».

Sabemos que empezar un libro del modo en el que lo estamos haciendo deriva en que un importante número de españoles, votantes de izquierda y votantes de partidos nacionalistas, no sigan leyendo. Los prejuicios que les invaden hacen que la sola mención de «España» provoque rechazo. Los que rechazan el contenido de este libro que usted está comenzando a leer, tras mirar su título —o incluso habiendo leído el párrafo anterior, imaginamos que tras haberse puesto unos guantes de nitrilo— habrán optado, al sentirse impelidos a ello, por echar el libro a las llamas.

Pese al tono jocoso de las anteriores líneas, nos resulta muy triste percatarnos de los motivos que nos han llevado a afirmarlo. Percatarnos del gran problema que tenemos los españoles. Todos los españoles, incluso los que reniegan de serlo. Un problema que no puede asimilarse a ningún otro en el presente o en el pasado. Aunque el desprecio por un Estado ha sido habitual, al menos desde que tenemos referencias históricas, de lo que no tenemos ninguna referencia es que hayan sido los propios ciudadanos de un Estado los que asuman el desprecio que sienten los otros. Haciendo de él un autodesprecio destructivo. Otros Estados, hayan sido imperialistas (Reino Unido, Francia, Holanda, etc.) o no (Yugoslavia, Checoslovaquia, Unión Soviética, etc.), han sufrido el odio de los que fueron subyugados, interna o externamente, pero no conocemos que el desprecio o el odio se autoinfringiera por parte de los nacidos en sus respectivos suelos, del modo generalizado que se da en grandes grupos sociales en la España de las últimas décadas: los grupos enmarcados por nosotros en núcleos ideológicos de izquierdas y nacionalistas. La historia de España, que en un tiempo fue historia Universal, pues España fue la responsable de escribirla, no tiene parangón. Lo que sucede en España, en las últimas décadas, no tiene referencias que nos sirvan de ejemplo para intentar revertir la situación. Aquí nos proponemos analizar una de las vertientes ideológicas que nos han puesto en esta situación. Dejamos para otras futuras ocasiones el estudio del ideario nacionalista, y nos centramos en algunos aspectos del modo de ver actual de la izquierda española: La vertiente ideológica de los fundadores de la izquierda marxista[1]. Nuestro análisis no pretende ser definitivo sino meramente introductorio de un estudio que los más interesados —nosotros, los españoles— tendríamos que asumir, si queremos que nuestro futuro no sea tan oscuro como el que a día de hoy estamos intuyendo. Un futuro que sería la desaparición de nuestra nación. Si España se rompe, las partes resultantes serían dependientes en grado sumo de otras naciones, de Alemania y de Francia, por muy «Europa» que se autodenominen para esconder lo que realmente son: naciones muy diferentes entre sí y respecto de nosotros (Europa no deja de ser solo una idea, un mito que nunca alcanzará el estadio de «paz perpetua» que auguró el filósofo Immanuel Kant). Donde no podrá nunca disolverse España, si es que el celo nacionalista lo consigue, es en la sociedad pensada por el marxismo, pues esa sociedad quedó destruida por el peso de los cascotes del muro de Berlín, cuando los ciudadanos alemanes, en representación de todos los que vivieron en el socialismo real, en representación de todos los que fueron subyugados por la hoz y el martillo, se armaron con todas las herramientas que encontraron, para destruirlo con vengativo denuedo.

Así pues, partimos del reconocimiento de que para explicar la asunción de las ideas negrolegendarias de la izquierda española —las ideas que asumen y que derivan en un rechazo de lo que fue España, y consiguientemente de lo que es hoy— deberían considerarse muchas circunstancias. Circunstancias que

1 Algunos podrán preguntarnos si hay alguna otra izquierda que no tenga que ver con el marxismo. A ello contestaremos siguiendo a Gustavo Bueno, en su libro *El mito de la izquierda*, que hubo generaciones previas de la izquierda antes de Marx: la de los jacobinos franceses, y en España la izquierda liberal. A esta última nos vamos a referir ampliamente en este libro, pues Marx hace una disección de gran interés sobre la misma en diferentes artículos y cartas que aquí tendremos en consideración. Disección realizada desde su modo de entender los movimientos sociales, y que es la que ha provocado nuestro interés. Tanto, que sin tales escritos este libro no tendría ningún sentido.

no pueden ser desarrolladas en las pocas páginas de este libro. De todas ellas solo vamos a atender a las que dirigen nuestro interés actual: el que enfoca el subtítulo de este libro, referido a los aspectos que tienen que ver con el marxismo, y más concretamente con la divulgación de la ideología hispanofóbica de la que ese marxismo ha hecho gala. El papel desarrollado por esta ideología es, según nuestro criterio, imprescindible para entender el porqué de la actual hispanofobia característica de la izquierda española.

Lo que pretendemos con este libro es desarrollar uno de los capítulos de una labor que, desde nuestro modo de ver el problema que nos acucia, es enciclopédica, pues se adecua a la gravedad de la situación en la que España está a día de hoy. Situación que tiene una muy difícil solución. Aunque no imposible. De ahí que nos tomemos tan en serio el diagnóstico, para poner los medios de su solución. El paso que ahora estamos dando sigue la senda de los que previamente comenzaron el arduo recorrido que llevará a la disolución de la ideología negrolegendaria. Autores como Gustavo Bueno (con textos como *España frente a Europa* y *España no es un mito*); Iván Vélez (*Sobre la Leyenda Negra* y *El mito de Cortés*); o Elvira Roca Barea (*Imperiofobia y leyenda negra* y *Fracasología*); Pablo Victoria (*El día que España derrotó a Inglaterra* y *España contraataca*); y un etcétera todavía no tan extenso como esperamos que sea en el futuro.

Es pertinente sacar a la luz el absurdo que supone rechazar nuestra patria y nuestros orígenes, pues con ello hacemos un flaco favor al futuro que paralelamente estamos construyendo. Un futuro en el que los que tendrán que bregar serán nuestros hijos. Teniendo en cuenta que muchos de esos hijos lo son de las gentes de izquierdas que con su modo de entender lo que es España son cómplices de su desmoronamiento, y con ello, de la destrucción de las posibilidades de futuro de su progenie. Uno de los síntomas que debieran preocuparnos a todos es el de que, tras llevar a cabo una muy costosa formación, muchos jóvenes se vayan a desarrollar su trabajo, y a echar raíces, en otros países de Europa.

Una vez establecidas las líneas generales que dirigieron el interés para este proyecto ensayístico, tenemos que descubrir que los primeros en los que focalizaremos nuestro estudio son los padres del marxismo: Carlos Marx y Federico Engels, además de los ideólogos soviéticos que comentaron las opiniones que vertieron los dos anteriores sobre España. Todos ellos son a nuestro juicio figuras de gran relevancia para explicar por qué la actual izquierda española se ha convertido en el núcleo más preocupante para la trasmisión de ideas hispanófobas. Este es el enfoque que nos permitirá delimitar los aspectos que para nosotros son los más relevantes en nuestra argumentación.

Pues bien, debemos comenzar señalando que los avatares de la historia europea de la segunda mitad del siglo XIX encumbraron la figura de Marx. La encumbraron sobre todo a raíz de los sucesos acaecidos en Francia en 1871. Nos referimos a lo que conocemos como la «Comuna de París». Lo que sucedió en esa ciudad en ese momento, del que fue testigo presencial Carlos Marx, proyectaría internacionalmente a su persona y a su obra. Y si a esto le añadimos el triunfo de la Revolución rusa de 1917, concluiremos en lo que se dio después de ella, que no fue otra cosa que la definitiva proyección del marxismo y su posterior desarrollo. Si esto último no hubiera sucedido, la relevancia de Marx como filósofo no sería la que es. Uno de los efectos del encumbramiento de su ideario derivó en que unos escritos sin firmar, publicados en el *New York Daily Tribune* a mediados del siglo XIX, hayan pasado a erigirse en obra excelsa de su autor. Unos artículos en los que Marx habla de España y que son parte importante de lo que en este texto nos compete.

Estos artículos fueron sacados del anonimato por obra y gracia de la institución soviética dedicada a compilar toda la obra escrita por los padres del marxismo: el propio Marx y su amigo, y estrecho colaborador, Federico Engels. Una institución que comenzó su andadura poco después de la Revolución rusa. Solo tenemos que darnos cuenta de que doce años después de que esta se diera, Andrés Nin pudo verter al español los primeros textos neoyorkinos rescatados[2]. El olvido de los mismos había durado más de medio siglo.

Como los argumentos expresados por Marx y Engels no son aceptados por nosotros, consideramos necesario clarificar, en la medida de lo posible, el porqué de nuestro rechazo, presentando aquí una primera aproximación de las líneas por las que vamos a dirigir nuestra argumentación:

—Marx y Engels hicieron afirmaciones adaptadas a su modo de ver la situación. Las ideas manejadas por ellos cobraban un sentido diferente dependiendo de sus interpretaciones. Una de estas ideas es la de «nación». Idea que trataremos de expresar con claridad, pues si no lo hacemos no podremos oponernos al diagnóstico erróneo que proponen de la España de su época.

—Al hacer en sus textos alusión a la historia del pasado imperial español, Marx manejaba ciertos datos que no eran del todo fiables, o incluso erróneos. Pudiera ser debido a que no se preocupara por contrastar algunas de sus afirmaciones. O que, a sabiendas de que manejaban datos poco fiables, los dieran por válidos.

—Por último, sospechamos que algunas afirmaciones han sido manipuladas o tamizadas en base a anotaciones añadidas en las ediciones soviéticas posteriores. La mayor parte de los textos, en los que basamos nuestro análisis, son traducciones que, en algunos casos, no pueden ser contrastadas, debido a

2 Andrés Nin fue un famoso anarquista y comunista de la época, fundador de partidos como el ICE, de adscripción trotskista, y el POUM que se definía como antiestalinista, y que fue asesinado en 1937 por orden de Stalin. Para más detalles: http://nodulo.org/ec/2003/n021p18.htm

que no nos ha sido posible acceder a los textos originales, sino solo a las distintas ediciones del texto: las soviéticas y las españolas (incluidas algunas hispanoamericanas). Es más, nuestras sospechas de que estas ediciones —sobre todo las basadas en las soviéticas— han sufrido algunos cambios interesados deriva de que ello era hábito en la URSS desde la época de Stalin. Con todo, como esto no puede ser demostrado, solo expresamos «sospechas». Aunque, de algunas de ellas, daremos más adelante datos que las confirman de un modo u otro.

Los libros compilatorios de los textos de Marx y Engels, con anotaciones aclaratorias de los editores, marxistas en su mayoría, y tanto españoles como soviéticos, se nos han presentado, a lo largo de casi cien años, en muy distintas y numerosas ediciones, las cuales vamos a tener en consideración, sin dejarnos ninguna de ellas. Según sea el interés del editor, las compilaciones de artículos y cartas son diferentes, dejando sin publicar en algunos casos muchos artículos, y en otros muy pocos. Pero en ningún caso tenemos una recopilación que adicione todos los que conocemos. Eso lo podemos afirmar con todo rigor, pues hemos cotejado todas ellas. Por regla general, las ediciones de estos textos se titulan de modos muy similares, siendo el título más habitual *La revolución en España*. Título que el propio Marx expresó y que es el de la serie de artículos en que se refiere a la España de la época Moderna. Estos artículos históricos sí están presentes en todas las ediciones conocidas, y fueron publicados a finales de 1854 como artículos de fondo[3] en el *New York Daily Tribune* (diario que era el de mayor tirada de todo el mundo por esas fechas). En ellos hace su lectura de la historia de España, comenzando por afirmar cómo se llegó a la unificación de España, con la monarquía de los Reyes Católicos,

3 Un artículo de fondo es un texto que se supone fundamentado por ser escrito por un especialista en el asunto a tratar.

que la unificó: «En la formación de la monarquía española se dieron circunstancias particularmente favorables para la limitación del poder real. De un lado, durante el largo pelear contra los árabes, la península iba siendo reconquistada por pequeñas partes, que se constituían en reinos separados. Durante ese pelear se adoptan leyes y costumbres populares. Las conquistas sucesivas, efectuadas principalmente por los nobles, otorgaban a éstos un poder excesivo, en tanto mermaban la potestad real» (Marx, 1974: 9)[4].

Esta primera cita nos permite ver cuáles son los intereses que Marx tiene en su lectura de los acontecimientos políticos de la España de los años cincuenta, aunque para ello da marcha atrás y se asesora en asuntos de nuestra historia, haciendo hincapié en el periodo imperial, el que comienza con los reyes católicos y continúa con el de los reyes Austrias. Como podemos observar, su doctrina relativa a la lucha de clases como motor de los hechos históricos ya la encontramos en el texto. La encontramos cuando señala la adopción de «leyes y costumbres populares», o cuando menciona el «poder excesivo» de los nobles, tendente a mermar el poder del rey y confrontado a las leyes populares mencionadas. Pero tal lectura está sesgada. Lo podemos comprobar si atendemos a que el poder de los nobles españoles tiene un origen diferenciador, el derivado de las circunstancias guerreras que se dieron en la Península ibérica. Una lucha que fue una constante frente al Imperio islámico. Esta circunstancia fue la que diferenció la historia de España y Portugal, con respecto a la del resto de los reinos europeos. El diagnóstico de feudalización del territorio romanizado, tan importante en la doctrina marxista, que no se dio en España. Pero de esto Marx nada nos dice. La confrontación imperialista

4 Las distintas ediciones de Marx que citaremos las diferenciaremos en base al año de edición. Al final del texto, en la bibliografía podrá comprobarse a que compilación se refiere ese año, y su edición correspondiente.

entre España y el Islam como motor de cambio se desdeña. Por tal confrontación y por vencer a ese imperialismo, España se unificó y se transformó en el Imperio que fue. Pero a eso Marx no le da importancia, y solo atiende a un factor de ínfima relevancia transformadora de la historia, al de la lucha de clases. Un factor de cambio que en absoluto explica por qué sucedió lo señalado.

No podemos dejar de reconocer, pese a los intereses que mueven los análisis de Marx que las críticas que hace de algunos políticos de la época no están fundamentadas. Muchos representantes políticos españoles fueron nefastos para su presente y estamos todavía pagando los efectos de sus decisiones. Pero pese a este reconocimiento que dejamos aquí negro sobre blanco, nuestro mayor interés deriva en contrastar la doctrina implicada en las afirmaciones que nos regala, todas ellas dependientes de su modo de ver, que en absoluto compartimos, tal y como el lector irá comprobando. Su modo de ver la historia de España trastoca los acontecimientos. Su interpretación ideológica lleva a derivar algunas conclusiones que se alejan de la realidad que se trata de describir[5]. Pero nuestro mayor interés se centra en denunciar las palabras de Marx y Engels, y las de sus comentadores de estos textos, cuando son fruto de atender a mentiras históricas.

Esas mentiras que vamos a denunciar son las que, conectadas unas con otras, fueron armando, con el transcurrir del tiempo, el discurso de una historia–ficción que se ha venido en llamar la «Leyenda Negra» (sintagma que se preocupó

5 Aquí nos distanciamos de su modo de entender lo que entiende por «crítica». Él mismo señalaba que la crítica tenía como finalidad derrocar a toda ideología (la ideología imperante en cada momento histórico diferenciado; momentos que compartimentó mediante su propuesta de «modos de producción»; modos en los que el ideario que impregnaba la sociedad de cada uno de ellos era el de las clases explotadoras). Pero nosotros defendemos que su modo de hacer filosofía era tan ideológico como el de las que quería demoler.

por divulgar Julián Juderías, para defenderse de ese modo de sus mentiras). Muchas son las leyendas negras de diferentes Estados con ínfulas imperialistas, incluso que fueron y son Imperios consolidados, pero la que le dio nombre y no amerita calificativo geográfico es la de España, pues fue la primera en armarse como tal. Siendo estructurada a partir de los relatos que inventaron los enemigos del Imperio español de los siglos XVI al XVIII. A lo largo de este libro se irán desgranando esas mentiras asumidas por Marx, Engels y los marxistas que se mencionarán, incluso algunos que no lo son, pero que comparten con todos ellos el punto de vista negrolegendario que caracteriza sobre todo a la izquierda española. Además de ello queremos incidir en que dado que los textos de Marx y Engels sobre España se han editado tantas veces, y tengan tan fácil acceso[6], nos permite señalar a los padres del marxismo como unos de los autores hispanófobos más conspicuos.

6 Estos textos también pueden leerse en Internet, en muy diferentes páginas web que pertenecen a diferentes grupos marxistas. Grupos que, pese a que los consideremos trasnochados y poco operativos, siguen teniendo mucho predicamento.

1.
LOS ESCRITOS DE MARX SOBRE ESPAÑA

A lo largo de la segunda mitad del siglo XIX, Carlos Marx y Federico Engels se preocuparon por la España de la época. Los textos sobre España pudieron leerse en artículos escritos en revistas, en enciclopedias y en periódicos. También en la correspondencia personal, la que cruzaban entre ellos, o la que dirigían a terceros. Esto último, sobre todo por parte de Engels, en los últimos años del siglo XIX, habiendo fallecido ya Marx.

En el año 1854, Marx vivía en Londres, tras ser expulsado de Alemania y de Francia, por sus implicaciones en movimientos revolucionarios de años anteriores. Trabajaba como corresponsal para el diario estadounidense *New York Daily Tribune*. Los primeros textos que vamos a tener en cuenta aquí fueron publicados en ese periódico entre el 4 de julio y el 2 de diciembre de ese año. En ninguno de ellos aparece la firma del autor, lo que no es óbice para que sepamos, sin ningún género de duda, que son de su autoría.

Estos primeros escritos de Marx sobre España, y otros que le siguieron, son fruto de su labor como periodista. Labor que no puede dejar indiferente a ningún lector de hoy en día, pese a que hayan transcurrido casi dos siglos. Sea este lector español o sea un lector interesado en lo que fue y es España. Podríamos incluir a Marx en el abultado grupo de autores hispanistas *no españoles*. Un fenómeno bastante atípico, el de los autores hispanistas no españoles, pero que se entiende por el relevante papel que tuvo España en la Historia. Lo que en este texto estamos haciendo con Marx sería preciso realizarlo con todos los demás, pues el sesgo negrolegendario es común, aunque a diferente escala, en todos ellos, debiendo ser denunciado en cada uno de los casos. En este libro incidimos en lo que Marx tiene de autor hispanófobo, y paralelamente tendremos que referirnos a lo que dicen los autores «hispanistas» en que se apoya, para hablar de España del modo en que lo hace.

Los que denunciamos a los autores relacionados con la Leyenda Negra, de todos los tiempos, no debemos callar, para así sacar a la luz las mentiras y los juicios muy poco adecuados referidos al protagonismo español en la Historia, y su impronta en la actualidad.

1.1. LAS DIFERENTES EDICIONES DE LOS TEXTOS DE MARX Y ENGELS SOBRE ESPAÑA, EN ESPAÑOL

Muchos son los que acuden a los escritos de Marx y Engels sobre España. La mayoría a través de Internet, pues allí están a disposición del que quiera las ediciones de la editorial soviética Progreso. Pero la primera vez que se publicaron algunos de estos textos sobre España, tras ser traducidos del inglés (idioma en el que Marx los escribió), fue en 1929. La editorial que los publicó fue Cenit, titulando el libro: *La revolución española*. Y en el prólogo que también podemos leer se dice algo de sumo interés: que en España estos artículos de Marx no eran conocidos; que durante más de setenta años nadie tuvo noticia de ellos. Solo cuando el *Instituto Marx y Engels* de Moscú los recuperó, pudieron ser traducidos al español. Labor que desarrolló Andrés Nin en esa misma ciudad rusa. En esa edición primera en español debemos destacar algunos comentarios realizados a pie de página por Jenaro Artiles, que resuelven o aclaran algunos puntos controvertidos de las afirmaciones de Marx.

Los textos compilados en esta primera edición en español, son los artículos en los que Marx analiza lo que él considera periodos revolucionarios de la historia de España: desde 1808 hasta las fechas en las que está escribiendo, pero retrotrayéndose al papel de España en siglos anteriores. Se refiere a algunos «hechos» históricos relevantes para su argumentación. Comenzando por la herencia de los Reyes Católicos a su nieto Carlos. El recorrido histórico parte por tanto del siglo XV, y llega a la segunda década del siglo XIX, justo el momento en el que se dio el levantamiento de Riego y las convulsiones posteriores. Desde su modo de entender los porqués de los cambios históricos, Marx nos muestra cómo se había desarrollado la lucha de clases en la España moderna. Pero además de este interés, tal y como hemos señalado previamente, Marx nos sitúa, mediante unos pocos trazos, pero muy adecuados a lo que nos quiere trasmitir, en el marco de la debacle del Imperio español. Imperio que no tendrá problemas en calificar de «asiático». Con tal expresión lo diferencia de los diferentes modos históricos recorridos por los reinos europeos enfrentados a él. Unos reinos que parecen escribir, mediante su progresivo desarrollo, la historia de un modo recto, con el determinismo que caracteriza la propuesta marxista. Así es como denuesta la historia de España por comparación con la de los demás Estados europeos, que para Marx son los canónicos en el modo del devenir histórico que lleve a la emancipación del ser humano. Un progresar que se adapta a la racionalidad de su propuesta, y a la que España solo se adecua, según entendemos al leer estos artículos, en el siglo XIX.

Separado de la secuencia de artículos en los que estudia la acción revolucionaria de la España decimonónica, escribe uno que se diferencia de los demás, pues lo dedica exclusivamente a devaluar una de las figuras más relevantes —si no la que más— en la España de esa década: la del general Espartero. Los textos en que nos propone su visión de la España revolucionaria, sin contar el referido al general Espartero, son ocho, publicados en diferentes días en el *Tribune*, días que van del 9 de septiembre al 2 de diciembre de 1854. Un noveno artículo que continúa ese recorrido histórico, de fecha 23 de marzo de 1855, aparecerá solo en dos ediciones muy posteriores de estos textos. El título que se le dio a esta serie quizá fue lo que motivó que muchas de las ediciones de los escritos sobre España de Marx y Engels se titularan de modo muy similar. Mencionamos las ediciones de la editorial Ariel: *España revolucionaria*. Y las de la editorial soviética Progreso: *La España revolucionaria*.

1.2. LAS DIFERENTES EDICIONES DE LOS TEXTOS DE MARX Y ENGELS SOBRE ESPAÑA Y LAS APORTACIONES DE LOS EDITORES Y COMENTADORES

Las explicaciones dadas por los diferentes traductores e intérpretes que forman parte del cuerpo del denominado «marxismo», y que podemos leer en las notas que acompañan al texto, hacen que podamos presentar no solo una idea de España en Marx, sino la «idea de España en el marxismo».

En la traducción realizada en 1960 por Manuel Sacristán, podemos leer —en la introducción que él mismo escribe, la misma para las distintas ediciones, todas ellas de la editorial Ariel (publicadas entre 1960 y 1970)— que la traducción de 1929 de Andrés Nin es muy deficiente. Señala, por un lado, que es incompleta, algo que es más que evidente, pues solo aparecen en esa edición los artículos históricos sobre España a los que nos hemos referido previamente, precedidos por el que trata de Espartero. En la traducción de Nin se incluyen a pie de página las notas de Jenaro Artiles, muchas de ellas muy adecuadas pues no solo solventan errores históricos que Marx comete, sino que liman sus argumentos antiespañoles. Algo que nos permite diagnosticar que por esas fechas, la idea que la izquierda tenía de España es muy diferente a la que se daría con el paso de los años. La transformación se deja ver claramente al leer esa primera edición de Sacristán, tal y como vamos a poder comprobar.

Sacristán afirma algo con lo que no podemos estar de acuerdo o que, por lo menos, debemos de aclarar: que algunas deficiencias de su traducción se producen por pecar de un «ingenuo patriotismo» (Marx y Engels, 1960, pág. 9). Afirmación que solo entendemos si se pone el foco en las puntualizaciones que Artiles hace a las afirmaciones erróneas e interesadas de Marx, pues la traducción de las palabras de Marx no difieren en lo importante en la traducción que hace Sacristán.

Denunciamos que no fue un acierto de Sacristán desechar las clarificadoras notas históricas de Artiles, que el desacierto es de la postura hispanófoba de Sacristán. Y que al anularlas deriva en que las apreciaciones de Marx continúen trasmitiendo el sesgo que les quiso dar. Y denunciamos que la eliminación del «ingenuo patriotismo» la hace desde la posición moral en la que él mismo se sitúa por ser marxista (así lo suponemos, pues es algo siempre implicado en los seguidores de tal ideología, o de cualquier otra de izquierdas: la «superioridad moral»).

Las afirmaciones de Marx son interesadas, falsas, pese a que Marx dé datos sobre España recogidos en textos escritos por diferentes historiadores. Ya hemos dicho que los autores de referencia, en Marx, para atender a la historia de España, no tienen una opinión adecuada del papel protagonista de España. En el prólogo de la edición de Cenit se señala que Marx conocía el idioma español muy bien[7]. Pero ello no implica que para escribir los textos que escribió sobre España fuera necesario conocerlo. Muchos historiadores en los que se apoya eran ingleses y franceses, incluso uno de los historiadores españoles que menciona, Manuel Marliani, escribió sus textos sobre España en francés. Y en uno y otro idioma Marx se manejaba mucho mejor que en español.

En el artículo sobre Espartero, que cronológicamente es anterior a los que intitula *La España revolucionaria*, nombra alguno de los historiadores que conoce. A José Segundo Flórez, un historiador español que terminó por afincarse en Francia (Artiles nos da el título de la obra de Flórez que conoce Marx: *Espartero, historia de su vida militar y política y de los grandes sucesos contemporáneos*). A Manuel Marliani, del que dice el propio Marx que es «uno de los más fervientes partidarios de Espartero e historiador de la España contemporánea» (Marx, 1929, pág. 49), de su *Historia política de la España moderna* es de donde Marx toma más referencias históricas. Este texto de Marliani es profundamente negrolegendario[8]. Marliani fue un liberal gaditano, de padre italiano y casado con una francesa. Se le cataloga entre los denominados «progresistas exaltados».

---

7 En ese prólogo —escrito casi con toda seguridad por Wenceslao Roces— podemos leer la experiencia del famoso anarquista Anselmo Lorenzo, que lo entrevistó en Londres: «Mi respetable interlocutor (Carlos Marx) me habló de literatura española, que conocía detallada y profundamente, causándome asombro lo que dijo de nuestro teatro antiguo, cuya historia, vicisitudes y progresos dominaba perfectamente. Calderón, Lope de Vega, Tirso y demás grandes maestros… Marx hablaba regularmente, con buena sintaxis…» (Marx, 1929, págs. 25-26).

8 Es posible que el texto de Marliani fuera leído en francés, pues así fue editado en un primer momento, y Marx ya sabía francés, pues había leído a los socialistas utópicos en ese idioma. Según Paul Lafargue: «Marx leía todos los idiomas europeos y escribía tres: el alemán, el francés y el inglés, para admiración de los expertos lingüistas. Gustaba de repetir: «Una lengua extranjera es un arma en la lucha por la vida» Paul Lafargue, *Recuerdos de Marx*. Puede consultarse en https://www.marxists.org/espanol/m–e/bio/como.era.carlos.marx.pdf

Marliani era, además, proclive a los intereses de Inglaterra, tal y como comprobaremos cuando, más adelante, atendamos a su defensa de Espartero y su oposición a la monarquía borbónica. Marx también menciona al escritor e historiador Miguel Agustín Príncipe, redactor de *El Espectador* (quizá el menos sospechoso de ser antiespañol).

Como hemos apuntado, Artiles carga de apuntes históricos la narración de Marx, citando autores que en algunos casos eran contemporáneos de este último, como por ejemplo Ramón Mesonero Romanos. En otros casos no, pues eran posteriores, como Pío Zabala o Antonio Ballesteros. Las menciones a estos y otros, en los que Artiles se apoya para contextualizar las afirmaciones de Marx, no son tenidas en consideración por Manuel Sacristán (de su traducción tenemos cuatro diferentes ediciones, la primera de 1960, con seudónimo de Manuel Entenza, y las demás a su nombre, en 1966, 1970 y 1973, todas ellas publicadas por la editorial Ariel).

El tratamiento de Sacristán, al no limar las falsificaciones de Marx, adquiere el cariz hispanófobo que queremos denunciar. El cariz negrolegendario de los textos de Marx se verá más que reforzado todavía en la nueva traducción que aparece en las diferentes impresiones de los textos de Marx y Engels de la editorial Progreso. Solo tenemos que acudir a las notas al final incluidas para comprobarlo. Sobre todo a partir de la de 1974, pues estas notas se multiplican. Antes de la edición que aparece en esa fecha hay otras dos (en la edición que Pedro Ribas, titulada *Karl Marx y Friedrich Engels. Escritos sobre España*, de 1998, al leer la página 51 vemos que no están mencionadas, pese a que se jacte indirectamente en el texto de conocer todas). Son anteriores, pese a que no sabemos sus fechas de edición. En ellas solo aparecen 15 notas al final[9], frente a las 124 de las ediciones publicadas a partir de 1974.

Además de las tres ediciones de Sacristán en la editorial Ariel, de las cinco soviéticas y de la primera versión española de la Editorial Cenit, tenemos otras versiones reseñables: una edición cubana, de 1975, en la que desaparecen los textos de Engels, salvo el informe que sobre España escribió al denominado «Comité»: *Los bakuninistas en acción* (unas revueltas anarquistas conocidas como *La revolución del petróleo*). Este texto de Engels está presente en todas las ediciones salvo en la primera de Cenit. La edición trasatlántica aprovecha la traducción de los soviéticos y conserva casi todas las notas que aparecen en la edición que Progreso había hecho en la edición de 1974[10].

En 1978 la editorial Planeta, hace una nueva edición, en este caso ilustrada, pues intercala diversas fotografías en su texto. La versión, esta vez, es a cargo de un perfecto desconocido, E. B. Clarià, y lleva por título *Escritos sobre España*. Planeta parece ser que quiso hacer de este texto un *best seller*, dado el tipo de edición que hicieron y el momento concreto de su publicación. En ese momento el PCE (Partido Comunista de España) estaba en boca de todo el mundo. Había tenido un importante respaldo entre los votantes de las primeras elecciones democráticas que se dieron en España. Éxito que nunca volvió a repetir. Aquí los textos se reordenan, pero desaparecen unas interesantes cartas escritas en español que Engels dirige, entre 1871 y 1893, a los comunistas españoles, y que se habían publicado en las ediciones moscovitas de 1974 y de ese mismo año de 1978.

---

9 Las dos ediciones son diferentes porque una y otra tienen respectivamente 240 y 244 páginas. Una diferencia que no es por mayor contenido en una que en otra, sino por tener distinta tabulación.

10 Ribas también considera dos ediciones que no conocemos: una de Buenos Aires, desglosada en cuatro folletos publicados entre 1937 y 1938, y otra de La Habana, de 1943.

Tampoco podemos leer, en esta edición de Planeta, el texto publicado en las ediciones moscovitas. Texto que tiene que ver con el futuro papel de Engels con la organización obrera española: *Marx y Engels. Acerca de la I Internacional en España* (pese a que el nombre de Marx aparece en él, la casi totalidad de lo que podemos leer es de Engels)[11].

Veinte años después, con el mismo título, se publica la edición firmada por Pedro Ribas, que continúa la tarea ordenadora, en base a la cronología, de la edición de Planeta. Ribas intercala algún escrito inédito menor, como los titulados *Albuera*, *Ayacucho* y *Zaragoza-París*, y otros dos textos que se añaden a los primeros artículos de Marx sobre España: *Junta Central (borrador)* y *Fragmento inédito.* Estos dos artículos recuperados, también aparecen en otra edición posterior de 2009, publicada por Alianza, que tendrá reedición en 2014. Y que está firmada por Jorge de Palacio. Esta nueva entrega no es muy completa, pues solo atiende a los artículos ya publicados por Cenit, añadiéndoles el noveno de la serie histórica

11 Queremos destacar una relevante falta de rigor en la propuesta que Santiago Armesilla hace en su libro *El marxismo y la cuestión nacional española* (El viejo Topo, Barcelona 2017). Armesilla no atiende a la Edición de Progreso, lo que le lleva a cometer un grave error, pues propone que los conflictos que se dan en la España de los años setenta del siglo XIX, son un nuevo periodo revolucionario no considerado por el marxismo (que es él *el primero en proponerlo* como «quinto periodo revolucionario»). Un periodo en el que el «pueblo español» sería el protagonista de un posible cambio en la Historia (como los cuatro anteriores mencionados por Marx en sus textos sobre España). Por otra parte, resalto el sintagma «pueblo español» para incidir en algo que el propio autor afirma, siguiendo las tesis de Marx y Engels: la entidad metafísica «pueblo español» es el motor de los cambios históricos. Nosotros no compartimos tal afirmación. Lo que mueve la historia es la dialéctica de Imperios (remitimos a la obra de Bueno *España frente a Europa*). Armesilla asegura que el «marxismo español» —del que se presenta como teórico genuino— se inaugura con su libro. En el que leemos que nunca hubo teóricos marxistas en España, y que los que representaron esa ideología no tuvieron relevancia alguna. Y que la doctrina marxista que propone será el motor del nuevo socialismo a construir en todo el mundo.

recuperado en la de Trotta, y un par de artículos menores también ya publicados, entre los que está un borrador sobre la «Junta Central». La de Ribas de 1998 también había recuperado otro artículo de la edición de Sacristán, el titulado *Bolívar y Ponte*, que había desaparecido en la de Progreso. Pero como sucedía en la edición cubana y en la de Planeta, en las últimas que hemos mencionado no aparecen las jugosas cartas de Engels a la I Internacional en España.

Por último, en 2017, se vuelve a imprimir la traducción de Manuel Sacristán, por la Editorial El desvelo, siendo responsable de la edición Alberto Santamaría (profesor de la Facultad de Bellas Artes de la Universidad de Salamanca). En esta última propuesta pueden leerse tres textos que, como Santamaría señala no fueron traducidos por Sacristán. Uno de esos tres lo podemos leer en una de las ediciones digitales de Progreso[12]. En ella se dice que es la de 1978 (las de progreso de 1974, 1978 y 1980 son las mismas, no hay añadidos en las dos últimas respecto de la del 1974), pero está manipulada, pues se incorpora el artículo IX de la serie *La revolución española*, y se incorporan a ella notas a pie de página de los editores, señalando a Jaime Onemix Arraíza como el responsable de ello. Santamaría incorpora ese texto, que no había traducido tampoco Sacristán, suponemos que a partir del digital, pues la traducción se adecua mucho a ella. Este noveno artículo de Marx también puede leerse en la edición de Ribas de 1998 (los otros tres también). Concluimos, por tanto, que los textos no traducidos por Sacristán que aparecen en la edición de Alberto Santamaría son cuatro y no tres.

---

12 La edición puede consultarse en esta dirección: https://es.scribd.com/document/593511458/Marx-Engels-La-revolucion-en-Espana-Progreso-1978. Esta edición no es de Progreso en sentido estricto, pues está manipulada. Se ha intercalado el artículo noveno de la serie «La revolución española», además de una algunas notas. El responsable de ello, según podemos leer, es un auténtico desconocido: Jaime Onemix Arraíza.

Tras las consideraciones vertidas en relación a todas las ediciones y traducciones de los textos de Marx, llega el momento de incidir en una de las ideas cuestiones que más nos interesan: la de mostrar al lector la idea que de España tenía Marx. Y, *mutatis mutandis*, dado que en las distintas ediciones mencionadas aparecen jugosos comentarios a sus apreciaciones —también a las de Engels— consideraremos esa misma idea en los diferentes comentadores. Así pues, lo que aquí vamos a sacar a la luz son los argumentos negrolegendarios que encontramos en el tratamiento que todos estos marxistas reservaron para España y su historia. Un tratamiento que siguiendo las directrices marcadas por el título del libro expresamos también como hispanófobo.

1.3. LOS NUEVE TEXTOS DE MARX SOBRE LA HISTORIA DE ESPAÑA

Como hemos apuntado, los textos publicados por Marx en el *New York Daily Tribune* aparecen en todas las ediciones que hemos mencionado. En ellas, estos textos se nos dan ordenados e intitulados como *La España revolucionaria*, pues toman para su ordenamiento el título puesto por Marx al primero de ellos. En ellos reconocemos una inapropiada idea de nación. Pero no solo eso, también se observa un inadecuado diagnóstico al referirse a lo que estaba sucediendo en esas fechas en España. Para justificar ese diagnóstico Marx se retrotrae al pasado de España, presentándonos la visión sesgada que hemos denunciado, derivada de atender a lo que otros autores han dicho, desde su interés por denostar el papel de España en la historia. Esto ha derivado en que a día de hoy, Marx se haya convertido en uno de los más importantes voceros de la Leyenda Negra. Algo comprensible porque mientras que sus fuentes ni son leídas ni siquiera conocidas, él sí que es leído, y bastante, como comprobamos por la gran cantidad de ediciones que hemos mencionado y por la consulta que puede hacerse a través de las redes. Y eso que no incidimos en la gran cantidad de citas que de sus tesis negrolegendarias se hacen constantemente. De modo que Marx es quizá el más importante vocero de la Leyenda Negra, pues sus lectores no solo los podemos clasificar entre los marxistas convencidos, sino entre todo el gran abanico de las izquierdas españolas, sin despreciar el gran número de curiosos que catalogaremos en muy diferentes intereses.

Las ideas hispanófobas que queremos destacar, en principio, de estos textos históricos presentados por Marx son las que enumeramos a continuación.

1.3.1. Los Reyes Católicos no fueron la expresión de ningún absolutismo monárquico

Los nueve artículos publicados por el *New York Daily Tribune* comienzan en el periodo previo al reinado de los Reyes Católicos. No en vano Marx quiere recalcar el periodo que denomina «absolutista». Para nosotros, tal apreciación es errónea ya que lo que trata de hacer Marx es adecuar el periodo español de la época moderna a la conceptualización de lo que pasará en Europa, pero eso no es posible, pues se dieron diferencias insalvables. España fue el Imperio por antonomasia desde finales del siglo XV hasta el periodo en que Marx está escribiendo. Debemos aclarar que el Imperio español, artífice de la primera globalización, no fue absolutista, al modo de Francia o Inglaterra. Uno y otro reino sí se ajustaron a esa expresión de «absolutismo monárquico» que Marx quiere dar a la España gobernada por los reyes Austrias. La expresión de absolutismo no puede adecuarse al Imperio español, entre otras razones porque tal absolutismo no sería compatible con el modo en el que hubo de ordenarse. Solo es pertinente señalar que un absolutismo monárquico no podía ser compatible con los virreinatos de la España trasatlántica.

1.3.2. La idea de nación de Marx, primeras aclaraciones

Otra de las conceptualizaciones erróneas, que aparecen en el texto de Marx sobre España, es la de «nación». Marx se refiere a España como una nación en sentido político, pero tal modo de señalar lo que era España, en esos tiempos del origen y consolidación del Imperio, es errónea. La nación, en sentido político, no tuvo referente alguno hasta que no se dio la primera de todas: la de la Francia posrevolucionaria, tras expresarse su Constitución, en 1791. España se conformó como nación política solo después de promulgada la Constitución de 1812. Previamente España solo puede ser considerada como la nación «histórica» que fue. España fue una «nación histórica» como lo fueron otras naciones. Una nación histórica envuelve habitualmente, y el caso español es un claro ejemplo, a otra suerte de naciones que no pueden ser históricas, y menos aún políticas (por lo ya señalado): la nación histórica envuelve a diferentes naciones étnicas que se asientan en los distintos territorios ordenados en un reino, o en un Imperio, como fue el caso de España, cuando fue esto último[13].

Tras la muerte de Fernando el Católico, en 1516, su hija Juana, que ya era reina de Castilla, fue la primera reina de España. Dada su debilitada salud mental, el que tendría que llevar a cabo las tareas de tan importante cargo sería su hijo: Carlos I de España y V de Alemania. La reina Juana, dada su precaria salud, durante muchos años y mientras reinaba su hijo, permaneció en las dependencias de su castillo en Tordesillas.

13 Esta importante cuestión merece un mayor desarrollo, por lo que la retomaremos más adelante. Además de lo que digamos de ello en el cuerpo de este texto remitimos al Anexo I que puede leerse al final del libro. Allí hacemos una clasificación de la «idea de nación» que trae luz a lo que supone esta idea a lo largo del recorrido histórico de los Estados, pero sobre todo de España.

En el texto de Marx hay momentos muy confusos cuando describe asuntos de gran relevancia en la historia de España. El que tenemos que destacar ahora es el relacionado con las dos coronaciones de Carlos, la de rey de España y la de emperador de Alemania. Como esta cuestión tiene un tratamiento deficiente en los escritos de Marx, debemos detenernos en ella antes de seguir con el asunto referido a lo que Marx entiende por «nación».

1.3.3. Aclaraciones respecto de la proclamación de Carlos I como rey de España por las Cortes de Castilla y de Aragón

Leemos en la traducción llevada a cabo en las ediciones de Progreso que «cuando Carlos I volvió de Alemania, donde le había sido conferida la dignidad imperial, las Cortes se reunieron en Valladolid para tomarle juramento a los antiguos fueros y coronarlo. Carlos se negó a comparecer y envió a representantes suyos que habían de recibir, según sus pretensiones, el juramento de lealtad de parte de las Cortes. Las Cortes se negaron a recibir a esos representantes y comunicaron al monarca que si no se presentaba ante ellas y no juraba los fueros del país, no sería reconocido jamás como rey de España» (Marx y Engels, 1974, pág. 10). Las ediciones de la editorial Progreso y la de Alianza de 2009 presentan esta misma traducción. Unas ediciones y otra, no señalan un traductor nominal, por lo que no podemos saber quién es[14]. En las ediciones de Progreso podemos leer

14 Esta cuestión es acorde con el modo de entender al hombre del marxismo-leninismo: el individuo no es lo relevante sino el grupo. La traducción se lleva a cabo por la institución, en este caso la editorial Progreso, sin que tenga ninguna importancia una personalidad u otra en el desarrollo de su trabajo. Si se nos permite un guiño cinéfilo, que apuntala lo que acabamos de decir, podemos incidir en las películas soviéticas. Por regla general, en todas, pero especialmente las realizadas tras la Revolución de Octubre. En filmes como *El acorazado Potemkin*, *Octubre* o *La línea general*, de Eisenstein: ¿Recuerdan

una nota en la que se puntualiza que Marx se confunde cuando señala que las Cortes de Castilla, reunidas en Valladolid, son posteriores a su elección como emperador de Alemania. En la nota aclaran que Carlos I fue proclamado Emperador en 1519 y coronado, tras desplazarse a Alemania, en 1520. Y que la convocatoria a la que se refiere Marx fue una anterior, de 1518, en la que Carlos fue proclamado rey de Castilla.

En las ediciones de Ariel, de Manuel Sacristán, no hay mención alguna a esta cuestión. Al parecer, los errores históricos que pueden leerse en el texto de Marx no le parecían relevantes. Este poco cuidado, por parte de Sacristán, también se repite en la edición de Ribas. Lo que no podemos dejar de mencionar es que Artiles ya había clarificado todo este asunto. Lo había hecho mucho antes de que se editaran los textos de Marx en la URSS y mucho más en detalle (debido a la longitud de algunas citas, las presentamos como párrafos exentos):

> En todo este pasaje advertirá el lector una confusión histórica de bulto, explicable tal vez por la distancia en el tiempo y en el espacio, por la carencia de fuentes informativas directas y porque en la época en que esto se escribió todavía no se había estudiado tan a fondo como lo está hoy aquel periodo de nuestra historia. La negativa de las Cortes a jurar a Carlos I no obedecía a esa resistencia del joven rey, sino que tenía raíces más hondas y enmarañadas: los extranjeros que le acompañaban,

los que las hayan visto algún personaje protagonista? La respuesta es que no los hay. Por eso es imposible recordar alguno. Los protagonistas de las películas no son los individuos por separado, son los grupos de individuos: los marineros, los bolcheviques o los trabajadores de la granja-fábrica. Nunca los individuos que componen esos grupos, de modo que destaque uno de entre todos ellos. La relevancia del individuo (palabra derivada del latín, y que traduce a la griega de átomo) solo se dará tras los cambios políticos revolucionarios de Inglaterra en el siglo XVII, y de Estados Unidos y Francia, en el XVIII. El individuo es relevante políticamente solamente en sistemas políticos como los de las actuales democracias.

el vivir todavía doña Juana... Esta fue la razón que más pesó tal vez en los españoles, porque alegaban que, jurando a Carlos, faltaban a la fidelidad jurada a su madre, pareciéndoles más justo reconocerle por gobernador solamente mientras viviera doña Juana. Exigían, además, de él que previamente jurara respetar las leyes y privilegios del reino. Aumentó la intensidad de esta tirantez la presencia de los extranjeros en las Cortes, que provocó, en las de Valladolid los altercados violentos entre Mr. Sauvage, gran canciller en substitución de Cisneros, y Juan Zumel, procurador en Burgos. El 7 de febrero de 1518 fue jurado por aquellas Cortes, después de que había el rey jurado, a su vez, la fórmula que los procuradores le presentaron. Previos parecidos juramentos del rey, y vencidos por el soborno algunos obstáculos, como en Valladolid, en mayo del mismo año fue reconocido en Aragón, y el 15 de febrero del siguiente en Barcelona.

Tenga en cuenta el lector que Carlos I, cuando sucedía lo narrado, no era aún emperador de Alemania; por consiguiente, se refiere Marx, al hablar de que le «fue concedido el título de emperador», a su designación de rey de España a la muerte de D. Fernando el Católico, y el regreso «de Alemania» es el viaje desde Flandes para recoger los frutos del testamento de Madrigalejo. La noticia de la muerte de Maximiliano la revivió D. Carlos en Lérida, en enero de 1519, cuando, después de jurado en las Cortes de Zaragoza, se dirigía a Barcelona. En esta población, el 24 de julio supo su elección (Marx, 1929, *págs.* 72–73; de la nota de Jenaro Artiles).

La edición de Progreso habla de «inexactitud de Marx» (Marx y Engels, 1974, pág. 258), pero de la «confusión» señalada por Artiles a la «inexactitud» por los soviéticos hay más que distancia, incluso podríamos hablar de mendacidad interesada, pues dan un giro de ciento ochenta grados en la interpretación de las palabras de Marx. La justificación del análisis marxista es un hábito que permite esas sutilezas que trastocan la verdad y la transforman, pero que aquí tenemos que sacar a la luz para denunciarlo. Con la anulación de lo apuntado por Artiles, se ningunea el carácter imperial de España, se ningunea la España de los siglos XVI y XVII, en los que era, por sí misma el mayor imperio de la historia. Un imperio en sentido estricto pues ejercía el control de territorios más allá de las fronteras peninsulares, además de que pugnaba por mantenerse frente a intereses imperialistas de otros reinos. No en vano debemos afirmar que la historia Universal es la historia que escriben, mediante su acción, los Imperios que son a su vez Universales. Esta característica de Imperio Universal no la tuvo el Sacro Imperio Romano Germánico, cuyo único valor derivaba de una ficticia conexión temporal con el derrotado Imperio romano de Occidente, y por intermediación del Imperio carolingio. Continuidad que se justificaba por la, tan famosa como mentirosa, «*Donatio Constantini*» (Donación de Constantino), que permitía investir de calidad imperial a reinos como el de Carlomagno. Pipino el Breve, Federico Barbarroja, hasta llegar al que interesa, al de Carlos V de Alemania. Pero, como hemos dicho ese fue un título imperial no adecuado a lo que es entendemos por un «Imperio», pues su repercusión universal era ínfima, si lo comparamos con el dominio que Carlos tuvo de los territorios descubiertos, y en continua ampliación fronteriza, de América y Asia, y por tener que ordenarlos y defenderlos de otros intereses imperialistas. Sobre todo del imperialismo inglés[15].

15 Entre los que encumbran al Sacro Imperio Romano Germánico, como modelo de Imperio «en sentido estricto», de tal manera que con ello niegan ese «sentido estricto» al que nosotros afirmamos, el español, queremos destacar la figura del filósofo José Luis Villacañas, con el que en su día confrontamos algunas de sus afirmaciones, concluyendo que «pena y estupor nos produce leer su negación del Imperio español, con miras a apuntalar los intereses de los nacionalistas españoles; pena y estupor nos produce su defensa del racionalismo luterano, para con ello conseguir lo mismo, devaluar la relevancia

Por otro lado, atendiendo nuevamente a la cita que hemos hecho de Marx y que ha merecido este largo comentario, es preciso añadir unas palabras. Ahora respecto de lo que Marx entiende por los fueros que se articulaban en el entramado político español, tan diferente del entramado de los reinos de más al norte. Tal y como hemos podido comprobar, Marx escribió que «las Cortes se reunieron en Valladolid para tomarle juramento a los antiguos fueros y coronarlo»[16] (Marx y Engels, 1974, pág. 10). Pues bien, siguiendo con la atención que Marx dedica a los «fueros», los que habían sido forjados en los reinos previos a la conformación de España, vamos a tener en cuenta un fragmento que puede leerse en los «cuadernos» de Marx. Unos textos a los que ha tenido acceso Pedro Ribas y de los que nos regala una serie de anotaciones que no tienen precio, pues son fundamentales para el desarrollo del capítulo 3 de este libro[17]. En ese fragmento (remitimos a la página 283 de la edición de Ribas) Marx se refiere a los fueros diciendo de ellos que son «instituciones populares»[18]: «En 1307 el rey don Jaime, facultado para convocarlas cada dos años. Pero continúa disputa sobre ello. En Aragón comprendía su constitución al Justicia mayor, de quien el rey recibía corona e investidura.

de una España que dominó el mundo durante tres siglos; pena y estupor nos provoca leer y escuchar cómo les hace el caldo gordo a los detractores de la nación española, a los que acuñaron y expandieron la denominada "leyenda negra", de la que Villacañas se nos muestra como uno de sus más fervientes defensores» (del artículo «José Luis Villacañas Berlanga y su fobia al Imperio español», publicado en la revista *El Catoblepas* 180, pág. 2).

16 Por cierto, en la traducción de Nin, de 1929, habla de «leyes antiguas» y no de «fueros» (Marx, 1929, pág. 72).

17 Las anotaciones, que se ordenan al final del texto como «Extractos», las hace a partir del texto de Manuel Marliani *Historia política de la España Moderna*.

18 Pero antes de atender a ello, debemos incidir en que en estas «anotaciones» que hace Marx se mezclan diversos idiomas. Ribas las reproduce tal cual las escribió Marx, y las traduce del alemán en nota a pie de página. Ahora, al referirnos a lo que Marx dice de los fueron, nosotros aquí incorporamos la traducción. Como son anotaciones, a veces lo citado no tiene un sentido completo.

El justicia decía: «Nos, que cada uno somos tanto como vos, é todos juntos valemos más que vos, os hacemos rey de Aragón, con tal que jureis é guardeis nuestros fueros é privilegios; é se no, non». Esta fue la organización política de España hasta finales del siglo XV, monarquía templada con instituciones municipales y políticas. El primer periodo de nuestra historia es el de las libertades de España (...) Unión de Castilla y Aragón; se crea la unidad monárquica; decadencia de las instituciones populares».

Pero esto no era así, ni siquiera tangencialmente, los fueros no tenían nada de «popular». Lo más relevante de estas leyes antiguas (tal y como están mencionados por Nin en su traducción de 1929) es que lo que preservaban eran derechos de la nobleza y del clero. Y que, en última instancia, estas dos instituciones eran las que hacían cumplir las leyes expresadas en ellos. El hecho de acentuar lo popular de los mismos armoniza con su absurda idea —reiterada en muchos pasajes de su obra, como hemos comprobado— de que en España, antes de la unificación por parte de los Reyes Católicos, el pueblo era libre por tener una serie de prerrogativas adquiridas (en este caso la de los fueros. Pero ya hemos dicho que esto es una tergiversación, pues los fueros eran las prerrogativas de los nobles y eclesiásticos que permitían ejercitar su poder sobre la población). En esas notas previas a la elaboración de los nueve artículos que estamos ahora comentando, y que nos presenta por primera vez Ribas, podemos leer que esas mal llamadas «instituciones populares», marcaban un primer periodo de interés para él, el previo al reinado de los Reyes Católicos, y en el que había una libertad generalizada en la población española (sic). Marx se refiere a ese periodo como: «El primer periodo de nuestra historia es el de las libertades de España» (Marx y Engels, *Extractos*, 1998, p. 283)[19].

Encontramos numerosas referencias en los escritos de Marx referidas a la libertad del pueblo español en el periodo previo al «absolutismo» que inapropiadamente señala Marx que se dio en España. Las diferentes revoluciones mencionadas por él tendían a recuperar, para España, la libertad perdida que hemos mencionado, y que según nos dice podía ser asegurada por los Ayuntamientos y las Juntas. No en vano, los Ayuntamientos en España siempre tuvieron una autonomía que no se dio en ningún reino europeo, pero eso no implicaba una libertad popular, como hemos apuntado. Marx quiere convencernos de lo contrario en diversos momentos:

> La oposición a la camarilla flamenca era solo la sobrefaz del movimiento; en el trasfondo estaba la defensa de las libertades de la España medieval frente a las injerencias del moderno absolutismo (...) Carlos I intentó transformar esa monarquía, aún feudal, en una monarquía absoluta. La emprendió simultáneamente contra los dos pilares de la libertad española: las Cortes y los Ayuntamientos (...) Los comuneros llamaron a las armas: sus soldados, mandados por Padilla, se apoderaron de la fortaleza de Torrelobatón, pero fueron derrotados finalmente el 23 de abril de 1521 por fuerzas superiores en la batalla de Villalar. Las cabezas de los principales «conspiradores» rodaron por el cadalso, y las antiguas libertades de España

19 En la obra de Ribas podemos leer un apartado intitulado *Extractos de «Historia política de la España moderna» de Marliani*. Tal apartado hace que la edición sea interesante para nuestros intereses. Estos Extractos son apuntes de Marx que tomó para llevar a cabo los artículos históricos de España. Estos apuntes muestran claramente su vocación negrolegendaria. Vocación que no denuncia Ribas. Al final de este libro es cuando atendemos a esos apuntes de Marx tan jugosos para nuestros empeño de presentarlo como el autor negrolegendario que fue y que sigue siendo, dada la influencia que tiene en el ámbito de lo hispano (las webs marxistas están repartidas en gran parte del territorio hispanoamericano).

> desaparecieron (...) Si después del reinado de Carlos I la decadencia de España, tanto en el aspecto político como en el social, ha exhibido todos los síntomas de ignominiosa putrefacción que fueron tan repulsivos en los peores tiempos del Imperio turco, en los de dicho emperador las antiguas libertades fueron al menos enterradas en un sepulcro suntuoso (...) Entonces (en los tiempos de la conquista de América) desapareció la libertad española en medio del fragor de las armas, de los ríos de oro y de los tétricos resplandores de los autos de fe (Marx, 1974, págs. 8-11).

En el texto IX que recupera Ribas leemos que España es «una nación que recobra su libertad» (Marx hace esta afirmación gratuita cuando describe el primer Gobierno constitucional español de 1814), (Marx y Engels, *Escritos sobre España*, 1998, 152). La idea de libertad que leemos en estos escritos de Marx sobre España, la reconocemos deudora del contexto filosófico en el que conformó su pensamiento, el del Idealismo alemán. En este aspecto que estamos señalando, relativo a la libertad, tenemos que mencionar a Immanuel Kant. La idea de libertad de este se adecua a la del primero. Uno y otro consideran —desde el subjetivismo que caracteriza sus propuestas filosóficas— que los individuos pueden elegir. Pero los sujetos no tienen tal capacidad. En sentido subjetivo la libertad no existe, es absurdo considerarla. Esto es así desde la primera expresión de tal constructo metafísico por parte de san Agustín, cuando definió el «libre arbitrio». No en vano la doctrina de un agustino, Martín Lutero, sigue en el fondo de esta desafortunada doctrina.

Frente a este modo de ver la cuestión de la libertad, nosotros defendemos que esta tiene un sentido objetual, pues solo puede depender de las posibilidades que ofrece el mercado moderno (pletórico de productos), o dónde el sujeto pueda elegir entre diferentes opciones. Marx afirma que había libertad previamente a la posibilidad de elección en tal mercado o en esos otros contextos similares (por ejemplo, el de la elección de representantes políticos). Incluso llega asegurar cuando habla de España, tal y como hemos comprobado, que esa (imposible) libertad fue cercenada por los reyes absolutos que la gobernaron. Pero el individuo común de la España medieval, que es en el que señala Marx como «libre», solo podía elegir en una escala mínima, tanto, que la podemos considerar inapreciable.

En base a ello, consideramos que ha quedado suficientemente clarificado que la llamada a la libertad de ese periodo es totalmente gratuita.

1.3.4. *La confusa idea de «nación española» señalada por Marx*

Lo que entiende Marx por «nación» se extrae de los artículos compilados en los textos de referencia. Ni la ecuanimidad con que hace uso del término ni la rápida aceptación por parte del lector medio de lo que trasmite Marx, disminuyen un ápice el grado de oscuridad que soporta su expresión de la idea de nación. En este caso de la «nación española». El término «nación» precisa clarificación. Si atendemos a las filosofías desarrolladas en el periodo moderno y contemporáneo, las que leemos en autores de diferentes disciplinas, sobre todo filósofos, del Reino Unido, Francia o Alemania, se da una confusión que precisa resolverse. Esta confusión es la que encontramos en Marx, pues tiene un modo muy similar al de los otros filósofos señalados, cuando se trata de entender qué es el hombre y su modo de relacionarse con otros hombres y con el mundo. Y pese a que, como es comprensible, le dé su sesgo particular a la hora de ver la cuestión. El primer momento en que podemos leer nación en los textos de Marx es en el relato que ya hemos mencionado, con relación a lo sucedido en las Cortes de Castilla, cuando Carlos acudió para ser proclamado rey de

España: «Carlos se sometió; se presentó ante las Cortes y prestó juramento, como dicen los historiadores, de muy mala gana. Con este motivo, las Cortes le dijeron: "Habéis de saber, señor, que el rey no es más que un servidor retribuido de la nación"» (Marx y Engels, 1974, pág. 10).

En este párrafo encontramos por primera vez la afirmación de que España es nación. Los que le dicen esto a Carlos, previamente a que se convierta en Carlos I de España, son los miembros de la Junta de Castilla. Si atendemos a lo que Marx quiere señalarnos con «nación» es, ni más ni menos, que España es «políticamente» una nación (remitimos al Anexo I, para clarificar lo que puede entenderse por «nación política», una idea que se origina a finales del siglo XVIII, con la Revolución francesa; la referencia a una nación así expresada, tal y como afirma Marx, es extemporánea). Consideramos que Marx, o de quien tomara la cita, tenía en cuenta esa idea de nación que iba más allá de las fronteras de Castilla, abarcando las de los reinos unificados de los que iba a ser rey. No en vano, después de Valladolid debía hacer lo mismo en las Cortes aragonesas. Pensar que aquí la referencia a la «nación» se refiere a Castilla en un sentido político, de «nación política», es el error que denunciamos (aquí, «nación, referida a Castilla, solo podría tener un sentido etnológico, y sería adecuado utilizar otra conceptualización, como puede ser la de «reino»). Tomarlo como «nación política», sería hacer una lectura alambicada, dependiente de una poco adecuada intuición marxista o de una mentalidad contaminada, la dependiente de la problemática española del siglo XXI relativa a los idearios nacionalistas).

Pero ocurre que lo que leemos en el texto de Marx, como si fueran las palabras textuales de los procuradores de esas Cortes, no es la frase literal expresada que podemos encontrar en los relatos de ese tiempo. Esas palabras nunca fueron expresadas del modo en que Marx asegura que lo fueron (y que con el entrecomillado que leemos es lo que se transmite).

Marx debiera de haber acudido a los documentos originales. Suponemos que no lo hizo, y que se apoyó en los textos de esos «hispanistas» que consultó, y que no escribían en español, sino en inglés o en francés. Y en el recorrido, unos y otros intercalaron el término nación donde nunca estuvo. Poniendo en boca de los protagonistas del hecho lo que nunca dijeron. Esto lo vamos a comprobar atendiendo a fuentes de las que sabemos tanto su solvencia como la exquisita atención que hacen de los relatos originales:

1. En el hoy día famoso libro sobre Carlos V de Alfredo Kohler no encontramos esa afirmación de Marx, ni en ningún otro. Tampoco en textos de enjundia enciclopédica, como por ejemplo el de *La Historia de España*, dirigida por Antonio Domínguez Ortiz, miembro destacado de la Real Academia de la Historia. Allí podemos leer, respecto del asunto en cuestión, que las ciudades españolas habían solicitado «que el monarca acudiese cuanto antes a hacerse cargo *de sus reinos*, a fin de que fuesen bien gobernados y evitar que se pudiesen "levantar bolliçios"» (Domínguez Ortiz, 1989: 40). Como podemos comprobar, el texto del artículo no nombra la «nación» española, sino los «reinos».
2. En la *Historia de España* de Ramón Menéndez Pidal, el tomo XX lo dedica a la España de Carlos V. En la introducción a este tomo hace mención de esta cuestión. Allí no cita en principio lo que solicitan a Carlos los distintos reinos: «De España recibía Carlos otras llamadas de atención hacia los desestimados *reyes* antecesores, como la que le dirigió el Consejo de Castilla en 1517, quejándose de la venta de los cargos públicos, y poniendo como ejemplo la exquisita justicia "del Rey y la Reina Católica de inmortal memoria"» (Menéndez Pidal, 1979: XVIII).

3. En esta misma introducción, algo más adelante, podemos leer que los cortesanos de Castilla, preocupados por el mantenimiento del Reino de Navarra bajo el de Castilla, que con anterioridad se le había supeditado de cara a su mejor defensa ante los franceses, expresan la siguiente petición a Carlos I (petición en la que como vamos a poder comprobar no encontramos referencia alguna a la «nación», sino al «reino» y a los «reinos»): «Y si para la defensa desto fuesen necesarias nuestras personas y haciendas, las ponemos, pues *este reino* es la llave principal de *estos reinos*» (Menendez Pidal, 1979: XIX).

Comprobamos que aquí no aparece en ningún momento la expresión «nación», al modo en que se trasluce en lo dicho por Marx, que pretende ser una cita de las Cortes de Castilla. Sin embargo, lo que Marx expresa en este artículo está repetido innumerables veces en la red (siempre citando el texto de Marx, sin percatarse de su falsedad). Se repite tanto que para la mayoría se ha convertido ya en la referencia histórica por antonomasia, en la fuente más fidedigna. La verdad de tal expresión la argumenta Marx señalando *ad verecundiam* a «historiadores»: Marliani, Hughes, Southey & cia. Nos hemos preguntado si estos autores ya hablan de «nación española» en los mismos términos de Marx, pero solo hemos encontrado referencias a este asunto en el primero de estos tres, en el texto de Manuel Marliani. Este autor sí habla de «nación» como vamos a poder comprobar, pero en la traducción que hace él mismo de su primera edición en francés. En esa primera leemos: «*Rappelez-vous, seigneur, dirent-elles à l'orgueilleux prince, qu'un roi est le mercenaire de ses sujets*» (que traducimos de este modo : «Acuérdate, señor, le dijeron al orgulloso príncipe, que un rey es mercenario de sus súbditos»). Sin embargo en la versión española leemos: «*Tened presente*[20], señor, dijeron al príncipe engreído, que un rey es el asalariado de la nación» (Manuel Marliani, *Historia política de la España moderna*, Imprenta A. Bergnes, *pág.* 21). La reiteración de ese argumento, intercalando la «idea de nación» tiene esta base: el modo de entender afrancesado de Marliani y del mismo Marx. Y decimos «afrancesado» porque la idea de nación que se consolidó tras la Revolución francesa anega en ambos cualquier otro significado del término que más que pertinente tener en consideración.

Si no se tienen en cuenta los diferentes significados de lo que entendemos por «nación» se tergiversa la historia, pues, lo que leemos, no atiende a los relatos de los que deriva. Lo que preocupa de todo ello es que los que leen lo dicho por Marx, que son muchos[21], no leen las fuentes originales, o al menos a los historiadores serios que atienden a las reliquias y relatos de la época, sin transformarlas a su antojo.

La borrosidad del concepto de nación se muestra palpablemente en diferentes lugares de su escrito. En unos aparece la idea de «nación política» que solo puede considerarse tras la consolidación del poder jacobino en Francia: «la soberanía reside esencialmente en la nación» (Marx y Engels, 1974, pág. 37). Pero, como ya hemos señalado, España no era una nación política cuando llega Carlos I desde Bélgica para tomar posesión de su reino. La única justificación para trasmitir ese modo de entender la nación, que también hemos señalado en la traducción del texto de Marliani al español[22], es que ambos esta-

20 Encontramos una errata en el texto, pues esta palabra aparece en plural: «presentes».

21 Si atendemos a las webs y canales de Internet españoles, los asuntos relacionados con las ideas de Marx son asuntos estrella. Lo podemos comprobar al comparar las visitas que tienen esos temas respecto de otros de carácter político y social.

22 Que Marliani hiciera una traducción de su propio escrito con tal sesgo —el de intercalar la nueva idea de nación— implica una intencionalidad que solo puede

ban convencidos de que la nación es algo inalterable, siempre presente en el acontecer temporal al que se adapta el devenir de un Estado. Y que el primero en adecuarse a ello fue Francia, de ahí su «modernidad».

La idea de nación, para Marx, es tan eterna e inalterable como lo eran las ideas expresadas por Platón. A modo de ejemplo podemos señalar que, para el filósofo griego (o para otros que tuvieron en cuenta sus propuestas, como fue la filosofía cristiana), el bien era algo eterno (Platón lo expresaba de un modo que nosotros tendríamos que escribirlo con mayúscula: el Bien). Sin embargo, esto no puede aceptarse, pues «bien» solo puede predicarse de lo que hace el hombre, nunca de lo que sucede en el mundo antes de su aparición en escena. Además, el trascurrir previo a la aparición del hombre es ingente. Tal punto de vista hay que desecharlo: no hay ideas eternas, cualquiera que se considere ha tenido un momento determinado de expresarse. Y como hemos dicho repetidas veces, la de nación, en sentido político (que plasma el cambio de soberanía: pasando del rey a los que eran sus súbditos), era imposible de expresarse previamente a la Revolución francesa.

La idea de nación que barajamos en la época moderna se refiere a un orden derivado de la confrontación dialéctica de los Imperios. Una confrontación que, en el caso de España, comenzó en la confrontación con el Islam. En este contexto fue en el que España se iría definiendo como la primera nación europea. Pero no como una nación política, pues la soberanía no era popular, sino en una nación que envolvía a diferentes reinos, los cuales soportaban en sus territorios incluso a más de una nacionalidad étnica. Castilla, en tiempos de Isabel I, contaba con naciones denominadas étnicas, como la de los astures, los cántabros, los leoneses, y un largo etcétera; y lo mismo

cobrar sentido desde la superioridad que les brindaba su ideario antiespañol.

sucedía con la Corona de Aragón de Fernando II. La España de los Reyes Católicos envolvió esos reinos y esas naciones étnicas de modo que podemos hablar de la conformación del reino unificado pero, a la vez, de una nación histórica[23]. España fue la primera conformación europea como nación histórica, al envolver los reinos y las naciones étnicas señaladas. Después vendrían las demás naciones históricas europeas. Y solo después del cambio del Antiguo Régimen a los gobiernos liberales, será cuando se pueda hablar de todas ellas en sentido político, tras sus respectivas transformaciones. Solo hay naciones políticas en Europa en el desarrollo del siglo XIX.

1.3.5. España como nación histórica

Marx hace una lectura errónea de lo que era España. Su modo de ver tiene en cuenta el ideario revolucionario de una burguesía pujante, que sería el baluarte de un cambio de modo

23 La edición digital manipulada que antes hemos mencionado, intercala el artículo IX de la serie *La revolución española* y una serie de notas que no hacen los editores soviéticos sino el desconocido Jaime Onemix Arraíza. De ella queremos destacar la nota con el número 7: «Los Ayuntamientos eran los órganos del gobierno local en España, que desempeñaron un gran papel político durante la Reconquista, o lucha por la liberación de España del yugo árabe (siglos octavo-decimoquinto), y que fueron liquidados más adelante. El restablecimiento de los Ayuntamientos era una de las demandas democráticas de las revoluciones burguesas tempranas del siglo diecinueve». Como leemos, el desconocido Onemix Arraíza, señala a España de un modo que solo puede entenderse como dependiente de la concepción errada que estamos denunciando. Una concepción que se adecua a la idea de España como nación política en un momento en el que el adjetivo que acompaña a nación no es adecuado. La España visigoda conquistada por las huestes islámicas no se había consolidado como un reino con identidad única. Eso solo fue posible muchos siglos después, en los tiempos del reinado de los Austrias. Los distintos reinos implicados en lo que se ha venido en llamar la «Reconquista» fueron cinco y serían los que derivaron en tal identificación, en el siglo XVI del reino de España, algo que hemos denominado como nación histórica, pero no como nación política.

de producción. Del modo de producción que se da en ese momento, y que ve cercano en unos casos al medieval y en otros al que se da en Asia, a otro más progresivo: el modo capitalista de producción. Dejando de lado estas consideraciones inadecuadas, falsarias, de lo que fue España, incluso de lo que era cuando expresa tales opiniones, la cuestión en que queremos incidir es algo que Marx no tiene en cuenta pero que es de suma relevancia: que las relaciones feudales son poco adecuadas al caso español. Una inadecuación debida a la muy diferente trayectoria histórica de España (en constante lucha por la ampliación de territorio ocupado por el Islam). Esta diferencia, tan marcada con el resto de reinos europeos, no justifica la expresión del diagnóstico denunciado por nosotros: que el caso español sea adecuado al modo asiático de orden económico y social.

Como veremos, incluso atendiendo solo a los artículos escritos por Marx y Engels, el papel de la burguesía en España es muy diferente al desempeñado por esa burguesía en otros lugares de Europa. Según leemos en estos textos, el tono revolucionario español es para Marx más débil de lo que él, comparativamente a las naciones del entorno, vería como progresividad media. Lejos de reconocer las importantes diferencias señaladas entre España y los demás reinos —unas diferencias que definieron el carácter verdaderamente imperialista de Castilla, y también de otros reinos peninsulares, como fue el de Aragón; carácter que tras la política de los Reyes Católicos lo sería de toda España— Marx considera a los españoles de «segunda fila». El imperialismo español, es para este autor, imperialismo de cuño asiático. ¿Cabe actitud más negrolegendaria?

En el artículo intitulado como «fragmento inédito», que solo podemos leer a partir de 1974 cuando la editorial Progreso lo publica por primera vez, leemos que Marx sigue presentando erróneamente a España como la nación política que todavía no es. En este texto Marx también habla de la «nación española» en su crítica a la mala política llevada a cabo por Fernando VII. Pese a que estas críticas sean fundadas, ello no es óbice para que desechemos la doctrina marxista. En el texto, como es habitual se hace un uso inadecuado de la idea de «nación política», ya que con Fernando VII se recuperó la política del Antiguo Régimen. Este rey derogó la Constitución de 1212 al recuperar la soberanía. Una soberanía que tuvo importantes altibajos: «Los resultados positivos de la revolución de 1820-1823 no se circunscriben solo al gran proceso de efervescencia que ensanchó las miras de capas del pueblo y les imprimió nuevos rasgos característicos. Fue también producto de la revolución la propia segunda restauración, en la que los elementos caducos de la sociedad adoptaron formas que eran ya insoportables e incompatibles con la existencia de España como nación» (Marx y Engels, *La revolución en España*, 1974, pág. 61).

Siguiendo con nuestra argumentación, nos preguntamos por qué denomina del mismo modo a un ordenamiento social (el de la Castilla dc principios del siglo XVII) y a otro (en el «fragmento inédito» está refiriéndose a la España decimonónica, la regida por Fernando VII). Estos ordenamientos sociales y políticos están a una distancia temporal de tres siglos, y después de que España haya sufrido una tremenda transformación. De un momento al otro España fue y dejó de ser un Imperio (bajo nuestro punto de vista, el Imperio por antonomasia; sin menoscabo de otros como el Impero romano anterior, o el actual de los Estados Unidos).

Marx toma del libro de Marliani una frase que podemos leer en los apuntes que Ribas nos regaló en su edición, y que reza así: «Nuevos atropellamientos contra los derechos de la nación» (Marx y Engels, 1998. *Extractos*, pág. 289). La lectura que hacemos es que esta referencia a España como nación no es tan extemporánea (como tampoco lo era la cita directa de Marx previa de la página 61 de la edición de Progreso de 1974). Sí lo eran cuando se refiere a las palabras «expresadas»

—recalcamos esto, porque, como hemos comprobado, nunca fueron dichas— de la Junta de Castilla a Carlos I en Valladolid, en 1518. Retomamos esta cuestión aquí, tal y como avisamos en páginas anteriores para marcar nuevamente la diferencia entre lo que es «nación política» y «nación histórica». Y lo hacemos fijándonos en un ejemplo de nuestra literatura, en el más famoso de los textos escritos por Cervantes.

Para ello tenemos que atender a que la política de Carlos I, respecto del territorio que regía, que fue la que habían inaugurado sus abuelos, los Reyes Católicos, y la que continuaron los demás reyes Austrias: todos ellos mantuvieron a España como unidad. Y también a que, desde la conquista de los territorios ultramarinos, los territorios peninsulares pasaron a ser el centro de un nuevo Imperio universal (un Imperio universal de mucha mayor magnitud que los dos previos, el macedonio y el romano). Esto fue perfectamente entendido por Miguel de Cervantes (que vivió a caballo de los reinados de Felipe II y Felipe III), cuando situó a Don Quijote en La Mancha castellana. Cervantes, en el *Quijote*, expresa que España es nación. Concretamente lo hace cuando Sansón Carrasco dice estas elogiosas palabras a Don Quijote: «¡Oh flor de la andante caballería! ¡Oh luz resplandeciente de las armas! ¡Oh honor y espejo de la nación española!». Pero esta nación expresada por Cervantes, solo la podemos entender como nación histórica y no como leemos en Marliani y en Marx, que la señalan como «política». Y Cervantes tampoco la podía entender como «nación política», no estaba esa definición en el acervo (faltaban más de doscientos años para ello). Cervantes solo podía referirse a España como nación porque sabía que había «envuelto» a los reinos que habían sido previamente, y que los que en ella vivían y habían nacido en ella, eran españoles.

Muy poco antes de la publicación del *Quijote*, Juan de Mariana había publicado su *Historia general de España* en latín, en 1592, y fue traducida por él mismo al español en 1601.

Este texto de Mariana es muy probable que fuera conocido por Cervantes. La sospecha tiene bastante fundamento si pensamos que lo que nos dijo de Don Quijote, de lo que representa (ser espejo de la nación española). La afirmación que hace es muy cercana a la que Mariana expresa al referirse al rey Fernando el Católico: «Varón admirable, el más valeroso y venturoso caudillo que de muchos años atrás salió de España (...) Espejo sin duda por sus grandes virtudes en que todos los príncipes de España se deben mirar» (Juan de Mariana, Historia General de España, 1850, pp. 607-608).

La de Juan de Mariana fue escrita en 1592, en latín, y vertida por él mismo al español en 1601. Aunque su relato termina con la narración de los hechos históricos acaecidos durante el reinado de los Reyes Católicos, la Historia general de España fue continuada por otros autores. En primer lugar por José Manuel Miñana, que la retomó en las primeras décadas del siglo XVIII. Cuando se refiere a la jura de Carlos en Valladolid, podemos leer la referencia que hace a España como nación.

Marx conocía el texto de Cervantes, y pudiera ser que leyera esa frase mencionando a Don Quijote como «espejo de la nación», aunque eso no devalúa lo señalado previamente. La referencia de Cervantes a la nación tiene el significado de «nación histórica» que nosotros tenemos en consideración, y que ni por un momento podemos entender en los planteamientos marxistas.

La *Historia general de España* de Mariana no aparece citada en ningún momento en las fuentes de Marx. En esa obra, aunque no en la parte escrita por Mariana, sino en la que escribió José Manuel Miñana encontramos referencias a la «nación». Aquí entendemos que la referencia a la nación, no pueden tener carácter de «nación política» sino «histórica», por lo ya señalado:

> Irritáronse los españoles contra el autor de esta elección que todo lo convertía en su propio lucro, y vociferaban públicamente

> que después de haber vendido todas las magistraturas y gobiernos, no estaban tampoco seguros los puestos sagrados: que Croy había conseguido el arzobispado de Toledo por el favor de Gresves su tío, y antes de él Bartolomé Marliano el obispado de Tuy en premio de la invención del frívolo símbolo de las columnas de Hércules; eligiendo a los extranjeros en grave injuria de la nación (...) En el principio de este año de mil quinientos y diez y ocho acudieron muchos procuradores de las ciudades a las cortes que el rey celebraba entonces, y en la sala capitular del convento de San Pablo del orden de Predicadores de la ciudad de Valladolid comenzaron a tratar de las cosas del reino. Entraron los flamencos en la sala para asistir a las consultas contra todo derecho y justicia. Pero no sufrieron los españoles esta injuria; y principalmente se opuso a ella con mucho ánimo Zumel, procurador por Burgos, clamando que se vulneraba la libertad de la nación (Juan de Mariana y José Manuel Miñana, *Historia General de España*, 1850, *pág*. 632).

Por otra parte, encontramos una referencia similar a la nación histórica en otro texto, del mismo título que la obra de Mariana citada. La de Modesto Lafuente. El tomo que este historiador dedica al periodo de los emperadores Austrias se publicó por las mismas fechas, o muy poco antes, que los textos de Marx sobre España. Estamos convencidos de que Marx no conoció este trabajo porque ni Marx ni ninguno de los editores y comentadores de sus textos sobre España mencionan el trabajo de Lafuente. En el tomo señalado podemos leer una mención a la nación «histórica» que parece sacada de Mariana: «Los castellanos, en quienes estaba reciente y viva la memoria del venerable Jiménez de Cisneros, miraron aquella provisión como un escándalo, como un desacato, como un insulto hecho a la Iglesia, a la nación y a las leyes (...)» (Modesto Lafuente, *Historia General de España*, tomo IV, pág. 31)

Así pues, cuando Miñana y Lafuente señalan a Castilla como «nación», no se refieren a la idea de nación política que

Marliani y Marx comparten. Ni uno ni otro están citando las fuentes originales, como hacen los historiadores a los que nos hemos referido antes (Kohler, Domínguez Ortiz y Menéndez Pidal). Pese a que están tratando una cuestión de uno de los reinos que conformaban la España unida por los Reyes católicos, Miñana y Lafuente, como Cervantes previamente, tienen *in mente* el Imperio español. Miñana y Lafuente tienen una idea de los que es España por estar inmersos en ella y desde esa posición escriben sus textos. La España de los siglos XVII (cuando escribe Cervantes) y XVIII (cuando escribe Miñana) es la España imperial, con centro en una Castilla que se había unido a Aragón desde antes de la jura de Carlos, y que había incorporado a la Corona, durante esos siglos de referencia, a Portugal (o sea, todo el territorio peninsular). Pese a mencionar lo que sucedía en Castilla cuando llega Carlos para ser proclamado rey, no podemos de dejar de tener en cuenta —como hacen Cervantes y Miñana, y años después también Lafuente— lo que era España en esa época: La España imperial.

Estos autores señalan bien a España —de modo directo Cervantes e indirecto los demás— cuando dicen que es «nación». Todos consideran a España como el Imperio que era en esos años. El Imperio español que había reunido los reinos peninsulares y se había ampliado por ultramar. Nación que envolvió primero a los territorios peninsulares y después a los ultramarinos en un solo orden. Los intereses de los distintos reinos peninsulares solo pudieron aunarse mediante la política de los últimos Trastámara que reinaban en Castilla y Aragón, y con la de los futuros reyes de la casa de Austria, sus herederos. De manera que podemos asegurar que la España de principios del siglo XVII era una nación histórica, la primera de todas las que se fueron conformando en el transcurrir de la Historia universal.

Esta es la España definida por estos autores. Una España muy diferente de la que consideran los intérpretes marxistas y adláteres que estamos confrontando. La interpretación de estos últimos, consigue devaluar el papel de nuestra España en la Historia universal. Lo consigue de diferentes maneras, aunque la que aquí estamos viendo es la de ignorar los diferentes matices que tienen que tenerse en cuenta al manejar una idea tan compleja como es la idea de nación, dados los diferentes significados que tiene, los cuales hemos señalado previamente (tanto en el texto como en el Anexo I). De ahí que la perspectiva desde la que expresamos este análisis sea muy pertinente, pues quiere diluir la confusión en la que nos sumergen. Confusión derivada de no tener en cuenta los diferentes referentes que tiene el término nación:

> El escenario del Quijote va referido a España, y a la España histórica, a su Imperio político; pero no de modo inmediato, sino por la mediación de una España intemporal, pero no irreal, sino simplemente vista a una luz ultravioleta, en la que una sociedad civil, dada en un tiempo histórico que habita la península ibérica, vive según su propio ritmo. Desde esta «mediación ultravioleta» tendremos que intentar interpretar los símbolos alegóricos de Don Quijote, que solo a los lectores más bastos o primarios (aunque se hayan hecho eruditos) pueden parecer transparentes y sencillos (Gustavo Bueno, *España no es un mito*, pág. 268).

Gustavo Bueno dedica un capítulo entero del libro que acabamos de citar a dar una interpretación clarificadora de la obra de Cervantes. Su interpretación se dirige a contrarrestar otras interpretaciones inadecuadas, por incidir en aspectos humanistas, psicologistas o de unos principios éticos mal entendidos. Por otra parte, desde nuestra posición, nos apoyamos en lo dicho por él, cuando se refiere a la riqueza de la obra de Cervantes, para aplicarlo a la lectura que hemos realizado de las opiniones de Miñana y Lafuente sobre España, pues *mutatis mutandis*, lo que dicen estos autores tiene una estrecha relación con lo que hemos citado cuando Cervantes describe al Quijote.

Animando al lector a que acuda a ese importante texto de Bueno, aunque sin abundar en lo que Bueno nos regala en ese capítulo indicado, queremos incidir en una cuestión diferente, aunque no desconectada de lo que allí podemos leer, como podremos comprobar. Encontramos en la obra de Cervantes, de cara a señalar la relevancia de la nación histórica española, la relevancia del Imperio, un argumento geográfico y político a la vez: Cervantes hace a Don Quijote oriundo de un amplio territorio peninsular: La Mancha. No nos da datos añadidos, no nos dice la población concreta en la que podamos localizar la casa en la que habitaba previamente a su periplo por tierras de España. Periplo que tiene como meta, la vuelta a su tierra natal. Don Quijote vuelve a su casa manchega para «dar su espíritu» —o tal y como puntualiza Cervantes— para morir. Don Quijote es de La Mancha, del centro de España. La España que se había consolidado tras la unificación de los reinos de Fernando de Aragón e Isabel de Castilla y la conquista de Granada. Por otra parte, debemos señalar que, cuando se escribe *El Quijote*, Portugal y todos sus territorios ultramarinos, también pertenecen al Imperio (Portugal fue parte de España desde 1580 hasta 1640). Pues bien, nosotros consideramos que si Cervantes localiza a su protagonista en La Mancha es precisamente por ser el centro de España, y por lo mismo, el centro del gran Imperio que era en ese momento.

Cervantes sitúa a Don Quijote en ese centro de dos modos distintos. Por un lado, epagógicamente[24], ya que el centro de España no es el señalado por otros lugares a los que viaja o se

24 Este término designa lo que previamente se entendía por inducción, y que Sócrates ejercitó en su filosofía, y que podemos expresar del siguiente modo: «lo que es» viene a definirse por negación de «lo otro», por negación de «lo que no es»..

mencionan en el texto. Empezamos diciendo que el centro del Imperio no es el reino de León (reino que quedaría absorbido por el de Castilla). Del reino de León era oriundo el galeote con el que se encuentran Don Quijote y Sancho. Tampoco es el centro otro de los reinos originales, el de Aragón. Allí viajaron los protagonistas de la obra de Cervantes, en su segunda parte. Y tampoco son el centro del Imperio los territorios del sur (el reino de Granada), territorios que son frontera con los dominios musulmanes, donde estuvo prisionero el galeote leones. Por otro lado, aunque paralelamente, pero teniendo en cuenta un modo de ver adecuado a lo que entendemos por vectorial: partiendo de esos lugares que no son el centro del Imperio, trazando unas líneas que confluirán en el auténtico centro del mismo, en La Mancha. Unas líneas que si las consideramos bidireccionalmente, al partir del centro señalado, serían como los radios de una gran rueda, alguno de los cuales circunvalarían todo el orbe. Los reinos de León, de Granada y de Aragón no son para Cervantes el centro del Imperio: si triangulamos, lo que queda en el centro de la figura geométrica virtual es precisamente La Mancha. Cervantes sitúa en el centro de esos reinos envueltos por el Imperio a su protagonista, al que como hemos señalado denomina como «espejo de la nación española»:

> En una palabra, nos parece (como también les parece a otros intérpretes) que el escenario del Quijote, en cuanto símbolo, nos remite a referencias históricas y geográficas muy precisas. Referencias que podrán ser puestas entre paréntesis, sin duda, si se pretenden mantener las interpretaciones humanistas, éticas o psicológicas. Pero cuando reinterpretamos las referencias históricas y geográficas, entonces se nos imponen, en primer lugar, las interpretaciones políticas del Quijote, que han de girar, de un modo u otro, en torno al significado del Imperio español, del «fecho del Imperio», si utilizamos la fórmula de la que se sirvió cuatro siglos antes Alfonso X el Sabio (Bueno, *España no es un mito*, pág. 259).

1.3.6. España como nación política

Tras estas importantes aclaraciones, retomamos el hilo argumentativo dirigido contra la perspectiva marxista implicada en las distintas ediciones de los textos de Marx y Engels sobre España y su papel en la Historia. La nación política española tiene su primera expresión, no en el momento señalado por Marx, cuando cita lo que le dicen los castellanos representantes de las Cortes al príncipe Carlos, sino que la primera expresión de España como nación política está en la Constitución de 1812. Los compromisarios que acudieron a la Isla de León, en Cádiz, dijeron en el artículo 3º de la primera Constitución española, que *La soberanía reside esencialmente en la Nación.* Aquí es cuando podemos considerar el sustantivo «nación» como una nación política, pues la soberanía que se expresa no es la del rey, sino la de todos los españoles.

Contrariamente a la diversidad de significados que hemos dado de «nación» para Marx solo hay una idea de nación, la nación política (ni la nación étnica, ni la histórica, ni la envolvente que hemos tenido en consideración aquí). Como ya hemos señalado, la idea de nación que Marx tiene en cuenta es una sustancialización espuria, pues es una suerte de «realidad» preexistente a la cual se adecuarán cualesquier organizaciones sociales humanas. El devenir histórico así lo pide, ajustándose a una ley sujeta a necesidad: una necesidad que Marx tiene en cuenta por considerar la historia como una ciencia. La necesidad de leyes geométricas, o las de la física, es para él la misma que la necesidad de la historia, la cual está regida por la ley dependiente de la lucha de clases. El devenir de lo humano es determinista, como determinista es la ley de gravedad o el teorema de Pitágoras. Del mismo modo que los cuerpos en física se rigen por la ley de gravitación universal, la historia está regida por un progreso derivado de la lucha de las clases, y su resolución revolucionaria, tendente siempre al progreso que implica el fin de la desigualdad entre los hombres.

Pero las ideas nunca son previas a lo que quieren referirse. Si hay una idea de «nación política» es porque se dio, en la evolución de las sociedades humanas, una transformación que precisó una nueva conceptualización. Esto sucedió tras la Revolución francesa y la nueva conceptualización se expresó en el texto de la Constitución que los revolucionarios firmaron en 1791, sin menoscabo de que momentos previos se acercaran a su definición. Nos referimos a la república inglesa de Cromwell y posteriormente al cambio político producido tras la Revolución Gloriosa. Y también cuando más adelante se dio la Independencia americana de Inglaterra. Estos cambios fueron los que derivaron, de un modo definitivo, en lo que se expresó en la Francia de 1791, que la soberanía del rey deja de serlo, pasando a ser soberanía de los todos y cada uno de los individuos: la soberanía pasó a ser «popular».

Esto no había sucedido nunca, ni siquiera en la Atenas democrática (solo algunos eran los que ejercían la soberanía con su voto, primero en las circunscripciones de los demos de Atenas y después en la Asamblea; pero entre esos individuos «soberanos» no se contaban ni los esclavos ni las mujeres ni los metecos), tampoco en la República romana, en la que se dio algo similar a lo que había sucedido en Atenas previamente. El término nación se fue transformando desde expresiones perfectamente claras, como las referencias al «nacimiento» de seres vivos, después al de los grupos humanos (naciones étnicas) o las reuniones de esas naciones étnicas, tal y como hemos señalado que sucedió en los reinos europeos o en el Imperio español. Pero eso no eran naciones políticas. El término nación se adecuó a la nueva estructura que surgió tras la caída del Antiguo Régimen (remitimos para ampliar lo que aquí acabamos de decir al Anexo I). Esta explicación permite que no nos mostremos de acuerdo con la particular lectura que hace Marx de la historia española. Una historia que se fue transformando por la lucha que fomentan los diferentes intereses de clase. Esta doctrina está presente en los textos que hemos leído sobre la historia de España. La dialéctica transformadora para Marx solo es la de las clases. Pero pese a que la lucha de clases tenga importancia para las transformaciones, su papel es secundario. La lucha de clases expresa su efectividad solo en el marco de una dialéctica más abarcante la de la confrontación que se da entre los Estados, o, más en concreto, por la que se da entre intereses imperialistas de esos Estados.

En *La revolución en España*, Marx pretende adecuar la meta de los «revolucionarios» españoles a lo que entiende por «nación». Unos revolucionarios muy diferentes en cada momento histórico. En primer lugar, denomina al movimiento de defensa contra los franceses, como «movimiento nacional», que quiere independizar la nación española de los intrusos, proclamando la independencia. La expresión «movimiento nacional» es confusa por lo ya explicado. España todavía no era como Marx quiere hacernos ver. España no se podrá expresar como nación política hasta la firma de la Constitución de 1812:

> De este modo, desde el mismo comienzo de la guerra de la Independencia, la alta nobleza y la antigua administración perdieron toda influencia sobre las clases medias y sobre el pueblo por haber desertado en los primeros días de la lucha. A un lado estaban los afrancesados, y al otro, la nación. En Valladolid, Cartagena, Granada, Jaén, Sanlúcar, La Carolina, Ciudad Rodrigo, Cádiz y Valencia, los miembros más eminentes de la antigua administración —gobernadores, generales y otros destacados personajes sospechosos de ser agentes de los franceses y un obstáculo para el movimiento nacional— cayeron víctimas del pueblo enfurecido (Marx y Engels, 1974, *pág.* 16).

«A un lado estaban los afrancesados, y al otro, la nación». Como podemos comprobar, la «nación» para Marx es algo que es previo a la estructuración social que la definiría en la Francia de finales del XVIII. Según él, la nación son los revolucionarios. En otros lugares, de estos mismos escritos nos señalará al pueblo español, y también a un grupo de burgueses concienciados. No en vano, la revolución que según Marx debe darse en España es la adecuada a la que se ha dado en Francia, la revolución de la burguesía, previa a la que será la vía abierta a la emancipación del ser humano y que deberá suceder en toda nación política: la revolución proletaria. Esta, en España, está muy lejos, pese a ello la poca claridad de la propuesta marxista, en muchas ocasiones, y esta es una de ellas, nos sumerge en una tremenda confusión. Por eso no podemos asegurar fehacientemente que nos quiere decir Marx con lo que sitúa al otro lado de los afrancesados, cuando los denomina: «la nación». Se entiende, por estos motivos también, que critiquemos esta idea marxista de nación como poco adecuada[25].

Para Marx, el hecho de que el pueblo español se revuelva es lo que deriva en que pueda llamarse «movimiento nacional» como tal. Marx tiene en cuenta que la nación surgiría como si de un clavel reventón se tratase[26]. Y para que eso sucediera tenía que darse un movimiento que llegase a transformar el absolutismo borbónico en una organización política

25 Incluso diremos de ella que es una expresión metafísica. Entendemos por idea metafísica una idea que quiere sustancializar lo que no es una sustancia. O, para que podamos entenderlo mejor, sin depender de términos filosóficos, cuando decimos que existe algo que no existe. Por ejemplo: podemos hablar sin ningún tapujo del «decaedro regular». No tenemos problema alguno en mencionarlo. Pero tal mención no puede derivar en su existencia. El «decaedro regular» no puede existir. Solo existen cinco figuras geométricas —poliedros— regulares: los que tienen estas caras: cuatro (el tetraedro), seis (el cubo), ocho (el octaedro), doce (el dodecaedro) y veinte (el icosaedro). Si el poliedro tiene diez caras no puede ser regular.

26 Teniendo en cuenta que ya había claveles previamente, incluso antes del primero que reventó, el que representaría a la nación francesa. Este modo de entender las ideas deriva de la metafísica de Aristóteles: las formas eran para este filósofo eternas: La forma clavel era eterna, siempre había existido. Así entiende Marx la idea de nación (política).

constituyente, gobernada por los miembros de la burguesía no inoperantes que había reaccionado con ellos. Y es que, del «sistema feudal español», debería surgir por mor de tal revolución un sistema capitalista en sentido estricto, que estuviera liderado por su burguesía incipiente pero en su mayoría progresiva, al menos en algunos momentos que trae a colación, los que denomina como momentos revolucionarios (Así entiende Marx a la España de mediados del XIX, como un «sistema feudal», pero nosotros ya hemos demostrado que la idea de feudalismo es inadecuada a la historia española). Sigue diciendo Marx que, solo de ese modo señalado: tras que las relaciones entre la burguesía en el poder y el proletariado en desarrollo se hagan insostenibles, podrá la clase obrera española desarrollar su particular revolución. En esta narración aplicada a la situación española es en la que se fundamenta el determinismo histórico que defiende este autor, y también sus epígonos, empezando por Engels. El determinismo que defiende en lo social e histórico es tal que ninguna sociedad humana puede sustraerse al mismo. España no podía ser diferente. El siguiente capítulo lo dedicamos a confrontar estas ideas marxistas pormenorizadamente, sacando a la luz las ideas negrolegendarias que palpitan en los argumentos, pero que también se muestran ante los ojos del lector con gran crudeza. La cuestión sorprendente es que algunos lectores de estos textos no se revuelvan de sus asientos cuando las leen. Estos que no se revuelven —la izquierda española en general, además de algún despistado— son los que como Marx han asumido el relato hispanófobo. Aquí vamos a remarcar las falsedades que conforman el andamiaje de tal relato, y que Marx aireó. La lectura actual, demasiado extendida de sus textos sobre España, es lo que hacen de su personalidad una de las más negrolegendarias.

2.
LAS COORDENADAS DEL MARXISMO NO PERMITEN ENTENDER NI EL PASADO NI EL PRESENTE DE ESPAÑA

Que el socialismo «es» científico es una afirmación de Engels, aceptada por Marx, que buscaba marcar diferencias entre el socialismo utópico y el socialismo expresado por Marx. Esta «ciencia», que iba a llevar al encumbramiento del hombre libre (recuperando así la humanidad perdida en tiempos ignotos), iba a dar sus pasos en todos los lugares del orbe. Y España era uno de los lugares protagonistas en ese camino, tal y como se puede leer en los textos de Marx y Engels sobre España.

2.1. LA DOCTRINA DE MARX EN EL CONTEXTO DE LA ESPAÑA DECIMONÓNICA

La perspectiva de Marx está dominada por su idea-fuerza de «progresividad de la historia», con una meta final, la de la sociedad sin estado. Una meta (adecuada al anarquismo) que busca su *telos* (finalidad) inquebrantable: la futura «nación única», que será la misma humanidad. Esta meta, y cómo se llega a ella, desarticula lo que tiene de positivo la historia. Una meta como esa, que es tan inalcanzable como absurda, no permite entender los cambios que se han dado y se dan, ni que atendamos a los verdaderos protagonistas de esos cambios. Estos protagonistas no son las clases en lucha constante (su papel como motor de cambio es dependiente siempre), sino unas instituciones realmente existentes. Las clases no las podemos señalar como instituciones, sobre todo si pensamos en su imposible definición. Ni siquiera en Marx, en todos sus textos encontramos una definición clarificadora, una definición única de lo que entiende por «clase».

Ejemplo de institución real es por ejemplo el Imperio español, también la Iglesia de Roma. Mencionamos esta, entre todos los ejemplos que podríamos poner, por la importante conexión que tuvo con el Imperio español, el cual no puede dejar de definirse como católico. Marx no reconoce, para señalar las transformaciones históricas, el papel de estas dos instituciones. Tampoco de ninguna otra que pueda asimilarse a ellas. Aunque Marx atiende a intereses estatales, en sus explicaciones, no reconoce el papel de los Estados (también son instituciones) en los cambios políticos. Para Marx el Estado es una mera idea (una superestructura fruto armada por mor de los intereses de la clase en el poder. Según su doctrina, solo la materia grosera —las manos de los hombres y las transformaciones que hacen de los materiales inertes— puede procurar cambios.

Pese a que definamos el Imperio español como católico, en los tiempos imperiales (del siglo XVI al XVIII), la Iglesia se enfrentó, en algunos momentos, a sus intereses. La Iglesia además de su labor doctrinal (su carácter espiritual asumido por los reinos europeos, sucesores del caído Imperio romano) también tuvo —en muchos momentos de la historia— intereses temporales que le llevaban a defender y ampliar sus fronteras. Papas como Alejandro VI o Julio II se caracterizaron por la confrontación militar frente a intereses de otros imperialismos, sobre todo el español. El declive del Imperio español fue debido a que los imperialismos que se iban consolidando al norte de su territorio peninsular, se sobrepusieron a él. Estos imperialismos también tuvieron una impronta ideológica muy marcada, derivada de su cristianismo protestante. La relevancia de esta ideología que dibujó los intereses contrarios de los imperialismos enfrentados con España, no fue algo relevante para Marx. Como hemos dicho, lo considerado superestructural para Marx no podía ser causa de cambio alguno. Y las ideas reformadas del cristianismo adolecían de ello. Solo eran opio que nublaba la visión de los oprimidos. Y por ello un mero efecto de lo que sí que era agente de cambio: el control de los medios de producción por parte de los opresores.

Marx no veía el papel que estaban teniendo las iglesias protestantes, en común unión con los Estados que las soportaban. La reforma trajo a Europa el cesaropapismo de oriente. El Estado inglés y la Iglesia anglicana son inseparables, no en vano el rey de Inglaterra era y sigue siendo la cabeza de la Iglesia anglicana. Los *landers* alemanes, los distintos Estados que pasarían a partir de la unificación a federarse bajo el techo de la nueva Alemania en 1871, tenían su particular Iglesia reformada, de la que era cabeza también el jefe de Estado de turno. De manera que los cristianos protestantes organizados en sus diferentes Iglesias, cada una de ella la señalamos como una institución diferente, tuvieron un papel relevante en los hechos históricos del XIX. Instituciones que a día de hoy siguen teniendo protagonismo en política, pese a que tal relevancia sea a título individual. Algo bastante lógico teniendo en cuenta que ese individualismo es característico de sus postulados. Solo tenemos que pensar en la política del actual Imperio norteamericano, o en las naciones europeas más fuertes. Respecto del primero, todos los presidentes de Estados Unidos son creyentes protestantes, salvo una excepción, la segada por el famoso magnicidio (el de John F. Kennedy). De las segundas, también debemos incidir en que muchos pastores protestantes y miembros eminentes de diferentes iglesias han tenido y tienen una muy importante influencia en las decisiones políticas de muchas naciones. A modo de ejemplo podemos señalar a dos de los últimos jefes de estado de Alemania: Horst Lorenz Seehofer, que compartía su cargo político, muy efímero, con el liderazgo de la Unión Social Cristiana (CSU) desde 2008 hasta 2019. Y Joachim Gauck que no dejo de ejercer como pastor mientras ostentaba su cargo, que duró cinco años desde entre 2012 y 2017.

Volviendo al caso español, que es el que nos ocupa aquí, es pertinente retomar las inconsistencias en el discurso de Marx. Inconsistencias mencionadas previamente y que se circunscriben al confuso papel que tienen los agentes revolucionarios según atienda a unos hechos u otros. Su doctrina ha dejado dicho —aunque no de un modo claro en los textos que hemos leído sino en otras obras fundamentales— que la ley necesaria del cambio (que Engels denomino «socialismo científico») pondrá a la clase obrera en el poder. Y que previamente a que eso suceda, el control político y económico habrá sido de la burguesía. El control de la burguesía en España no se ha dado, es por eso que las revoluciones que enumera en sus escritos son revoluciones burguesas. Así lo entendemos cuando señala la reacción española ante la «francesada», señalando a una minoría influyente —burguesa— en la dirección de los movimientos populares contra los franceses:

> No obstante, si bien es verdad que los campesinos, los habitantes de los pueblos del interior y el numeroso ejército de mendigos, con hábito o sin él, todos ellos profundamente imbuidos de prejuicios religiosos y políticos, formaban la gran mayoría del partido nacional, este partido contaba, por otra parte, con una minoría activa e influyente para la que el alzamiento popular contra la invasión francesa era la señal de la regeneración política y social de España. Componían esta minoría los habitantes de los puertos de mar, de las ciudades comerciales y parte de las capitales de provincia donde, bajo el reinado de Carlos V, se

habían desarrollado hasta cierto punto las condiciones materiales de la sociedad moderna (Marx y Engels, 1974, *págs*. 17–18).

Cuando Marx señala al pueblo español como agente revolucionario no parece decir lo mismo que acabamos de leer. De ahí la falta de claridad de sus postulados aplicados al caso español que estudia. En este fragmento señala a una élite que, pese a no decirlo con claridad, podemos verla como la burguesía concienciada. Pero en otros fragmentos esto no aparece (muchos podríamos citar, aunque solo vamos a poner un par de ejemplos que muestren lo que estamos diciendo:

> A finales del mismo siglo, durante el reinado de Carlos II, el pueblo de Madrid se levantó contra la camarilla de la reina... El pueblo se dirigió al Palacio Real y obligó al rey a salir al balcón y a denunciar él mismo a la camarilla de la reina (Marx y Engels, 1974, *pág*. 8) (...) Cierto que Murat aplastó el levantamiento, matando a cerca de mil personas (en el contexto de la francesada); pero cuando se supo esta matanza, estalló una insurrección en Asturias que muy pronto englobó a todo el reino. Debe subrayarse que este primer levantamiento espontáneo surgió del pueblo, mientras las clases «bien» se habían sometido mansamente al yugo extranjero (Ibidem, *págs*. 13-14; lo puesto entre paréntesis es nuestro).

2.2. LOS ESPAÑOLES NO ERAN SOLO LOS PENINSULARES, TAMBIÉN LO ERAN LOS ESPAÑOLES DE AMÉRICA

Algo en lo que Marx está totalmente errado es en lo que era España, tanto en el momento en que se dan las diferentes revoluciones que analiza como en el pasado histórico que considera. Ya hemos denunciado que lo que Marx expone, en los nueve artículos denominados por los compiladores de estos textos como *La España revolucionaria*, es fruto de la lectura de unos autores que son los voceros de la Leyenda Negra. Algunos de ellos odiaban a España por haber nacido en lugares que habían permanecido a la sombra del poder español durante siglos, y también porque una vez que se perdió el Imperio que los dominó, querían hacer leña del árbol caído. Además, si se habla mal de lo que han hecho otros no se habla mal de lo que hace uno mismo. Este es el caso de los diferentes imperialismos que tomaron el testigo de España. Y los nacidos en España, que eran voceros de esa leyenda negra, se mostraban como tales por intereses partidistas: Algunos eran partidarios de los ingleses, como José María Blanco White o Juan A. Mendizábal, y otros de los franceses. Muchos de estos últimos cercanos a los reyes borbones. Unos reyes españoles que denigraron la dinastía Austria anterior, y con ello, denigraron también el pasado Imperial español de más calado histórico. De estos últimos en España había demasiados, conformando incluso una categoría: la de los afrancesados.

Una de las afirmaciones más alejadas de la realidad era la de entender el Imperio español como a cualquier otro imperialismo de los que habían brotado tras su debacle: el inglés, el francés o el holandés. Estos tres se caracterizaron por arrebatar las riquezas de los lugares a los que habían accedido, y por hacer de esos lugares «territorios colonizados». España nunca fue un imperio colonialista. Y los que vivían en los lugares a los que los españoles llegaron, terminaron por ser tan españoles como cualquiera. Pero Marx siguiendo la estela de las lecturas realizadas, de cara a saber las causas del comportamiento revolucionario de los españoles en el siglo XIX, afirmaba las mismas falsedades que todos aquellos que hemos señalado: «Como uno de sus principales objetivos era conservar el dominio de las colonias americanas, que ya habían empezado a sublevarse, las Cortes reconocieron a los españoles de América los mismos derechos políticos que a los de la península» (Marx y Engels, 1974, pág. 42).

Según la Constitución de Cádiz el territorio de España es el de la Península y otros lugares adyacentes, y también los de América. Resulta extraño que siendo territorio español el ultramarino, no tenga en él españoles, y que sea la constitución de 1812, la que dé por vez primera carta de ciudanía a los que allí vivían, por los motivos que Marx señala. Esto, en un primer momento, pues abundando en tal modo de entender el asunto, hay que considerar lo que leemos en las ediciones soviéticas en relación a esta misma cuestión. Atendemos a lo que se dice en una de las notas finales, de las incorporadas en las últimas ediciones de Progreso, a colación de lo que acabamos de citar del texto de Marx, y que viene a corroborar nuestra tesis sobre la sobrecarga ideológica que estas nuevas notas soportan, en detrimento de las de la edición de Nin, del año 29:

> Según el artículo IV de la Constitución española de 1812, la población de las colonias de España, exceptuados los negros, obtenía la ciudadanía española y los mismos derechos políticos que la población de la metrópoli, entre ellos, el de elegir a sus representantes a Cortes. Haciendo ver que existía una aparente igualdad de derechos en las colonias y en la metrópoli, los liberales españoles autores de la Constitución, intentaban obstaculizar la creciente guerra de independencia empeñada por entonces en las colonias de España en América (Marx y Engels, 1974, *pág.* 265; nota al final, núm. 58).

En primer lugar debemos decir que el artículo 4º de la Constitución no trata esa cuestión (concretamente dice lo siguiente: «La Nación está obligada a conservar y proteger por leyes sabias y justas la libertad civil, la propiedad y los demás derechos legítimos de todos los individuos que la componen»), el que parece tratar de lo que dicen los soviéticos es el 5º, sin ninguna duda, pues no hay otro artículo que vuelva a este asunto. Esto podríamos asumirlo si se tratara de un error, pero no es el caso. Por eso es por lo que aquí debemos hacer es denunciar la tergiversación, pues las afirmaciones que se hacen en esa nota no son literales de lo que dice la Constitución de 1812, ni producto de una mala traducción. Quizá el soviético de turno —al que, despersonalizadamente, le tocó la labor de comentar lo dicho por Marx— leyó otra Constitución, la de otro país. Para comprobar la falta de rigor veamos lo que dice el artículo 5º de la Constitución de 1812: «Son españoles: Primero. Todos los hombres libres nacidos y avecindados en los dominios de las Españas, y los hijos de éstos. Segundo. Los extranjeros que hayan obtenido de las Cortes carta de naturaleza. Tercero. Los que sin ella lleven diez años de vecindad, ganada según la ley en cualquier pueblo de la Monarquía. Cuarto. Los libertos desde que adquieran la libertad en las Españas».

Ni Marx ni los soviéticos están muy acertados aquí, como hemos comprobado. Es tremendamente chocante el análisis que el primero desarrolla en relación a los intereses españoles. De manera que, atendiendo al primero, debemos volver a incidir en que su tratamiento de España es el de una nación colonialista en sentido estricto. Las naciones colonialistas fueron en las que la burguesía liberal se hizo con el poder. Una burguesía que tenía un carácter al que Marx no atendió: un carácter imbuido de filosofía racionalista y de protestantismo (una y otro marcadamente individualista). Una burguesía que se tenía por muy diferente de otros individuos, no solo de los proletarios bajo su control, sino también de cualquiera que fuera de otras razas, mostrando con ello un modo supremacista de entender las relaciones humanas. La burguesía europea (más adelante también su heredera, la estadounidense), definida de este modo que acabamos de hacer, dirigió su política a ampliar sus fronteras mercantiles mediante ese colonialismo.

Para muestra de lo que estamos diciendo, vamos a citar a dos importantes filósofos ilustrados, nada menos que a David Hume y a Immanuel Kant, uno y otro muy influyentes en la concepción que los blancos protestantes europeos tenían del ser humano:

> Sospecho que los negros son naturalmente inferiores a los blancos. Rara vez hubo una nación civilizada de esa complexión, ni siquiera un individuo eminente en la acción o la especulación. No hay ingeniosas manufacturas entre ellos, ni artes, ni ciencias (...) Hay esclavos negros dispersos por toda Europa y en ellos no se ha descubierto ningún síntoma de ingenio (...) En Jamaica, sin embargo, se habla de un negro que toma parte en el aprendizaje, pero seguramente se le admira por logros exiguos, como un loro que ha aprendido a decir varias palabras (David Hume, De los caracteres nacionales)[27].

Por otra parte, queremos destacar lo que nos dice Kant en uno de sus escritos sobre Antropología. En el segundo capítulo, de la segunda sección, de las dos en que divide uno de sus estudios sobre el ser humano, al atender al «carácter de las naciones» asegura que en Europa hay cuatro que son privilegiada en cuanto a la cultura: «1) los franceses, 2) los italianos, 3) los ingleses y 4) los alemanes», pero también incluye entre las cultas a otras, aunque en un menor grado de las señaladas previamente: «los suizos, holandeses, daneses y suecos» (Kant, *Antropología práctica*, Tecnos, Madrid 2004, págs. 50-51). El porqué del grado de cultura de estos pueblos, de los que como comprobamos están excluidos los españoles, es porque «todos estos pueblos se han ido entremezclando con los pueblos germanos» (*Ibidem*, pág. 51). Para Kant, los pueblos germanos son una raza superior, algo que por otra parte pensarán otros filósofos eminentes del idealismo alemán. Entre los que podemos destacar a Juan Teófilo Fichte, que nos dice lo mismo que Kant en sus *Discursos a la nación alemana*, y a Jorge Guillermo

27 La edición de la que extraemos esta cita está realizada por José L. Tasset (*Escritos impíos y antirreligiosos de David Hume*, Akal, Madrid 2005). En ella especula que podría limarse el racismo implicado en las afirmaciones que se leen en ese ensayo de Hume. Pero lo que leemos es lo que Hume escribe. Otra cosa es lo que piense el traductor.

Hegel, que expresa la misma idea en su *Filosofía de la historia*. Kant también señala, al mencionar a los españoles que «aunque un príncipe de la casa Borbón llegó a ser rey de los españoles, no le fue posible modificar sus costumbres. Quizá sea responsable de ello su ancestral sangre morisca» (*Ibidem*, págs. 56-57). No hace falta que digamos nada más para mostrar cómo se justificaba el modo de actuar de los burgueses del norte de Europa. Marx, aunque los quería «poner en su sitio», el sitio que él consideraba que les tenía que corresponder en el futuro, él se sabía, y nosotros lo sabemos, perteneciente a esa clase que parecía denostar. El modo en que Marx entendía al hombre, pese a ciertos importantes matices, era el mismo de esa burguesía educada en el modo de ver racionalista, el del idealismo alemán del que su materialismo era —pese a la confrontación que mantenía con él— heredero. Lo comprobamos al leer lo que nos dice de España y de los españoles, de su papel en la historia y en el presente.

Por otra parte, los editores soviéticos están faltando a la verdad en el trato que dirigen a España. No podemos saber de dónde han extraído el dato sobre la segregación racial que se daba en España. Nada dicen de las fuentes, solo lo afirman, como si se tratara de algo asumido por todo el mundo. De los artículos 4º y 5º, desde luego que no. Aquí no vamos a mostrarnos partidarios de lo que viene en llamarse como «leyenda rosa». Desde luego que el desembarco español en América no fue un paseo por las nubes. Muchos españoles que allí llegaron no se comportaron como santos varones, que solo se preocuparan por el bienestar de los indígenas, o de los africanos que los portugueses y otros europeos vendían como esclavos. En los territorios de la España ultramarina se cometieron actos crueles con los indígenas, pero eso no fue algo que se produjera de modo sistemático, o por leyes segregacionistas. Los indígenas fueron tratados por el Imperio como la ideología católica los definió, como hijos de Dios, como iguales. Por ello se dio el mestizaje (algo que no sucedió en los colonialismos de los demás imperialismos mencionados). Los indígenas y los negros fueron tratados por las leyes españolas como a súbditos que eran, igual que eran súbditos del rey los españoles que allí llegaron. El Imperio español se preocupó de civilizar a los indígenas, se preocupó de fundar universidades, por llevar la imprenta, la organización política, la ley, y demás instituciones pertinentes. Se preocupó de fundar ciudades, de manera que no hizo de los nuevos territorios conquistados lugares para arrancar de ellos las materias primas. Los nuevos territorios eran ampliación del Imperio, eran España.

Si atendemos ahora al artículo 22 de la Constitución de 1812 leemos lo que allí dice sobre los negros: su acceso a la libertad y sobre su adquisición de la ciudadanía española (entre los africanos y los indígenas americanos se daban ciertas diferencia, tal y como ya hemos mencionado). La libertad y la ciudadanía española no era una suerte de derecho, como sucedía con los indios. Estos últimos eran «ingenuos» (libres por nacimiento), y los negros no lo eran, aunque podían llegar a serlo, si los progenitores habían conseguido la manumisión[28]:

28 Aquí tenemos que entender que la cuestión de la «trata» contaminaba estas cuestiones. Los territorios de los que eran oriundos los negros nunca fueron controlados por España (remitimos al tratado de Tordesillas). Los portugueses fueron los primeros en llegar a las costas africanas y trataron a sus habitantes del mismo modo que habían sido tratados desde hacía muchos siglos. Los egipcios habían esclavizado desde que eran un imperio a los africanos de más al sur. Los portugueses y los otros europeos que llegaron después no tuvieron que considerarlos novedosamente como esclavizables. Solo siguieron considerándolos como tales sin preocuparse por normativizar tales relaciones. Tales relaciones eran lo que se denominó «trata», como si de «objetos valiosos» se tratara. Fueron los filósofos españoles, de la Escuela de Salamanca, los que impulsaron las discusiones que derivaron en la expresión de la igualdad entre razas diferentes. Las aboliciones de la esclavitud del siglo XVIII, por parte de los países en los que estaba dándose el incipiente capitalismo, no fueron genuinos en su modo de entender la igualdad humana. Allí sobre todo se daba un interés mercantil.

A los españoles que por cualquiera línea son habidos y reputados por originarios del África, les queda abierta la puerta de la virtud y del merecimiento para ser ciudadanos: en su consecuencia, las Cortes concederán carta de ciudadano a los que hicieren servicios calificados a la Patria, o a los que se distingan por su talento, aplicación y conducta, con la condición de que sean hijos de legítimo matrimonio de padres ingenuos; de que estén casados con mujer ingenua, y avecindados en los dominios de las Españas, y de que ejerzan alguna profesión, oficio o industria útil con un capital propio (*Constitución de 1812*, art. 22º).

En el sexto de los artículos históricos publicados en el *Tribune*, Marx incide en la gran relevancia de la Constitución que acabamos de citar. La considera un hito histórico irrepetible: «Ninguna asamblea legislativa había reunido hasta entonces a miembros procedentes de partes tan diversas del orbe ni pretendido regir territorios tan vastos de Europa, América y Asia, con tal diversidad de razas y tal complejidad de intereses» (Marx y Engels, 1974, págs. 36-37). Lo que nos llama la atención es que Marx no saque conclusiones diferentes a las de los autores que consulta. No se pregunta por qué puede darse la reunión de gentes tan variopintas y con la misma capacidad decisoria en el Cádiz de principios del siglo XIX. La respuesta a una pregunta tan obvia como esa, que no la encontramos en Marx, podemos darla atendiendo al carácter que tuvo el Imperio español (algo que no cuadra para nada con la consideración de que España fue un Imperio asimilado a los de Asia). Un carácter definido, entre otras cosas, por el hecho de que, en la España moderna, la idea de igualdad era mucho más abarcante que la que defendían los ilustrados de los países situados al Norte. Algo de lo que ya nos hemos hecho eco previamente.

El asombro de Marx deriva por tanto de no tener en cuenta que España no es solo la nación que en ese tiempo está sitiada por los franceses, sino que España era una nación histórica que había regido con eficacia los territorios americanos y de otras partes del globo durante más de tres siglos. Un periodo de ordenamiento en el que las razas que describe con asombro Marx, por estar presentes en Cádiz, habían pasado del salvajismo y la barbarie a la civilización. Un logro dejado de lado cuando se pone la vista en la historia de España. La capacidad ordenadora que mostró en ese periodo era solo comparable a la de otro Imperio anterior, el romano.

Dos cuestiones son las que en este punto debemos desarrollar: la de la normalización de la esclavitud en la época moderna, y la del contraste entre un Imperio como el español, que calificamos como generador, y los imperios que fueron forjándose, con mayor o menor éxito a su sombra, a los que el calificativo que más se adecua es el de «depredadores».

2.2.1 Reivindicación del papel de España en la historia

El descubrimiento de América supuso un vuelco en la concepción del hombre. Una sociedad ordenada desde hacía un milenio y medio —en base a la creencia de que el hombre había sido informado, gracias a los apóstoles de Cristo, de cuál era su papel en el mundo— descubre que hay una ingente cantidad de seres humanos que no han podido recibir tal mensaje. El mandato divino a los apóstoles que rezaba: ¡Id y predicar a todas las gentes! No se había podido llevar a cabo, por un desconocimiento de una inmensa cantidad de esas gentes desconectadas del mundo conocido. El problema que generaba tamaña anomalía trató de solventarse mediante una serie de mecanismos que trataban de encubrirla: El mito de las tribus perdidas de Israel se ampliaría hasta el nuevo territorio descubierto; otra invención fue la de la llegada al nuevo continente del apóstol santo Tomás, invención que fue sobre todo aprovechada y repetida por los jesuitas, para justificar su labor evangelizadora; o la aparición de la Virgen de Guadalupe mexicana al indio Juan Diego; y por último podemos mencionar a Bochica, al que relacionan con la figura de Moisés.

La afirmación de san Pablo de que todos los hombres habían recibido la luz, pese a los intentos de justificar la anomalía, se mostraba como no adecuada tras el descubrimiento del Nuevo Mundo. La visión de la humanidad de san Pablo era histórica. Desde el principio de los tiempos, Dios había creado a los hombres y su historia iba desde ese punto hasta una meta prefijada: el Juicio final. Visión que contrastó Marx al asegurar que solo podría hablarse de humanidad una vez que el hombre se emancipara. La historia de la humanidad solo iba a poder ser efectiva en el mundo comunista. Pero el cambio relevante que Marx no tuvo en consideración fue el derivado del descubrimiento de América por parte de los españoles que él consideraba tan atrasados, respecto de los superiores europeos del norte.

Para mostrar la falta de rigor en la argumentación de Marx y en la de los marxistas que comentan sus textos referidos a España, debemos tomar en consideración lo que ellos dejan de lado. Todo lo que España hizo en los siglos anteriores a la crítica marxista. Crítica que llega hasta hoy, pues los que han seguido la estrategia marxista siguen haciendo lo mismo: negar el papel de España, de su Imperio, en la Historia universal.

Defendemos que la historia de España como Imperio comienza —algo en lo que algunos historiadores no están de acuerdo— tras la penetración de las huestes islámicas, al reaccionar contra ellas, recuperando un territorio para la cristiandad trinitaria. Ponemos el acento en esto último por considerar que de ese modo se tomaba distancia con el arrianismo propio de los visigodos, y del pseudo arrianismo de la religión musulmana. Uno y otro tenían en común la oposición al credo expresado en los concilios de Nicea, que dieron el carácter triunfante a la dogmática cristiana que iba a consolidarse. Este modo de cristianismo fue lo que caracterizó el imperialismo español, y sigue caracterizando la España actual, pues no podemos borrar nuestras raíces, nuestra tradición. Pese a los intentos del movimiento laicista, y el fomento que se hace de otros cultos en la España actual, la fuerza de la tradición sigue presente en nuestra idiosincrasia.

Para marcar la diferencia con el modo de entender al ser humano, dependiente de las doctrinas aceptadas por el Imperio español, tenemos que incidir en las raíces nutricias de la visión de Marx y del marxismo en general, y fue en dialéctica con ellas como el marxismo se fraguó (afirmamos esto dada la ignorancia que descubrimos en Marx a la hora de señalar lo que supuso el Imperio católico español en el ordenamiento mundial). El modo de entender el hombre del marxismo es deudor del que había dejado de lado la concepción de san Pablo. La nueva concepción incidía en las diferencias entre los hombres, las cuales iban a ser las protagonistas. Desde la consideración de algunos, referida a que había hombre con razas diferentes hasta la que entendemos desquiciada, por ver a esas razas como especies diferentes. Y es que la concepción histórica paulina dejó paso a la Antropología, al naturalismo focalizado en el hombre. Ideas como las de Linneo y Buffon iban a tomar el testigo en la explicación. Otras ideas fueron más radicales. Marcaban tanto las desigualdades que fomentaban las diferencias entre los hombres de un modo que iba a derivar en el supremacismo. Un modo de entender a los seres humanos que justificaba los desmanes que se dieron en África y Oceanía en los siglos XVIII y XIX, o los sucesos europeos del siglo XX. Aunque no podemos olvidar el fomento de la eugenesia en Estados Unidos, durante algunas décadas, en el periodo previo a la Segunda Guerra Mundial.

Pero estas cuestiones han derivado en que nos dispersemos de lo que nos estamos proponiendo en este punto, aunque lo dicho comprobaremos que permitirá entender algunas transformaciones en las relaciones humanas en los últimos siglos. En la época moderna la esclavitud se expresó de un modo muy diferente a cómo se dio en el pasado. El nuevo mercado de esclavos se sistematizó y se hizo más cruel, deshumanizado. Los estudios de filósofos como los pertenecientes a la Escuela de Frankfurt, tenían, en este contexto, un referente anterior para la crítica de una racionalidad instrumental denostable. Pero la crítica realizada a la instrumentalización del ser humano que se llevó a cabo en los siglos que enmarcan la época moderna, la llevaron a cabo los filósofos de la Escuela de Salamanca, de la neoescolástica española. Una filosofía que si hoy no se estudia en las universidades españolas ni del resto del mundo no es por no ser importante, sino por su teología católica. El desprecio por esta filosofía no puede desvincularse del desprecio que sufre España y su historia.

La conquista generó una problemática filosófica, referida al ser humano y su estatuto, totalmente nueva. Por un lado, estaban los argumentos derivados de la cuestión del pecado original, tema que ya había sido motivo de controversias entre los escolásticos españoles. Aunque también discutida con los teólogos protestantes. Algunos argumentos barajados por escolásticos españoles, aunque sobre todo por protestantes, llevaban a considerar que los indígenas americanos no eran cristianos al no estar afectados por el pecado original. De ese modo podían ser tratados como animales de carga, como esclavos. Pero por otro lado, estos autores se plantearon la cuestión que dinamitaba el anterior punto de vista: la de considerar a los indios como sujetos de derechos. Los mismos derechos derivados de una ley natural que afectaría por tanto, no solo a los hombres conocidos hasta entonces sino también a los que no habían tenido oportunidad de ser cristianizados.

La defensa de los indígenas americanos comenzó con textos firmados por autores como Domingo de Soto, Francisco de Vitoria, Melchor Cano o Domingo Báñez. De estos cuatro nos vamos a fijar en los dos primeros. Domingo de Soto expresó que esa ley natural da derechos a los hombres pero no a otras instancias, o al menos lo pone en duda. Una duda que se contesta por sí misma:

> Con todo, algunos dicen que al menos el papa, que es señor del orbe, entregó este dominio al emperador. Así hablan muchos sumistas en relación con el capítulo *Venerabilem, De eltceione*. Pero, en verdad, esto es una ficción y un dicho sin fundamento, como aquí alguna vez ha sido amplísimamente expuesto (...) Tenemos, pues, que el emperador por ninguna vía tiene el Imperio sobre todo el orbe. Por tanto, ¿con qué derecho retenemos el Imperio ultramarino que ahora se descubre? En verdad, yo no lo sé. En el Evangelio tenemos: Id, predicad el evangelio a toda criatura (Mt. 16); donde nos es dado el derecho de predicar en todo lugar de la tierra y, consiguientemente, nos es dado el derecho a defendernos de cualquiera que nos impidiese la predicación. Por lo cual, si no estuviésemos seguros, podemos defendernos de ellos a sus expensas; pero tomar más allá de estos sus bienes o someterlos a nuestro Imperio, no veo por donde nos venga tal derecho (Domingo de Soto, en *El anticolonialismo europeo*, Selección de Merle y Mesa, 1972, p*ágs*. 55-56).

La ley natural que regía los derechos de los hombres y sus relaciones dependía de la ley divina. Para estos autores españoles, tan hijos de Dios eran los indios como los que acababan de llegar a sus tierras. Y lo que dijeron fue la base argumental de la consideración de los indios americanos como iguales. Los indios no podían ser tratados cruelmente, forzándoles a trabajar, tampoco debía forzarse la conversión. Esto último, en base a las enseñanzas de santo Tomas, que en la *Suma Teológica* había dejado claro, respecto de las conversiones de gentiles al catolicismo, que nunca había que ejercer coerción. Al evangelizar a los indios esta cautela se tenía que poner en práctica. De este modo, los papas de ese periodo, con mención expresa de Alejandro VI y Julio II, zanjarían la cuestión, afirmando que los indígenas del Nuevo Mundo eran evangelizables, pues no adolecían de derechos naturales. Además, fue imprescindible en todo ello la doctrina de la guerra justa, pues sin ella hubiera sido impensable definir la humanidad de los indios en conexión con la legitimidad de la conquista. La doctrina de la guerra justa fue desarrollada también por los neoescolásticos, siendo la base argumental que justificaba esclavizar a algunos indígenas americanos, del mismo modo que se esclavizaban en España a los piratas berberiscos tras ser hechos cautivos. Unos piratas que asolaron las costas españolas durante décadas. Sobre todo desde la caída de Granada hasta la derrota que el Islam sufrió en Lepanto.

El segundo de los escolásticos mencionados que ameritan atención para traer luz a lo que aquí nos interesa es Francisco de Vitoria. Este se preocupó por dejar clara cuál era la potestad que tienen los reyes de España sobre los indios, en los dos planos relacionados con cuestiones teológicas: el temporal y el espiritual. Hoy día, la mayor parte de los interesados en estas cuestiones, de forma directa o indirecta, silencian el modo imperialista que se daba en los territorios a los que llegó España y que hubo de civilizar. Los tenía que civilizar para erradicar conductas tan terribles como era la de hacer sacrificios humanos, o la de ingerir el fruto de esos sacrificios. Otras tribus también se alimentaban de carne humana, aunque no por ser un desecho sacrificial o por ser parte de la liturgia, sino por ser lo habitual en su dieta. Vitoria aseveró que estaba justificado que los cristianos hicieran la guerra a los que tenían esas costumbres bárbaras. La guerra que vaya dirigida a solventar tales desmanes es justa y los cautivos que de ella se hagan serán esclavizables. Unos esclavos que sin embargo lo serán de cara a su posible «humanización», o lo que es lo mismo para Vitoria y los demás escolásticos: para cristianizarlos. Y lo mismo se debía hacer con las víctimas de los primeros:

Se prueba, en primer lugar, si comen o sacrifican inocentes, ya que pueden defenderlos de esta injusticia, conforme a aquellas palabras: Salva a los que son conducidos a la muerte, etc. Se confirma: ellos mismos pueden defenderse, luego los príncipes pueden defenderlos. Y no vale decir que ellos no piden ni quieren ese auxilio, pues es lícito defender al inocente, aunque él no lo pida, *más aún*: aunque se resista, *máxime cuando padece una injusticia en la cual él no puede ceder su derecho*, como sucede en el caso presente. Pues nadie puede dar a otro, derecho a que le mate o a que le devore o a que le inmole en sacrificio (…)

Si se hace la guerra a los bárbaros por este único motivo, al cesar no es lícito prolongarla más ni ocupar con esta ocasión sus bienes o sus territorios (...)

Además de este título puede haber otras razones para hacer la guerra a los bárbaros; a saber: que no quieran recibir a los predicadores de la fe; o que una vez recibidos, los asesinen y otras causas justas de guerra (...)

Cualquiera que sea el título por el que se hace la guerra contra los bárbaros, nunca es lícito ir más allá que si se realizase la guerra contra los cristianos (Francisco de Vitoria, en *El anticolonialismo europeo*, pág. 75).

2.2.1.1. *Aclaraciones relativas a lo que entendemos por servidumbre y por esclavitud*

Es pertinente detenernos en lo que entendemos por «esclavo», sobre todo si lo queremos diferenciar de lo que es la servidumbre. Atendiendo a lo que sucedía en la Edad Moderna (la inaugurada por el Descubrimiento de América), en la Antigua o en la Media, no podemos encontrar una clara diferenciación. Si vamos a las fuentes, a los relatos de la antigüedad, a los medievales o a los de los primeros siglos de la época moderna, encontramos que al esclavo se le consideraba de un modo igual a lo que entendemos por un siervo. Una servidumbre que dependía de haber sido hechos cautivos. A nuestro juicio, la distinción es muy poco clara. De ahí que veamos necesarias dos aclaraciones. La primera se refiere a la cuestión de la «guerra justa», partir de la que habrá cautivos; la segunda es referida a las razones que se dan para la distinción entre siervos y esclavos.

Respecto de la primera aclaración, los que desarrollaron la doctrina de la guerra justa, y las implicaciones relativas a la cautividad derivada de ella, fueron los escolásticos españoles. Para estos autores el ejemplo más claro de guerra justa era la que los cristianos estaban dirimiendo con los sarracenos. Una guerra que no había terminado con la toma de Granada por parte de los Reyes Católicos, y su incorporación a la Corona[29]. La guerra continuaba pues los que habían sido expulsados de la península seguían atacando las costas, sobre todo las del sur y de Levante. En su mayoría organizados como piratas dependientes del Imperio fuerte de oriente, el otomano. Estos piratas atacaban la costa sobre todo para capturar una mercancía de gran valor: hombres y mujeres para ser esclavizados, para transformarlos en siervos. Los piratas berberiscos partían de las costas del norte de África controladas por los turcos otomanos[30]. Recíprocamente, los berberiscos que eran hechos cautivos por los cristianos. Estos cautivos iban a ser a partir de ese momento siervos, o esclavos, pues habían sido capturados en «guerra justa». El choque con los turcos y la posibilidad de hacer esclavos de los que se hacían cautivos, por parte de los

29 Debemos señalar, dando algo de marcha atrás en la expresión de nuestro argumento, a las razones de Isabel la Católica —secundadas por su esposo Fernando— que le impulsaron a financiar la propuesta de Cristóbal Colón dirigida a desarrollar un mercado que circundara el globo. Las razones de la reina tenían otro interés añadido al económico, el de enfrentar a los que apoyaban a los moriscos granadinos por la retaguardia. Y de este modo terminar de una vez por todas con un imperialismo al que ya estaban ganándole la partida, al menos en el territorio peninsular.

30 El término «esclavo» se acuña en el contexto de los sujetos hechos siervos por los bizantinos y después por los turcos otomanos entre los eslavos.

cristianos, tuvo el momento álgido de la batalla de Lepanto (desarrollada el 7 de octubre de 1571 en el golfo de Patras, cerca de la ciudad griega de Naupacto). Después de esta, las guerras justas más acuciantes fueron las que se daban en los territorios ultramarinos. Estas son de las que habla Vitoria, pues se dieron desde la llegada de los españoles y durante todo el periodo de conquista.

La segunda aclaración es la que se hace precisa para diferenciar entre la servidumbre y la esclavitud. La distinción entre esclavos y siervos se hace de un modo fuerte en la doctrina expresada por Marx. Pero la diferencia expresada en esta doctrina enturbia las lecturas que puedan hacerse de lo que se entiende por el papel desempeñado por esos cautivos en manos de los que los cautivaron. Desde los postulados del materialismo histórico de Marx se considera que los modos de producción son diferentes entre sí a causa de la economía, a causa de las relaciones de producción que se dan entre los hombres que poseen los medios de producción y la riqueza y los que no poseen nada o muy poco. La producción en la Edad Antigua dependía de los esclavos (frente a ellos estaban sus amos), y en la Edad Media la producción se daba por los que eran siervos de los señores feudales. Estos dos modos de producción expresados por Marx son aquí los que nos interesan. Pues bien, esta conceptualización que parece tan clara y que clasifica el modo de las relaciones humanas (de producción, en palabras de Marx) no es tal, debido a que no se ajusta a lo que sucedía en la historia. Marx define el papel que cumplen unos hombres y otros (los que tienen la riqueza y los medios de producción, y los que no tienen nada, o muy poco; los que explotan y los explotados que producen los bienes). A partir de sus tesis se puede pensar que esas relaciones son las que se daban en los periodos que él nos presenta. Pero en cuanto acudimos a los relatos referidos a los periodos que el pretendió compartimentar, para definir sus componentes materiales, observamos que no hay posible ajuste. El ajuste parece darse en la Europa que Marx parece conocer bien, la del norte, pero tal punto de vista no es extensible a toda Europa. Lo que nos dice Marx no es lo que sucedía en todo el mundo medieval y moderno. En el Islam, en la Roma bizantina o en el Imperio español, no podemos hablar de siervos de un modo radicalmente diferente —tal y como Marx los separa— a lo que antes se consideraba que eran los esclavos. No se daba una distinción clara entre lo que fue la servidumbre y la esclavitud. La doctrina marxista no es consistente en este aspecto[31].

Por otra parte hubo muy diferentes modos de servidumbre/esclavitud. El modo más aberrante de darse, fue el que comenzó y se desarrolló en la América anglosajona, y en otros lugares colonizados por otros imperialismos, como son los de Inglaterra, Holanda, Bélgica y Francia. Un modo de diferenciar a los seres humanos entre sí que no tuvo parangón en el pasado. Si atendemos a los relatos que nos han llegado de la época antigua, el tratamiento dado a los esclavos/siervos —en Grecia y Roma, que son las fuentes de relatos más importantes, y pese a que algunos de ellos sean literarios— es en algunos aspectos respetuoso. Diríamos que exento de lo que hoy entendemos por racismo. Lo que marcaba las diferencias no era algo definitorio por esencia, como se consideraría a partir del siglo XVIII por naturalistas y filósofos ilustrados, sino que las diferencias derivaban de cuestiones de organización social y política. No en vano, el Imperio de Alejandro Magno fundó ciudades, para que en su seno nacieran hombres libres

31 Podría pensarse que al criticar la doctrina marxista estamos haciendo leña del árbol caído, pero solo es así en algunos aspectos, pues, pese a que el marxismo sufriera su golpe de gracia con la caída de su proyecto en marcha —la URSS— todavía hay muchos seguidores de sus doctrinas. Seguidores que quieren buscar nuevas adecuaciones, aunque transformando de un modo casi total el ideario inaugurado por Marx y llevado a la práctica por los marxistas de principios del siglo XX

e iguales. El racismo, derivado del ideario ilustrado y de las conclusiones a las que llegaban los naturalistas del norte de Europa, culminó en el eugenesista de finales del siglo XIX y puesto en práctica sistemáticamente en la primera mitad del XX. Proyecto que nació en la Inglaterra de Darwin y Galton, y que desembarcó en Estados Unidos. Y que con el paso de pocos años volvió al viejo continente, pues sería en Alemania donde se instituyó, con las consecuencias de todos conocidas.

2.2.2. El mestizaje en el Imperio español

Debemos también tener en cuenta otra cuestión relevante que nos permitirá aclarar las diferencias que se dieron en España, en el periodo medieval y moderno, entre los hombres —los que fueron objeto de servidumbre— a lo largo de los años que estuvo vigente su Imperio. Unas diferencias que tenían componente étnico, como es lógico. Una servidumbre que tendría su final en el siglo XIX, dado que los cambios, económicos sobre todo, lo propiciaron. Desapareció no solo en España sino en muchos otros lugares de occidente, los que se habían conformado como naciones políticas. La servidumbre terminó con la consolidación del capitalismo como sistema económico pujante.

Centrándonos en España debemos incidir en que en su vasto territorio, con centro neurálgico en la península, los siervos/esclavos lo eran por derivar de haber sido objeto de cautiverio. Y dependían de las distintas etnias que habían penetrado en la península a lo largo de los años. Esto si consideramos sobre todo el periodo medieval. Fueron las acciones de tipo bélico las que procuraban esclavos en España: las guerras de los distintos reinos para recuperar el territorio conquistado previamente por el Islam, las rebeliones moriscas que se daban en los territorios reconquistados, y después de la toma de Granada, la campaña contra el Gran Turco.

De manera que si tenemos en consideración el periodo posterior al descubrimiento de América, coincidente con la toma de Granada, resultará que los esclavos serán hechos de entre los sarracenos que atacaban las costas. Entre las etnias que conformaban a esos sarracenos estaba la de africanos negroides. De manera que en España hubo esclavos negros, los que fueron hechos cautivos a lo largo de los siglos que duró la Reconquista, periodo coincidente con la construcción de la España histórica. Los negros que había en la península pertenecían en algunos casos al ejército islámico, que en su mayor parte eran siervos/esclavos de los moros: «El *negro* se había asomado también a nuestras tierras gracias, en gran medida, a que había sido traído por la invasión árabe y del que se había servido para trabajos y para el ejército. No olvidemos, a este respecto, que los Almorávides tienen su origen en áreas pertenecientes al África negra, concretamente, en el Senegal. Se conocía, pues, al negro, pero no sus funciones como esclavo» (José Luis Cortés, *La esclavitud negra en la España peninsular del siglo XVI*, pág. 16). Y en los tiempos modernos, de entre todos los esclavos negros que llegaron a España por la trata, tanto a la España peninsular como a la ultramarina, los más peligrosos eran los *jelofes* y los *mandingas*, no por ser negros, con características físicas concretas, sino por estar islamizados.

Debido a la función del puerto de Sevilla en los tiempos en que Portugal formaba parte de la Corona española, la esclavitud negra parece tener mayor repercusión en todo el territorio peninsular (en Portugal era muy habitual encontrarte negros en las calles, sobre todo en Lisboa, pues era el puerto negrero por antonomasia, algo poco corriente, o nada, en España). A partir de la adhesión de Portugal a la Corona, comenzará a haber una gran cantidad de negros en Andalucía. Aunque también, aunque en mucha menor medida, en otras regiones españolas: «Cataluña había conocido una gran concentración de esclavos a lo largo del XV mientras controló convenientemente el

Mediterráneo oriental. Se trataba, más bien, de una esclavitud "blanca" entre la que aparecen, de vez en cuando, los negros. En el XVI, la presencia negra no es muy floreciente aunque descubrimos, en varias ocasiones, a algún catalán en Sevilla comprando esclavos» (J. L. Cortes, pág. 21).

Los mercaderes moros y judíos del norte de África eran los que se encargaban del tráfico de esclavos que les proporcionaban los piratas berberiscos. El sentido contrario de la trata, de África hacia España era muy escasa pues los encargados por derecho de ese tráfico eran los portugueses y derivaban a los que habían apresado a las costas de América: el comercio de esclavos «lo tenían los portugueses desde los tratados de Alcaçovas (4-IX-1479) y Tordesillas (5-VI-1494) y España se había comprometido a respetarlo (J. L. Cortes, pág. 40). La posibilidad de hacer esclavos por parte de los españoles venía delimitada por los tratados señalados: «Según el tratado de Alcaçovas, los castellanos podían pescar y "saltear moros" desde el Cabo Bojador hacia el norte; desde este hasta el Río de Oro pueden "saltear", pero no pescar y al sur del Río de Oro no pueden llevar a cabo ningún tipo de actividad. En definitiva, que solo la Berbería era lugar adecuado para que los españoles pudieran cautivar puesto que la Guinea era de dominio exclusivo luso» (J. L. Cortes, pág. 42).

El caso es que España —tanto la Corona como los mercaderes dedicados a la trata— se lucró de un modo u otro por las transacciones comerciales que se daban. La venta de esclavos daba beneficios. La Corona cobraba, a modo de impuesto, lo que se denominó el «quinto» (la cantidad del veinte por ciento de la transacción). Del «quinto» tenemos referencia ya en el periodo de los Reyes Católicos. José Luis Cortés se hace eco de ello en su libro: «en 1502 los Reyes Católicos hacen donación de los quintos a la ciudad de Alicante de cuántas presas hagan en lucha contra el moro» (J. L. Cortes, pág. 55, nota pie de página). Un beneficio menor, en base a esos quintos, se lo dedican a otras ciudades. Cortés López menciona Tenerife y La Palma. Concesión que renovaría su nieto Carlos I (señalado en la misma nota a pie de página).

La gran diferencia entre el modo de entender al ser humano del Imperio español y de los otros imperialismos posteriores (inglés, francés, belga, holandés, alemán…), tiene en el mestizaje el carácter diferenciador por antonomasia. Podríamos hacer referencia a los diferentes grupos humanos que con el paso del tiempo conformaron las sociedades que se desarrollaron en las colonias de esos imperialismos europeos del norte, los cuales tienen, en su mayoría, un mismo origen étnico preeminente: el germano (anglosajones en Inglaterra; francos en Francia; en Bélgica, los flámicos; germánico era el grupo étnico neerlandés; y de diferentes grupos étnicos la Alemania imperialista tras su unificación en 1871). Los grupos humanos que se consolidaron en esas colonias aniquilaron del todo —como sucedió en Tasmania con los ingleses que llegaron a sus costas— o dejaron vivos a parte de la población autóctona para su explotación, derivándolos a reservas u otras localizaciones similares, pero siempre diferentes de la de los colonos.

De manera que los anglosajones que dominaron los territorios de las islas británicas, igual que los que desembarcaron después en el norte de América, se caracterizaron por el nulo mestizaje. Lo mismo que los holandeses y los belgas que colonizaron territorios de África, Oceanía y América. O qué decir de los alemanes en la época del Tercer *Reich*. Sin embargo, la católica España llevó a gala la mezcla racial sin atisbo de supremacismo. Si atendemos a la descendencia de los primeros españoles que llegaron al Nuevo Mundo, en su mayoría se dio la descendencia mestiza. Señalaremos tres ejemplos muy conocidos:

—Hernán Cortés. Aunque tuvo dos cónyuges españolas, que le dieron abundante descendencia, su pareja más conocida e importante fue Malinche (Isabel Moctezuma Tecuichpo

Ixcaxochitzin). Con esta última tuvo a Martín Cortés Malintzin. Pero Malinche no fue la única indígena con la que tuvo descendencia mestiza, también la tuvo con Tecuichpo. De esa relación nació Leonor Cortés Moctezuma

—Diego de Almagro: Diego de Almagro el Mozo, nacido en el actual Panamá, en 1522, fue un hijo mestizo de Diego de Almagro el conquistador (que por ser su padre, y del mismo nombre, se le apodó «el Viejo»). Diego de Almagro el Mozo fue gobernador del Perú.

—Francisco Pizarro: Se casó con Inés Huaylas Yupanqui (descendiente de emperadores incas), pero también tuvo otras dos mujeres, con las que no se casó, y con las que pudo tener descendencia bastarda: Cuxirimay Ocllo y Añas Colque. Con su esposa legítima tuvo cuatro hijos: Gonzalo, Francisca, Francisco y Juan.

En párrafos anteriores hemos citado el libro de José Luis Cortés López en algunas ocasiones. Mucha información que encontramos en él tiene un rigor que no nos permite poner en duda lo que dice. Pero no en todas las ocasiones, como vamos a poder comprobar cuando nos habla de Juan Ginés de Sepúlveda, en el contexto de la discusión sobre el estatuto del hombre diferente, fuera este de raza india o negra.

Juan Ginés de Sepúlveda fue filósofo español formado en la Universidad de Alcalá y en la de Bolonia (Estados Pontificios). Sepúlveda, desde postulados aristotélicos, argumentaba contra los filósofos de la Escuela de Salamanca coincidentes entre ellos en que todo hombre, del color que fuese, había que considerarlo como igual. El texto «fundamental» —en palabras de Cortés López— de Aristóteles en el que se apoyaba Sepúlveda, además de otros teólogos, para desarrollar sus argumentos, frente a Bartolomé de las Casas, sin embargo, no es de Aristóteles, pues la traducción es tan «libre», tan poco ajustada a las traducciones más fidedignas, que lo que trasmite el filósofo griego queda desvirtuado. Lo que leemos en tal traducción transforma lo que nos dice el filósofo para adecuarlo al discurso que se pretende trasmitir, que es el de una visión eclesiástica racista, que se daba durante el siglo XV (previamente al siglo XVI, según señala literalmente). Así reza la libre traducción de Aristóteles: «es necesario que haya seres inferiores que trabajen para la parte noble de la humanidad. La naturaleza ha proveído a ello. Hay hombres naturalmente esclavos tan inferiores a los otros como el cuerpo al alma, el bruto al hombre, instrumentos puestos por una especie de selección natural al servicio de la clase superior. Una desigualdad original es la fuente de la esclavitud» (J. L. Cortes, pág. 27). Que Aristóteles dijera esto es pertinente demostrarlo citando con rigor, y esto no lo hace Cortés López. Remitimos al último capítulo de este libro, titulado *La izquierda negra*, donde cotejamos el fragmento que acabamos de citar con otro más fiel a lo que escribió Aristóteles.

Las tesis aristotélicas previas a la preocupación de los escolásticos modernos fueron tratadas y desarrolladas por otros autores. Entre ellos queremos mencionar a san Isidoro de Sevilla que en *Sentencias* viene a justificar la bondad de la esclavitud señalando que los objetivos son, sobre todo, beneficiosos para los esclavizados. Algunos de esos beneficios son —pues en ellos incide— que se les separaba de los maltratadores y que podían alimentarse. La esclavitud a la que se les exponían les daba una tutela conveniente: «*Propter peccatum primi hominis, humano generi poena divinitus inlata est servitutis, ita ut quibus aspicit non congruere libertatem, his misericordius inroget servitutem. Et licet peccatum humanae originis per baptismi gratiam cunctis fidelibus dimissum sit, tamen aequus Deus ideo discrevit hominibus vitam, alios servos constituens, alios dominos, ut licentia male agendi servorum potestate dominantium restringatur*» (San Isidoro, *Sententiae*, L. III, 47.1[32]).

Estas tesis de san Isidoro serían aprovechadas por los filósofos portugueses de cara a llevar a cabo su industria esclavista: «los esclavos, siendo transportados por agua desde la tierra arenosa de Etiopía a las abundantes tierras de Portugal y de las pequeñas chozas a los alojamientos de Lisboa, por el solo contacto de la ciudad y abundancia de toda clase, poco a poco eran instruidos en la humanidad y, lo que es más excelente, se imbuían luego de los misterios de la religión cristiana» (J. L. Cortés, pág. 35, de la nota a pie de página en la que se cita el libro *Historia de las Indias* escrito por el jesuita portugués Giovanni Pietro Maffei).

2.2.3. España, cuna de la igualdad entre los hombres

Sin embargo, respecto de los africanos que llegaban a las costas americanas, los argumentos eran diferentes. El mercado de esclavos negros fue fomentado por los portugueses, pero también por otros europeos que los capturaban, con el permiso de los primeros (el tratado de Tordesillas solo daba derecho de conquista en las costas de África y de más al este a los portugueses). La cuestión diferencial era que, desde tiempos remotos, los negros africanos habían sido susceptibles de ser esclavizados. Por lo que las cuestiones relacionadas con la humanidad

32 «A causa del pecado del primer hombre, el castigo de la esclavitud fue divinamente impuesto al género humano, de modo que para aquellos a quienes él considera no aptos para la libertad, pide con mayor misericordia la esclavitud. Y aunque el pecado de origen humano ha sido perdonado por la gracia del bautismo a todos los fieles, sin embargo por esto el Dios justo ha distinguido la vida de los hombres, nombrando a unos esclavos y a otros amos, de modo que la licencia de los esclavos para hacer el mal puede verse restringida por el poder de los gobernantes» (traducción propia). El texto en latín, citado por José Luis Cortés López, lo hemos cotejado para hacer alguna corrección en la siguiente página web: http://www.thelatinlibrary.com/isidore/sententiae3.shtml.

de los indígenas americanos no se amplió a los africanos. Los negros eran esclavizables, los indios no. Y en el mercado de esclavos negros no se hacían las mismas consideraciones. Con todo, la filosofía española daría un vuelco al asunto, no en vano lo que sucedió en el marco de esa primera globalización cambió el mundo, y los primeros pasos de ese cambio tuvieron como protagonista al Imperio español.

Ante el reto que supuso el descubrimiento de América la neoescolástica española desarrolló la ciencia de la economía en sentido moderno. Las cuestiones referidas al estatuto del ser humano, tal y como hemos podido comprobar, aparecían en una relación muy estrecha con las económicas. Sin embargo, la literatura económica posterior a la desarrollada por la Escuela de Salamanca no suele tener en cuenta lo que preocupó a estos escolásticos. Pero eso no es lo más llamativo, sino que incluso cuando se señala el origen del pensamiento económico se solía dejar de lado esas aportaciones originarias. El silencio relacionado con ellas duró hasta mediado el siglo XX. Sin embargo, en esos años, una serie de autores muy influentes reconocieron la importancia de esos primeros argumentos, sacándolos del ostracismo al que habían sido condenados. Lo que los escolásticos españoles introdujeron, al verse inmersos en los nuevos problemas derivados de la situación económica y social, iba a consolidarse como estudios reglados, en diferentes cátedras de todo el mundo. Ninguno de estos autores preocupados por reconocer la importancia de los escolásticos españoles era español. Cuestión que es entendible dado que los desarrollos intelectuales que se están dando en las últimas décadas se dan fuera de nuestras fronteras. España lleva ya demasiadas décadas a remolque de terceros países.

El importante movimiento en pro del reconocimiento del papel de España en estos desarrollos mencionados tuvo diferentes hitos, de los cuales vamos a destacar los siguientes:

—El reconocimiento de la figura de Francisco de Vitoria. En 1928, James Brown Scott publicó *El origen español del Derecho Internacional moderno*. Era el periodo de entreguerras y estas cuestiones, las que habían preocupado a los neoescolásticos, destacando entre ellos la figura de Vitoria, estaban teniendo un nuevo protagonismo entre las élites de las naciones. Sus mandatarios y adláteres estaban preocupados por el control de un mundo que tenía en ciernes una nueva globalización económica, la cual iba a tener como protagonista no a la moneda española sino a la estadounidense. Este reconocimiento al filósofo fue paralelo al que estaba sucediendo en España, pues el año anterior a la publicación del libro de Brown se había creado la cátedra Francisco Vitoria en la Universidad de Salamanca[33].

—La obra de Joseph A. Schumpeter sería el segundo momento a tener en cuenta. Este importante economista, de fama mundial, consiguió que se reconociera la obra de los neoescolásticos referida a la economía. Lo que Schumpeter había comenzado a sacar a la luz fue ampliamente estudiado por la economista británica Marjorie Grice-Hutchinson, en diferentes trabajos publicados también en España.

—La tarea que estos autores foráneos desarrollaron, fue calando en los autores españoles, tal y como ya hemos señalado. Hemos señalado a Antonio Truyol, pero también debemos hacerlo con Luciano Pereña y el sacerdote Juan Belda. Estos solo son unos pocos ejemplos entre otros muchos. Del último mencionado destacaremos su libro: *La Escuela de Salamanca y la renovación de la teología en el siglo XVI*. Y, respecto de Luciano Pereña, debemos decir que fue el responsable de la edición de la mayor parte de las obras de los filósofos de

33 Este reconocimiento, a cuatrocientos años del fallecimiento del filósofo, derivó en que en 1946 se publicara en distintas lenguas un importante estudio sobre su obra. Estudio realizado por Antonio Truyol Serra.

la Escuela de Salamanca. Una compilación monumental que lleva por título: *Corpus Hispanorum de Pace*.

Pero estas reivindicaciones no tienen repercusión como tampoco tienen efecto los libros publicados ni los congresos dedicados a filósofos relevantes como Vitoria, Suárez, De Soto, o de algunos no adscritos a la Escuela de Salamanca, como Juan de Mariana, del que se celebró en 2024—sin repercusión mediática apreciable— el cuatrocientos aniversario de su muerte. La nula repercusión se debe a que —por parte de los responsables políticos de izquierdas— no se muestra interés alguno por la historia de España, por traer a la memoria colectiva tantos y tantos sucesos que pudiera encumbrar su protagonismo (aunque denunciamos también que tampoco muestran mucho interés los que podrían hacerlo, que son los responsables políticos de la derecha). Sin desconectarlo de la política sucede que en las Universidades públicas y en la mayoría de las privadas, tampoco se preocupan de dar pábulo al pasado español, a sus relevantes figuras protagonistas que en el marco de los intereses del Imperio español influyeron en los cambios que conformaron el mundo actual: científicos, filósofos, navegantes, exploradores, políticos, inventores, y un largo etcétera, todos ellos ninguneados por el interés obsceno de negar el papel de la España imperial.

Entre los que se han llevado al ostracismo histórico, haciendo que su memoria se borrara durante casi dos siglos —o mejor dicho, que «se condenara», pues desde tiempos de Roma eso se denominó como *damnatio memoriae*[34]— incluimos a todos

34 Hoy día encontramos algo muy similar a ese ostracismo en lo que se entiende por «clausura». Esta clausura es el mecanismo de crítica demoledora que usan las organizaciones *woke*, adaptadas a los nuevos medios de comunicación de masas, en los que el personal se hace oír. Con esa clausura consiguen destruir/anular lo que otros dicen y que ellos consideran inadecuado al correcto pensamiento, que es el modo de ver «dogmático» que ellos tienen por pensamiento correcto.

los señalados, pero con mención expresa a los que ahora nos interesan, los neoescolásticos que estaban en el origen del pensamiento económico. Todos ellos filósofos españoles. Filósofos que paralelamente se interesaron, dada la nueva situación que está siendo considerada por nosotros aquí, por qué es el ser humano, por las ideas de igualdad que la filosofía griega y el cristianismo habían conseguido que se consolidaran, pero que volvían a problematizarse. Los católicos, apoyándose en la doctrina desarrollada por los escolásticos españoles sobre todo, propiciaron que esa igualdad se hiciera presente en los territorios ordenados por el Imperio católico español. Sin embargo, el modo de entender qué es el hombre implicado por la nueva filosofía y por las ideas de la Reforma, hicieron tambalear esa igualdad, los indígenas de las tierras colonizadas por los imperialismos no católicos fueron esclavizados o masacrados durante ese periodo nefasto. Llevar al olvido, o tratar de negarlo, buscando otros culpables, es en lo que sería pertinente dedicar mucho tiempo de investigación. Eso derivaría seguro en una reivindicación de lo que se ha denostado: la acción civilizadora y generadora del Imperio español, frente a la depredadora de los otros imperialismos que protagonizaron el declive del anterior.

2.2.4. La esclavitud y la nueva economía globalizada

Estamos viendo cómo se da la articulación entre la consideración de lo que es el hombre y lo económico. Y que esta relación fue muy diferente si el tratamiento de ambas cuestiones relacionadas era el de los españoles, encargados de ordenar durante esos siglos el mundo, y el del resto de los países que iban a la zaga del Imperio. El nuevo mundo estaba siendo globalizado por España, que imponía unas leyes económicas diferentes, las que se desarrollaban por los neoescolásticos salmanticenses. Respecto del trato a los hombres que habitaban el mundo objeto de conquista, los católicos españoles desde luego que hicieron uso de la coerción. No podía ser de otra manera si de conquista estamos hablando. Pero su concepción del hombre hizo que considerara, a los que habitaban los territorios conquistados, a esos los hombres a los que hubieron de enfrentarse y dominar, como iguales.

Las ideas de igualdad, tan en boga en el momento presente, no tienen como referente primero lo que pensaban los autores ilustrados, sino lo que dijeron los escolásticos españoles. La igualdad teorizada por los ilustrados tuvo su momento álgido en los cambios revolucionarios de Inglaterra, Estados Unidos y Francia. Pero esa igualdad solo hacía referencia a los europeos. A ningún hombre más. El ideario supremacista implicado en las doctrinas de la filosofía racionalista —y también entre los cristianos reformados— no tenía nada que ver con lo que había preocupado a los neoescolásticos españoles tras el descubrimiento de América. La igualdad que promocionaron era la de los hombres blancos protestantizados, dejando de lado a los que habitaban otros lugares, incluido el Nuevo Mundo, por considerar a sus habitantes cercanos a la animalidad. En el texto citado previamente de David Hume se habla de aborígenes oriundos de África, pero tal consideración se ampliaba a todos los que el mundo anglosajón, y en general germanizado, tenían por no-blancos. La consideración de la raza canónica —caucásica— por Johann F. Blumenbach a principios del siglo XIX, o posteriormente por Friedrich Max Müller, como aria, da razones para justificar los desmanes de los oriundos germanos, además de otros blancos germanizados, que luego se caracterizaron por abrazar el protestantismo cristiano. Unos desmanes que se llevaron a cabo a lo largo de muchos siglos, incluso hasta la actualidad. Pudiendo afirmarse que ni siquiera las consecuencias de la Segunda Guerra Mundial consiguieron atenuar su ideario racista.

Pues bien, la corriente política y filosófica derrotada en la historia por los imperialismos caracterizados por ese supremacismo fue la desarrollada en España en los siglos XVI y XVII. En ese tiempo, los frailes salmantinos abordaban, entre otros muchos, los problemas filosóficos que ahora consideramos, relacionados con la conquista de los nuevos territorios, y su ordenamiento. Las necesidades de mano de obra en esa nueva tierra fomentó la trata de esclavos negros. Como fruto de una mayor producción a todas las escalas surgió una pujante economía de mercado, una economía que por primera vez podía señalarse como global.

Estas cuestiones estudiadas en el marco de la filosofía escolástica, consiguieron cotas de originalidad que, como ya hemos mencionado, solo fueron reconocidas con el paso de muchas décadas. Pero esta filosofía, la desarrollada en el periodo imperial español, se debe tener muy en consideración, pues aunque hoy día se de una total falta de reconocimiento, fue imprescindible en el desarrollo filosófico posterior. El pensamiento político y económico actual tiene profundas raíces teológicas que solo pueden salir a la luz al atender a los autores escolásticos del XVI y el XVII. No mencionar esta cuestión no anula su relevancia. Su consideración permite tanto comprender los mecanismos actuales de mercado como lo que entendemos por ser humano. Y también nos permite poner en su sitio a los que hoy en día creen tener un «pensamiento original».

El proceso de conquista del continente americano fue el objeto de estudio de estos escolásticos que, al llevarlo a cabo, hubieron de enfrentarse a estos dos temas tan relacionados entre sí: el del tráfico generalizado de esclavos negros y el de la conformación del mercado mundial. De entre todas las figuras de la neoescolástica que estudiaron las implicaciones de estas cuestiones vamos a fijarnos en dos: en Tomás de Mercado y en Luis de Molina.

TRATOS Y CON-TRATOS DE MERCADERES y tratantes discididos y determinados, por el Padre Presentado Fray Thomas de Mercado, de la orden de los Predicadores.

Con licencia y privilegio real.

EN SALAMANCA.

Por Mathias Gast. Año de 1569.

Las leyes que regían el mercado de esclavos habían sido expresadas en el reino de Portugal. El tratado de Tordesillas dio esa patente a su rey. En esa época, era el papa el que tenía potestad para trasmitir su poder a los reinos sucesores (los que fueron conformándose y cambiando a lo largo de más de un milenio tras la caída del Imperio romano de occidente). Potestad derivada del poder otorgado por el emperador Constantino al papado. Esta potestad papal dependía de la ya mencionada «Donación de Constantino». Mediante esta donación el emperador Constantino dio el poder del Imperio romano de Occidente al papa Silvestre; lo que implicaba que el papado era el que ostentaba el poder terrenal de lo que había sido Roma, y con ello la última palabra en la aceptación de una futura coronación, para la continuidad de lo que había sido el Imperio. Hoy día sabemos, desde que Lorenzo Valla lo demostrara en su estudio lingüístico del texto, en el año 1440, que tal donación fue una invención del papa Esteban II en connivencia con el padre de Carlomagno, Pipino el Breve. Invención interesada y, mediante la cual, el denominado Imperio carolingio pudo denominarse como tal, tras que los papas coronaran a los reyes como emperadores. Las implicaciones de ese tratado son las que aquí nos interesan, pues por la vigencia que ese tratado seguía teniendo en el siglo XVII, la prerrogativa papal permitió la repartición del control de los territorios conquistados entre los reinos que habían comenzado la conquista del Atlántico: España y Portugal.

Tomas de Mercado reconocía la potestad adquirida por el rey de Portugal. Un poder adquirido que anularía cualquier medida que se pudiera promover contra lo que competía a Portugal. La ley portuguesa permitía la captura y tráfico de los hombres africanos. Y así, desde los primeros años del siglo XVI quedó establecida la ruta de transporte de esclavos con destino a América, sobre todo hacia las colonias del norte. Y la escala obligada en territorio africano era Cabo Verde, pues los negocios que Portugal hacía con tratantes no portugueses se dirimían allí. Lisboa era el puerto europeo, y cuando Portugal pasó a la Corona española, esos derechos recibidos del papa a Portugal propiciaron que Sevilla, durante el periodo en que esa unidad peninsular duró, también tuviera un importante papel en el comercio de esclavos.

Mercado denunció esa actividad económica que contravenía la ley moral católica. Sin embargo, nada podía hacerse dada la prevalencia de la legalidad sobre la moral. Algo muy importante también, que generaría una mayor perturbación en ese contraste, fue la incorporación de Sevilla como sede comercial para la esclavitud. La preeminencia de la legalidad sobre la moral no se perturbo cuando Portugal paso a formar parte de la Corona española, pese a lo que decían los neoescolásticos. Que Portugal fuera un territorio bajo monarquía española no implicaba sobreponer la decisión real a los intereses de los nobles portugueses que se enriquecían con ese tráfico. Los reyes de España debían respetar las leyes de los distintos territorios sobre los que dominaban, debían respetar las leyes portuguesas como respetaban los fueros españoles. Estos eran una serie de prerrogativas adquiridas históricamente por personalidades eminentes y que consistían en que la legalidad que ellos habían consensuado debía ser respetada por la Corona.

El caso es que estos intereses adquiridos por los comerciales portugueses consiguieron incluso que Sevilla hubiera de acoger el tráfico de esclavos que Portugal solicitaba, de manera que el negocio se acrecentaba. Negocio del que también se aprovecharon españoles. Pero que esto sucediera no anula ni un ápice que el ideario escolástico, que marcaba la política del reino, se contaminase. Solo tenemos que atender a que, cuando Portugal dejó de ser parte de España, el papel que había tenido Sevilla en el mercado de esclavos, fue anulado.

No debemos confundir intereses personales y delitos individuales, con la política estatal: la política desarrollada por los Habsburgo, durante los siglos XVI y XVII, fue una política que se adecuó a todo lo que la preeminencia de lo legal sobre lo moral permitía. Los reyes de España sin embargo no pudieron poner la moral católica sobre la legalidad establecida. Remarcamos el sintagma «moral católica» porque la moral calvinista, la de los anglosajones que llegaron a las colonias del norte, defendía la esclavitud de los considerados como animales: los indios debían ser exterminados y los negros esclavizados, en su particular visión de la Ley Natural.

Que los reyes españoles no pudieran sobreponerse a las leyes que permitían esa actividad económica, pese a su inmoralidad, les eximía de responsabilidad, así nos lo hace comprender Mercado en su denuncia de la prevalencia de lo económico sobre lo teológico. En el capítulo XXI de la obra *Del trato de los negros en Cabo Verde*, Tomás de Mercado analizó cómo los esclavos podían serlo como resultado de aquellos títulos previstos para su justo cautiverio y venta: la justa guerra, los delitos públicos y la venta de hijos. Pero a la vez sacaba a la luz tropelías que se ponían en práctica por los que tenían derecho de trata. Así lo leemos en otra de sus obras, la *Suma de tratos y contratos*: «Cuanto a lo de los negros, yo no he de decir ni tocar, que sería entrar en un laberinto, la jurisdicción que el rey de Portugal tiene en aquellas partes sobre ellos, ni las leyes o pragmáticas que establece y promulga sobre los medios que se han de tener en la contratación y venta de ellos, sino presuponer lo que debe ser: que él tiene señoría, imperio y autoridad, según razón y justicia, a lo menos en las costas. También presupongo lo que en efecto pasa, según es pública voz y fama, que en rescatar, sacar y traer los negros de su tierra para Indias o para acá hay dos mil engaños y se hacen mil robos y se cometen mil fuerzas...»[35].

Este modo en que Mercado ve el asunto de la trata, pone en tela de juicio las capturas de seres humanos y su posterior traslado para su venta. En ese mismo texto señala las malas condiciones en que se hacía el transporte, pues no se les alimentaba en condiciones ni se les posibilitaba el mínimo atuendo. La cantidad de decesos que se producían en ese traslado y el debilitamiento que suponía en los que lograban salvarse, no era considerado por los tratantes, quizá porque en ello primaba más marcar distancia con la mercancía que la productividad.

35 Tomás de Mercado, *Suma de tratos y contratos*, en https://www.cervantesvirtual.com/obra-visor/suma-de-tratos-y-contratos--0/html/feec322c-82b1-11df-acc7-002185ce6064_2.html#I_14_

Por su parte, Luis de Molina consideraba el tráfico de esclavos como un negocio ilegítimo. Sin embargo, terminaría por aceptarlo en algunos casos, todos ellos dependientes de razones económicas, tal y como puede leerse en su obra *De Iustitia et iure*. La justificación de la esclavitud venía dada por cuatro causas posibilitadoras: la esclavitud fruto del desenlace de una guerra justa; la que se expresaba por un juez debido a que el individuo en cuestión había delinquido; porque se daba una autoventa; y por nacer ya esclavo. Pero la mayoría de los que se hacían esclavos eran negros, considerados por los que justificaban su calidad de esclavos por haberlo sido desde tiempos inmemoriales, como una suerte de causalidad por herencia ancestral. Molina puso en cuestión estas razones que justificaban la esclavitud de los negros, y lo hizo no por una cuestión meramente especulativa sino que analizó las sociedades africanas, confrontando este análisis con las razones comerciales de los portugueses. Pese al poderoso interés mercantil no justificó en muchos casos la trata negrera.

Además de Mercado y Molina, otros filósofos españoles estudiaron el fenómeno de la esclavitud, haciendo un juicio moral respecto de los que se beneficiaban de ella. Con todo, los intereses mercantiles defendidos por los esclavistas portugueses declinó el interés abolicionista fomentado por aquellos. Solo cuando más de tres siglos después, cuando la economía estadounidense tuvo unas necesidades poco adecuadas a la economía esclavista, esas posturas abolicionistas promovidas por los escolásticos españoles cuajaron en la sociedad.

Todas estas disquisiciones eran deudoras de las que ya habíamos mencionado en un momento anterior en el epígrafe «Reivindicación del papel de España en la historia», las expresadas en la doctrina desarrollada por el fraile dominico Francisco de Vitoria, que, como también hemos señalado, fue tardíamente reconocido por haber sentado las bases del actual derecho internacional. Vitoria, entre otras cosas, afirmaba que la guerra podía ser justa, si se daba contra los que rechazaban la actividad civilizadora. Estas consideraciones derivaban en que la conquista de América fue legítima. Desde sus más firmes convicciones cristianas católicas decía que esas tierras no podían desperdiciarse. Un desperdicio que se daría si lo que pudiera sacarse de ellas fuera aprovechado solo por unos pocos. Su idea era que, dado que la tierra es de todos, las nuevas tierras descubiertas, con todos sus bienes, debían ser usadas para el beneficio de toda la humanidad. En esto, los protestantes que habían penetrado por el norte, o que habían desembarcado en tierras africanas y de Oceanía y Asia, no estuvieron de acuerdo, el beneficio debía ser solo para los colonos. Esto era lo negado por Vitoria, pues lo que justificaba la conquista era que los indios, en pie de igualdad, debían beneficiarse también. Los indios no podían ser catalogados como se catalogaba a los infieles. Las tesis de Vitoria nada tienen que ver con la ideología del supremacismo enraizado en las filosofías idealistas de las épocas moderna y contemporánea, las que fueron expresadas por filósofos de la «talla» de Hume o Kant.

2.2.5. Lo que comparten y lo que diferencia a los diferentes modos imperialistas

El modo de ver y entender la acción política global del Imperio español se dio paralelamente al modo de ver que se fraguó y se consolidó posteriormente. Este último era un modo de ver interesado que tenía dos corrientes ideológicas confluyentes: el individualismo propio de los cristianos reformados, que chocaba con el modo de entender el hombre del catolicismo que abanderaba España, y el racionalismo francés, germen de todos los idealismos modernos, que aunque era una derivación de la filosofía escolástica desarrollada sobre todo en España, renegaba de ella, para marcar unas diferencias que en muchos aspectos no eran tales. Uno y otro conformaron el modo de ver que anegó la corriente moral y sociológica del Imperio que estaba disolviéndose, el español.

El individualismo y el racionalismo fueron la base ideológica que justificó tanto las desigualdades que se iban a dar entre los hombres en los últimos siglos, como los crímenes innumerables contra los considerados inferiores, por el hecho de ser distintos. Esas acciones denostables, ejercidas por los imperialismos colonialistas, de carácter depredador, no derivaron en que fueran enjuiciados posteriormente, como sucedió con el Imperio español. Entendemos que esto sucede porque de un modo u otro esa ideología sigue siendo la que ha triunfado. Los Estados que cometieron los desmanes que conocemos no suelen permitir que se les juzgue, ni política ni moralmente.

Esos otros imperialismos, pese a que dejaron de escribir un papel preponderante, o incluso sin haberlo ejercitado nunca, no han tenido que sufrir crítica negrolegendaria. Destacamos el imperialismo inglés. En su afán colonialista acabó con la vida de todos los indígenas tasmanos, cuando llegó, para quedarse, a esa isla. Hizo casi lo mismo en Australia, pues de un millón de habitantes que encontraron, en poco más de dos décadas acabaron con casi todos. Y antes lo había hecho en las colonias americanas. Sus desmanes llegaron a muchos lugares de todo el mundo. El francés devastó Haití, y subyugó muchos territorios africanos, sobre todo del norte, como Argelia, Túnez y Marruecos. El belga arruinó el Congo, además de que esclavizó a sus habitantes, acabando con la vida de muchos de ellos. El holandés en Sudáfrica, aunque allí también tuvo un papel importante en la segregación que llevó a cabo Inglaterra. Esto que mencionamos son solo unos ejemplos de imperialismo depredador. Sin embargo ninguno de estos proyectos imperialistas soporta una Leyenda Negra como sí la soporta, incluso en estos días, España.

Previamente hemos hecho una comparación del Imperio español con el romano. Un Imperio y otro tuvieron un modo de acción diferente al de los imperialismos depredadores que hemos señalado. Con todo, no estamos diciendo que los modos imperialistas de Roma y de España no cometieran acciones depredadoras en los lugares que conquistaron. Roma esclavizó a muchos seres humanos, desde luego que lo hizo. Pero, paralelamente, cumplió una tarea civilizadora y ecualizadora con los que vivían de fronteras para adentro, unas fronteras que marcaban la separación entre dos mundos, el civilizado fruto de su labor y el bárbaro. La mayor diferencia entre Roma y España es que mientras que la economía de Roma dependía de ese trabajo esclavo, no sucedía tal cosa en España. Su Imperio no dependió económicamente del esclavismo, por lo que esta institución no tuvo el carácter que había tenido en el romano. Desde luego que había esclavos, como en el resto del mundo, pero el modo de entender el hombre del catolicismo derivó en que las diferencias entre unos hombres y otros se diluyera.

Sin embargo, esto no fue lo que sucedió en otros lugares donde el protestantismo expresaba su modo de entender lo que era el hombre. Según sus creencias, los hombres no eran todos iguales y con los mismos derechos. El color de la piel era lo que marcaba una de las más marcadas diferencias. Aunque lo que primaba en la distinción entre unos hombres y otros era que ellos, los calvinistas, se consideraban los elegidos por la divinidad. Los protestantes calvinistas fueron mayoría, entre todos los que desembarcaron en el noreste del continente americano (en lo que conocemos como las trece colonias)[36]. Estos cristianos reformados sistematizaron la esclavitud de un modo más cruento que el que conocemos de la Antigüedad, en Grecia y Roma.

36 Una de ellas, la de Maryland, fue en principio católica, pero el protestantismo no tardó en anegar sus creencias, haciendo que aceptara sus doctrinas reformadas. Los católicos siempre fueron una religión a la sombra de las Iglesias protestantes. Y si no hubiera sido porque los cuáqueros, protestantes muy tolerantes, eran mayoría a la hora de firmar la Declaración de Independencia de los Estados Unidos, los católicos habrían sido perseguidos como lo habían sido en toda la Europa en que triunfó la Reforma.

Los imperialismos del norte de Europa: el inglés, el francés, el holandés o el belga, se caracterizaron por su agresividad, por su crueldad con los que consideraban diferentes. Fueron imperialismos colonizadores, y por lo mismo ávidos de depredar los territorios conquistados, sea de modo belicista o por control de sus economías. Estos imperialismos los podemos clasificar como depredadores. España, pese a que a título individual se dieran acciones abiertamente contrarias a la doctrina que regía las decisiones imperiales, la debemos catalogar como generador. Estamos incidiendo también en el carácter depredador porque en una situación de conquista y nuevo ordenamiento de los territorios, tal modo depredador no puede dejar de darse. Es algo obvio que tuvieron que darse situaciones criminales en el ordenamiento de los virreinatos españoles. No en vano los hombres son los que hacen las cosas, y lo que hacen siempre es susceptible de ser juzgado. Muchas acciones individuales que se llevaron a cabo se deben catalogar como indignas. Gustavo Bueno expresa con claridad lo que sucede por esa dialéctica: «Los grandes descubrimientos o invenciones van siempre ligados a la lucha de clases, a la guerra, a la depredación, y tratar de disimular estos mecanismos no tiene más alcance que el que tendría querer separar el reverso del anverso» (Gustavo Bueno. *La teoría de la esfera y el Descubrimiento de América*, en *El Basilisco* 1, pág. 18).

Cuando España desembarcó en América, hubo de hacerlo como no podía ser de otro modo, con el uso de la fuerza (multiplicada por una tecnología desconocida por los indígenas), sería absurdo pensar lo contrario. Aunque también debemos saber que los españoles que desembarcaron eran muy pocos, y que la fuerza no fue el factor más relevante para transformar el nuevo mundo, también lo fue la diplomacia y la política de alianzas: los que allí vivían, en muchos casos agradecieron que los civilizados españoles los salvaran de la barbarie de algunos grupos humanos (que habían alcanzado ordenamientos socio-políticos que calificamos de imperiales) que eran muy cruentos, y que no valoraban la vida de los otros en absoluto.

Estamos interesados en remarcar esta cuestión para sumarnos a la precaución que toman algunos estudiosos actuales de la historia de España. Si no se reconocen esas malas artes, contrarias a la política ejercida desde la España peninsular hacia los nuevos territorios, ordenados mediante la institución de las encomiendas y posteriormente en los virreinatos, se nos podría acusar de defender lo que se ha venido en llamar la «leyenda rosa». Nuestro interés es tomar distancia de tal modo de entender la acción imperial. Eso sí, no es en absoluto hacer una suerte de leyenda rosa cuando ponemos negro sobre blanco lo que fue el Imperio español.

Pese a la dialéctica de la historia y sus mecanismos conflictivos y depredadores, España fue un Imperio generador de civilización. Lo fue porque lo que no hizo fue colonizar los nuevos territorios, arrancando de ellos sus riquezas o montando factorías para transformarlas. Los Imperios colonialistas conseguían desangrar los territorios colonizados. España no fue colonialista, fundó ciudades, y en ellas terminaron por convivir, sin que tuvieran que pasar muchas décadas, todos los hombres, los llegados de España y los que vivían allí previamente, fomentando el mestizaje entre todos ellos. Fundó decenas de ciudades que iban desarrollándose y haciéndose cada vez más grandes en torno a su centro neurálgico: la «plaza de armas», que era el lugar donde se situaban las instituciones precisas para el orden ciudadano: juzgados, bibliotecas, templos, imprentas, etc. (correlato originario de las plazas mayores porticadas que surgirán posteriormente en las ciudades de la España peninsular). Fundo universidades, muchas, y las más antiguas de todo el continente americano. Antes del siglo XVIII, en el que se fundaron las primeras estadounidenses (la de Harvard, en Massachusetts, y la de Yale, en Connecticut, se fundaron en los siglos XVI y XVII las universidades de Hispanoamérica, pongamos algunos ejemplos:

la Universidad Nacional Mayor de San Marcos, en Lima, Perú; la Universidad Nacional Autónoma de México, en Ciudad de México; la Universidad de Santo Tomás de Aquino, en Santo Domingo, en República Dominicana; o la Universidad de San Carlos, en la Ciudad de Guatemala.

Marx, sin embargo, no tiene esto en consideración, y ve España como el Imperio colonialista descrito en las fuentes a las que acude, que son los textos de sus detractores, de los enemigos de España. Su modo de entender el Imperio español fue el de estos últimos que hemos señalado. Un modo colonialista y depredador. Marx estaba equivocado al considerar a España colonialista. Equivocación que se muestra de modo claro cuando incidimos en lo que pensaba que había sucedido en 1812, cuando describe con asombro que entre los compromisarios presentes en la discusión y el futuro acuerdo constitucional hubiera tal mezcolanza racial, y la inhabitual ecualización entre individuos tan dispares. Su asombro es entendible si atendemos a la tradición en la que estaba inmerso, que marcaba drásticas diferencias entre los considerados blancos y los que no lo eran[37]. Pero el asombro no derivó en el juicio posterior

37 Además de los autores mencionados —Blumenbach y Müller— señalaremos importantes defensores del hombre blanco —el hombre ario— que desarrollaban sus tesis racistas en los años en que Marx mostraba ese asombro por lo que sucedió en la Isla de León. Ese mismo año de 1854 Joseph Arthur, más conocido por su título nobiliario de conde de Gobineau, escribió un texto conocido por toda la intelectualidad europea: *Ensayo sobre la desigualdad de las razas humanas*. Lo que echamos en falta es que Marx comparara lo que sucedía en Cádiz —la aceptación de las diferencias raciales, la asunción de igualdad entre los hombres— y lo que decía Gobineau en su ensayo: el desprecio por los no arios. De España leemos en su Ensayo que, la de los españoles, era una raza blanca pero devaluada. El motivo de tal pérdida de valor era que se había mezclado con otras razas muy inferiores para él: las de los moros y judíos. Y añade: esa degradación racial fue el motivo de no haber podido mantener el control de los territorios conquistados. Una raza blanca pura todavía tendría el control. Podemos decir que dio en el clavo con los anglosajones-blancos y protestantes que desembarcaron en el noreste americano: Los WASP siguen teniendo

pues lo que concluye más adelante deriva de no haber entendido nada: asegura que en el año 1812, el imperialismo español iba a suavizarse porque iba a reconocer «derechos» a los indios. Marx estaba errado, y repite lo que decían los interesados en borrar todo lo que, de positivo, había tenido el pasado español.

Marx repitió en sus artículos para el *New York Daily Tribune* todo ese cúmulo de falsedades, que en algunos casos son debidas a la omisión, a la falta de poder contrastar la acción imperialista española con la de otros imperialismos. De ese modo se imposibilita la comparación con esos otros modos de hacer. Marx no menciona la importante tradición en la que España fue también puntera respecto del reconocimiento de derechos a los indios. Los que no habían reconocido derechos a los indígenas que vivían en los territorios que conquistaron fueron los de la Europa del norte. Por otra parte, se dio un cambio doctrinal que provocaría el cúmulo de injusticias que tantos hombres debieron de soportar en los años posteriores, incluso hasta en las fechas actuales.

Como hemos señalado antes, la filosofía del individualismo, la filosofía idealista y racionalista, tenía una concepción del ser humano que encumbraba al hombre blanco. Hemos comprobado como David Hume, Immanuel Kant y tantos otros consideraban a los no blancos de distintos modos: como salvajes, como bárbaros (animales parlantes es lo que implicaba esa acepción acuñada en la Grecia antigua). Remitimos a la cita del texto de Hume ya mencionada que hemos extraído de sus *Escritos impíos y antirreligiosos*. Si pensamos en lo que allí decía Hume, podremos compararlo con lo que los teólogos españoles opinaban sobre los hombres que habitaban las tierras recién descubiertas. Por ejemplo con lo que decía, dos siglos antes de

el control político de su nación, Estados Unidos. Les conmino a que lean su historia desde una perspectiva crítica, como la del ensayo de este mismo autor: ¿Es Estados Unidos un país racista?, publicada por Amazon en 2023.

que Hume escribiera *De los caracteres nacionales*, un filósofo español que es un perfecto desconocido si lo comparamos con el mencionado previamente. Este filósofo es José de Acosta, que viajó al Nuevo Mundo y allí expresó unas opiniones que es pertinente contrastar con las de Hume o con las de Kant. Acosta, en su obra *Historia natural y moral de las Indias*, asegura que la fiereza que mostraban algunos aborígenes no era fruto de su raza, sino de no haber recibido educación. La educación que iban a darle los españoles haría de ellos hombres civilizados, o cristianos, que en esos días era decir lo mismo. Como ya hemos podido comprobar, para Hume la educación no hubiera conseguido más que un limitado aprendizaje, como el que alcanza un loro, al repetir algunas frases que ha oído.

2.3. EN ESPAÑA NUNCA HUBO COLONIAS, SOLO TERRITORIO ESPAÑOL Y ESPAÑOLES HABITÁNDOLO

Llegados a este punto es momento de abundar en la afirmación de Marx de que España era un Imperio colonialista. En el artículo publicado el 1 de septiembre de 1854, afirma taxativamente que las naciones desgajadas del Imperio español eran previamente colonias: «Sería un error suponer que los liberales españoles comparten de algún modo las opiniones del liberal inglés señor Cobden tocantes a la renuncia de España a sus colonias. Uno de los grandes objetivos de la Constitución de 1812 era conservar el dominio de las colonias españolas mediante la inclusión de un sistema unificado de representación en el nuevo código» (Marx y Engels, 1974, pág. 97). No podemos dejar de preguntarnos por qué que Marx dice que el Imperio español es colonialista. La pregunta no es reiterativa, pues vamos a dar nuevas razones de nuestro asombro: nos dice que España es colonialista como lo son los países en los que los liberales han alcanzado el poder y sus burguesías han ampliado sus fronteras mercantiles mediante su política colonial. ¿Cómo es posible que Marx, que está analizando la situación revolucionaria española, y que todavía no la ve como un país capitalista pujante, sea colonialista como los que son capitalistas? Para ser colonialista acaba de asegurar que el capitalismo ha tenido que asentarse como modo de producción, y según nos dice él mismo, eso no pasa en España. No nos queda más que concluir que lo que nos dice Marx es contradictorio.

España no es lo que dice Marx. España es —nos referimos a la España de principios del siglo XIX— lo que puede leerse en el artículo primero de la Constitución de 1812 (que al parecer Marx pasó por alto al leerla, si es que la leyó directamente, y no a través de esos terceros que ya hemos señalado, por ser enemigos de España, por contar un cúmulo de mentiras). También habría podido leer en otros muchos documentos que, desde los primeros años de los Reyes Católicos, los territorios de América eran España. Y que los que allí vivían, los indígenas, eran considerados en pie de igualdad a los que habían llegado. De manera que se les daba educación (recordemos que Acosta había señalado que lo que les diferenciaba de los civilizados racionales era eso precisamente: la educación. Una labor que desarrollaban sobre todo los religiosos españoles que iban llegando. Podríamos decir que, a la vez que se hacían cristianos, se hacían españoles. Los que no consideraban a los conquistados como susceptibles de cristianizar —por considerarlos como animales— fueron los colonizadores protestantes del norte. Consideración que se vio más que reforzada con las opiniones de los naturalistas más afamados, que pusieron el foco de lo humano en la piel blanca. Marx mide con el mismo rasero a los colonialistas del norte de América, puritanos protestantes «expulsados» de Inglaterra[38], y a los españo-

38 Para profundizar en estas cuestiones remitimos nuevamente a nuestro libro *¿Es Estados Unidos un país racista?* (Amazon, 2023). Las cuestiones relacionadas con el protestantismo se tratan en el capítulo II.

les que fueron al Nuevo Mundo a ampliar un Imperio que ya se había consolidado. El español, cómo había hecho el anterior Imperio romano, daba carta de ciudadanía a los que habitaban los nuevos territorios, aunque de un modo más rápido que los antiguos romanos: hasta 212 d. C., con el emperador Caracala no se concedió la ciudadanía romana a todos los habitantes libres del Imperio. Para los emperadores españoles (permítasenos utilizar este calificativo tan poco habitual)[39], los indígenas eran igual que los españoles, hijos de Dios. Así los consideraron los monarcas de la dinastía de los Austrias, asesorados por los filósofos españoles. Los indígenas, pasaban a ser, en el momento de su conversión, tan españoles como cualquiera que hubiera nacido en el territorio peninsular. Con este argumento añadido, concluimos que así como los oriundos de esas tierras ultramarinas no eran diferentes de los nacidos en España, tampoco podemos decir que los territorios de América fueran colonias, como asegura Marx, sino que eran España también. Los españoles asumieron que los indígenas podían entender la implicación del código agustiniano: *si, enim, fallor, sum* (si, pues, me equivoco, existo). Si un indígena entendía y apreciaba lo que implicaba tal aserto, no podía desvincularse de la humanidad. Al comprenderlo asumía el carácter civilizatorio. De este modo se afirmaba que los indígenas eran hombres en pie de igualdad[40].

---

39 Consideramos que para los reyes Austrias y los primeros borbones españoles el calificativo es muy adecuado, y contrasta con lo jocoso y malintencionado de apelar a un periodo imperial como el de «los Felipes», tal y como hace Marx. Refiriéndose además a ese periodo como a la culminación de lo que también considera que fue España: un «imperialismo de corte asiático».

40 El *cogito* expresado por san Agustín fue el mismo que Descartes hizo suyo más de un milenio después, aunque sin mencionar el origen de tal «reflexión». Es de ley señalar aquí la poca originalidad de la doctrina cartesiana relativa a la expresión del hombre como sustancia pensante (su *cogito ergo sum*), pues la misma estructura argumentativa respecto de lo que es el hombre la encontramos en san Agustín. El de Hipona había dicho «si me equivoco, existo»,

Los reyes de España anteriores a Carlos IV nunca hicieron concesiones de territorio a otras naciones. Las concesiones y ventas de partes del Imperio español sucedieron en su reinado. Los reyes españoles de la casa de los Borbones, terminaron por asumir el relato de equiparar, lo que históricamente había sucedido con la expansión española, con las características menos nobles de los posteriores imperialismos. La administración borbónica, sobre todo a partir de Carlos IV, dio un tratamiento al territorio del Imperio que no se había dado antes. Trato que ni siquiera se justifica por estar en decadencia, a nuestro juicio. El ejemplo más flagrante lo tenemos con la nueva política de los afrancesados monárquicos, como era el caso de Manuel Godoy, primer ministro del mencionado rey (que llegó a entregar a Francia, a cambio de muy poco, el inmenso territorio americano de Luisiana)[41].

y Descartes: «pienso, luego existo». Si alguien considera que son dos frases diferentes' que dé las explicaciones pertinentes.

41 Con el *Tratado de San Ildefonso*, firmado el primero de octubre de 1800, España cedió a Francia el extensísimo territorio americano de la Luisiana, además del ducado de Parma, recibiendo a cambio solamente el Ducado de la Toscana.

2.4. LA ESPAÑA «ANTIMODERNA» A LOS OJOS DE MARX

La doctrina marxista de la lucha de clases no puede aplicarse al desarrollo que se dio en España a lo largo de la época moderna. Tampoco a los años de construcción de España como nación histórica, como Imperio. Estos fueron los años —más de setecientos— de lo que conocemos como la «Reconquista». Por lo mismo, tampoco puede considerarse como la que podría emanar en su transformación posterior, a lo largo del siglo XIX. Siglo de la debacle del Imperio. Si España fue transformándose en ese siglo, y posteriormente, hasta ser la España de hoy día, la de la segunda década del siglo actual, la lucha de clases fue un factor más que secundario.

Cuando Marx habla de la incapacidad española para adecuarse a lo que él entiende por nación, deriva de no haber comprendido el papel de España en la Historia universal, (algo que ya hemos señalado previamente, pero que debemos recalcar). Como debemos recalcar que, para Marx, el imperialismo español tenía la estructura de los imperios asiáticos, y que la monarquía decimonónica, la contemporánea, seguía practicando ese mismo modo de organización socio-política. Este modo de entender el papel de España, era el mismo de sus críticos, sobre todo los del siglo XVIII, de los afrancesados originarios, dependientes de la dinastía borbónica, que habían despreciado la hegemonía de los Austrias. Y que tenía mucho en común con el relato previo de los enemigos de España de tiempos anteriores. Los afrancesados del XIX solo hubieron de renovar las falsedades. Estas mentiras fueron las que Marx tuvo en cuenta para saber de España y de su historia. De ahí que adecuara sus ideas a un relato falso, el cual podemos seguir leyendo por mor de su pluma envenenada: las lecturas que hizo Marx están olvidadas (¿quién lee hoy a Marliani, y a tantos otros negrolegendarios trasnochados?

Nadie o casi nadie los conoce. Lo que se lee es lo escrito por Marx):

> Así pues, la monarquía absoluta en España, que solo por encima se parece a las monarquías absolutas europeas en general, debe ser clasificada más bien junto a las formas asiáticas de gobierno. España, como Turquía, siguió siendo una aglomeración de repúblicas mal administradas con un soberano nominal a su cabeza. El despotismo cambiaba de carácter en las diferentes provincias según la interpretación arbitraria que a las leyes generales daban virreyes y gobernadores; si bien el gobierno era despótico, no impidió que subsistiesen las provincias con sus diferentes leyes, costumbres, monedas, banderas militares de colores distintos y sus respectivos sistemas de contribución. El despotismo oriental solo ataca la autonomía municipal cuando ésta se opone a sus intereses directos, pero permite de buen grado la supervivencia de dichas instituciones en tanto que éstas le eximen del deber de hacer algo y le evitan la molestia de ejercer la administración con regularidad (Marx y Engels, 1974, *pág.* 13).

De este modo, con esta argumentación, es con la que Marx clasifica el Imperio español como si se tratase de un modo imperialista previo a los imperialismos originales. Sus análisis no son suficientemente clarificadores en relación con los caracteres que tuvieron la gran cantidad de imperialismos que se dieron en Oriente, pues no estudió lo que sucedió en Asia, desde Persia hasta Japón, del mismo modo que hizo con el modo de producción esclavista romano. Tal diversidad de imperialismos la sintetizó en lo que vino en denominar como «modo de producción asiático».

La propuesta de «imperialismo asiático» no es anterior a los primeros escritos sobre España, en la que la calificaba como tal. Podemos leerla en su libro *Formaciones económicas pre-capitalistas* (1858). Las características que deben tener los imperialismos de corte asiático son las siguientes: la comunidad era la fuerza productiva; las diferentes comunidades se organizaban para llevar a cabo grandes empresas (guerras e infraestructuras). Esta unidad de comunidades derivaría en la asunción del poder y el orden de un solo propietario equiparado a una suerte de divinidad: el faraón, el zar, el emperador (sorprendentemente también señala a los americanos al inca o al tlatoani). Este soberano es el máximo grado de explotación de los individuos en el sistema de producción asiático, y la forma de arrebatarles lo que les pertenece era mediante tributación, o mediante trabajos colectivos.

Desde nuestro punto de vista no podríamos decir que podría hacer pensar que España se adecuaría a esa expresión de «imperialismo asiático». El español y los asiáticos solo pueden verse como comparables desde una ignorancia total de cómo se administró el primero, pues lo que dice de los segundos no se adecua en ningún aspecto. Lo único que está claro es que España fue un imperio, como lo fueron los asiáticos o lo fue Roma. Hacer afirmaciones, tan a la ligera, sin dar razones que permitan una comparativa fundamentada, no nos parece de recibo.

Afirmamos que Marx pretende con sus invectivas justificar lo que él considera que tiene que suceder en la España de mediados del XIX: la misma transformación política que cree se va a dar en todo el mundo. Lo afirmamos al leer las opiniones que nos regala, cuando dice que el cambio en España pondrá a los liberales en el poder y más tarde a los proletarios. Estos últimos sin estar caracterizados como tales, dado el atraso que España muestra respecto de naciones punteras en ese aspecto: el ejemplo más claro de naciones en las que el proletariado se ha consolidado, por el impulso industrial de las últimas décadas, es el de Inglaterra, siguiéndole a la zaga Francia o Estados Unidos.

Si Marx hubiera investigado sobre el ordenamiento político social de la España imperial, en lugar de fiarse de los autores en los que se apoya para describirla como la describe, quizá se hubiera sorprendido. Si Marx hubiera acudido a otras fuentes habría descubierto que el orden político que se ponía en práctica, desde la España peninsular, era mucho más adecuado a los intereses populares que los que él consideraba más progresivos. Veamos un ejemplo inapelable: una institución característica del Imperio español, que dejó de existir con la desaparición del mismo, fue la del «Juicio de Residencia». Este Juicio lo encontramos en el derecho castellano y se puso en práctica en todos los virreinatos de ultramar. Era un mecanismo que no tenía origen en el ordenamiento español, pues ya se daba, de un modo similar en el Imperio romano.

> Podemos ubicar el origen del juicio de residencia en el derecho romano, el cual, hacia el año 364 d. C., creó la magistratura del defensor de la ciudad, personaje que protegía y defendía al pueblo contra los abusos de los oficiales y los excesos de poder de los gobernadores (Pérez de los Reyes, Marco Antonio, *Historia del derecho mexicano*, *págs*. 125 y 126). Por su parte, en el derecho castellano apareció por primera vez una norma en este sentido en una ley de las Siete Partidas del rey Alfonso X (1256 a 1265), donde se dispuso que los jueces, luego de haber prestado el juramento previo a hacerse cargo de sus funciones, debían obligarse con fiadores para que al término de su mandato permanecieran cincuenta días en el lugar donde juzgaron para «hacer derecho a todos aquellos que de ellos hubiesen recibido entuerto» (Partida 3, título 4, ley 6, Siete Partidas del Rey Alfonso X, 1256 a 1265)[42].

Se quiere comparar con los actuales juicios políticos, de los que sería precedente, pero unos y otros son muy diferentes. En los juicios políticos todo se resuelve en las «altas esferas», entre

42 J. P. y H. J. Bolio Ortiz, *Juicio de residencia: mecanismo de control a las autoridades coloniales*: https://revistas.juridicas.unam.mx/index.php/hechos-y-derechos/article/view/11593/13460.

los políticos de turno y algunas personalidades externas que pueden ejercer la acusación. Aunque los juicios políticos se dan en diferentes gobiernos democráticos, quizá el más conocido por todos sea el denominado *Impeachment* de Estados Unidos, pues se han dado en poco tiempo dos que fueron muy mediáticos, el de Bill Clinton y el posterior de Donald Trump.

El Juicio de Residencia se constituyó en América en junio de 1500, durante la Real Pragmática de Corregidores y de Jueces de Residencia. Este juicio era mucho más abierto que los actuales juicios políticos. Se atendía a las demandas de los gobernados. Comenzaba este juicio una vez que terminaba el mandato del funcionario —por ejemplo, del virrey de turno si hablamos de la España de América— pero iba también dirigido a gobernadores, alcaldes u otros cargos, de cualquiera de los territorios españoles[43]. Se llevaba a cabo tras el nombramiento de un juez explícitamente para el juicio en cuestión (los jueces de residencia eran elegidos por el Consejo Real y Supremo de Indias, como se dispuso en una real cédula del 3 de septiembre de 1565[44]) y una vez que el periodo para el que había sido nombrado el cargo a juzgar llegaba a término, sometiéndose a revisión sus decisiones y actuaciones. Las acusaciones las podía elevar cualquiera que hubiera estado bajo su administración.

En el caso de los virreyes, por ser el cargo de mayor enjundia, el proceso era muy largo, aunque con una estructura similar a la de cualquier otro cargo sujeto a Juicio de Residencia.

---

43 Atendamos al texto *El Juicio De Residencia Virreinal como medio de control político-administrativo* de Edmundo Iván Lozano Serna (de la Universidad de León, en México): «El Juicio de Residencia constituye una de las figuras jurídicas más importantes y encomiables que hubo durante el virreinato de la Nueva España. Su aplicación dio lugar a un verdadero freno a la proclividad de obrar con abusos y corrupción por parte de los funcionarios públicos novohispanos, provocando que éstos se condujesen con la mayor celeridad, probidad y eficiencia en el ejercicio de sus funciones, al saber que al final de su encargo habrían de ser estrictamente investigados y juzgados por su desempeño».

44 Así lo podemos leer en el texto citado en la nota anterior.

Previamente al juicio en cuestión, durante un periodo de varios meses, se llevaba a cabo la investigación de la labor realizada, recabando información de posibles abusos y de decisiones que fueran en beneficio del interfecto o de allegados, entre otras cuestiones poco adecuadas al ejercicio del cargo. Y tras la labor investigadora se atendía a las diferentes demandas que pudieran presentarse. El procedimiento no permitía al que estaba siendo juzgado abandonar el lugar en el que había desempeñado su cargo, de modo que si tenía otra responsabilidad que ejercer por mandato real, esta debía esperar hasta que el procedimiento concluyera. Las sanciones, si no salía exonerado de toda culpa, eran variables: desde no volver a ejercer cargos públicos a multas de diversa cuantía. Si el investigado salía indemne del proceso podía desempeñar un nuevo cargo que solía ser de mayor responsabilidad.

Los argumentos referidos en este apartado dan suficientes razones para destruir la afirmación titular del mismo, que España fuera «antimoderna». Eso solo sucede a los ojos de Marx, y de sus lectores. De modo que podemos concluir este apartado, señalando la pertinente denuncia que debemos elevar ante la pobre opinión de lo que es España voceada por Marx, y que está divulgándose en múltiples webs izquierdistas y de otros diferentes intereses. Para comprobarlo solo tienen que poner en el buscador de Google el título del libro que recopila los escritos de Marx, y verán las diversas posibilidades que tienen de descargarse el escrito, además de poder leer los comentarios que sus epígonos, actuales y pretéritos, dicen y han dicho a partir de ellos. La maquinaria hispanofóbica, con base en los textos de Marx, está funcionando a muchas «revoluciones».

2.5. LA IDEA DE «SOBERANÍA POPULAR» NO LA ACUÑARON LOS FILÓSOFOS DENOMINADOS «ILUSTRADOS»

Ni el famoso ministro de exteriores francés François-René de Chateaubriand ni Marx entendieron lo que, en última instancia, justificaba la acción revolucionaria española de los primeros años de la década de los veinte del siglo XIX. En la reacción a la invasión francesa sucedida unos años atrás, la idea de soberanía popular no tenía como modelo de lo que habían expresado los franceses en 1791 sino que venía de mucho más atrás, de las enseñanzas de los jesuitas. Y las tesis de estos, de la filosofía de Tomás de Aquino. La animadversión por todo lo que tuviera relación con la Iglesia católica y el Imperio —católico— español, no les permitía tener en consideración este importantísimo dato que derivaba en una trayectoria histórica de los sucesos españoles muy diferente a la de los del resto de Europa:

> El señor Chateaubriand, en su Congrès de *Vérone*, acusa a la revolución española de 1820-23 de no haber sido más que una parodia servil de la primera revolución francesa, representada en escenario madrileño y con trajes castellanos[45]. Chateaubriand olvida que no pueden esperarse que las batallas de los diversos pueblos que emergen del estado feudal de la sociedad y que se mueven hacia la civilización de la clase media se distingan por algo que no sea el peculiar colorido derivado de la raza, la nacionalidad, el lenguaje, las costumbres del lugar y el vestido. Su reproche nos recuerda a aquellas necias damas viejas que sospechan con fuerza que todas las

45 La incomprensión de Chateaubriand es patente si atendemos a lo señalado por Marx, pero la falta de rigor en este último es más escandalosa. Una falta de rigor que lo descalifica tanto o más que la que él mismo hace, en tono jocoso, del primero, al final del párrafo que vamos a leer.

> muchachas enamoradas imitaban sus propios días mejores. (Marx y Engels, 1998, *pág.* 151).

Ni Marx ni Chateaubriand saben de qué están hablando. No saben, quizá, por no haber atendido a la trayectoria no solo histórica y política española, sino tampoco al desarrollo filosófico que se produjo en una historia no tan lejana. No lo saben o no quieren saberlo. Prejuzgar es mucho más fácil. Atender a lo que han dicho terceros y asumirlo es tan sencillo y beneficioso para engrandecer sus propias tradiciones que no se les puede pedir más. No tenemos por qué pedirlo más a ellos, o a los que hoy son como ellos, pero desde nuestra posición no debemos silenciar lo que hay que expresar a gritos, solo de ese modo contrastaremos las falsedades vertidas sobre el papel de España en la Historia.

Empezaremos diciendo que si los revolucionarios franceses acabaron con la vida del rey, del tirano, lo hicieron por haber tenido una justificación previa: la que les brindo el padre Juan de Mariana. La doctrina del tiranicidio, se basa precisamente en lo que luego, en los años previos a la época contemporánea, se expresaría como «soberanía popular». Los jesuitas fueron los que desarrollaron estas tesis, pero es de justicia señalar que el origen está en la filosofía de santo Tomás. En su libro *Del gobierno de los príncipes*, un texto que ahora es más conocido como *La Monarquía*. Antes de señalar lo que los jesuitas dijeron, recordemos lo que había dicho el filósofo de Aquino:

> Dice el Señor por Ezequiel: «Mi siervo David será Rey sobre todos, y todos ellos tendrán un pastor; en lo cual manifiestamente se muestra que le es propio al Rey, ser uno que presida, y ser pastor que procure el bien de la muchedumbre, y no sus provechos particulares...» [...] El bien, pues, y la salud de una multitud que vive junta, es conservarse conforme y unida, que es lo que llamamos paz, y si *ésta falta se pierde la utilidad de vivir en compañía; y antes los muchos, siendo*

desconformes, serían dañosos a sí mismos... el Apóstol, encomendando la unión de los fieles, dice: «Sed solícitos en guardar la concordia del espíritu en el vínculo de la paz», y así cuanto el gobierno fuere más eficaz para conseguir esta unión, tanto más será útil... mejor gobierna uno que muchos, por lo que se acerca más a esta unidad, y más, que las cosas naturales son hechas perfectamente, y en cada una obra la naturaleza lo que es mejor, y así todo gobierno natural es de uno[46] [...] Así como el gobierno del Rey es el mejor, así es el peor el del tirano[47] [...] Mas si fuese intolerable el exceso de la tiranía, a algunos les pareció que tocaba al poder de los varones fuertes el dar la muerte al tirano y ofrecerse por la libertad del pueblo al peligro de la muerte; de lo cual aún se halla ejemplo en el Viejo Testamento, porque Aioth con una daga que le clavó en un muslo, mato a Eglon, rey de Moab, que oprimía el pueblo de Dios con grave servidumbre, y fue hecho juez del pueblo... Si de derecho pertenece al pueblo el elegir Rey, puede justamente deponer el que habrá instituido y refrenar su potestad, si usa mal y tiránicamente del poderío real. Ni se puede decir que el tal pueblo procede contra la fidelidad debida deponiendo al tirano, aunque se le hubiera sujetado para siempre, porque él lo mereció en el gobierno del pueblo, no procediendo fielmente como el oficio de Rey lo pide, para que los súbditos cumplan lo que prometieron. De esta manera los romanos echaron del reino a Tarquino el Soberbio, a quien habían recibido por Rey, por la tiranía suya y de sus hijos, poniendo en su lugar otra menor dignidad, que fue la Consular; y de esta manera también a Domiciano, que sucedió a su padre Vespasiano y a su hermano Tito, modestísimos emperadores, porque usaba de tiranía le hizo matar el Senado[48] (Santo Tomás, *Del gobierno de los príncipes*, págs. 8–13).

En este mismo texto, santo Tomás señala que el poder del

46 Página 8 del texto de Santo Tomás.
47 Ibidem, pág. 9.
48 Ib., pág. 13.

monarca no deriva directamente de Dios. Los hombres, todos, son iguales por decreto divino, y el rey es uno más entre ellos. El poder, como don del Espíritu Santo, deriva del Padre a todos los hombres. El poder por tanto no es un don que se le dé al monarca en exclusiva. El poder le llega a través de los que serán sus súbditos. Como había dicho Aristóteles un milenio y medio antes, el gobierno del rey, como cualquier otra forma de gobierno —en el que manden unos pocos, o en el que manda la mayoría— debe mirar por el bien común. Si el rey no gobierna de ese modo, los que le han traspasado el poder que ostenta pueden arrebatárselo. De manera que puede suceder que, si el monarca no quiera dejar el poder y seguir con sus desmanes, el pueblo soberano (receptor del don divino) puede acabar con su vida[49].

Los jesuitas se tomaron muy en serio esta doctrina tomista. En 1599, Juan de Mariana escribe, en su libro *Del rey y de la institución de la dignidad real*, siguiendo a santo Tomás, que el poder del monarca, aunque derive de Dios, no va directo al rey sino que pasa a él solo a través de los que conforman la república. De este modo los ciudadanos pueden tomar cartas en el asunto si el rey no cumple con su papel como se espera:

> Se ha de amonestar ante todo al príncipe y llamarle á razón y á derecho; si condescendiere, si satisfaciere los deseos de la República, si se mostrare dispuesto á corregir sus faltas, no hay para qué pasar más allá ni para qué se propongan remedios más amargos; si empero rechazare todo género de

49 Sin embargo, santo Tomás templará estas afirmaciones cuando afirma también que la justificación de la muerte de un tirano es doctrina antiguo testamentaria, y que la del Nuevo Testamento es proclive al perdón, incluso del tirano. Algo que Mariana, preocupado más por España, y su papel en la Historia universal que en la relevancia moral de algunos textos bíblicos, no tendrá en cuenta, quedándose solo con las primeras afirmaciones de santo Tomás. Mariana justificará el tiranicidio sin paliativos.

> observaciones, si no dejare lugar alguno á la esperanza, debe empezarse por declarar públicamente que no se le reconoce como rey, que se dan por nulos todos sus actos posteriores. Y puesto que necesariamente ha de nacer de ahí una guerra, conviene explicar la manera de defenderse, procurar armas, imponer contribuciones a los pueblos para los gastos de la guerra, y si así lo exigieren las circunstancias, sin que de otro modo fuese posible salvar la patria, matar á hierro al príncipe como enemigo público y matarle por el mismo derecho de defensa, por la autoridad propia del pueblo, más legítima siempre y mejor que la del rey tirano (Juan de Mariana, *Del rey y...*, *pág.* 482).

En este texto Mariana teoriza sobre el tiranicidio y además se muestra partidario de su puesta en práctica. Algo que había sucedido en el vecino reino de Francia: el asesinato del rey de Francia, Enrique III, llevado a cabo por el dominico Jacobo Clement, el 2 de agosto de 1589. La rebelión de los católicos, en la que se enmarca la acción luctuosa de este religioso, había sido causada como reacción al último desmán cometido por el monarca contra la Santa Liga Católica: acabar con la vida del duque de Guisa y de su hermano el cardenal de Lorena. Si en un principio una mayoría de franceses se mostraron receptivos a lo escrito por Mariana, años después, tras el fallido intento de regicidio (tiranicidio) sufrido por el rey sucesor, Enrique IV, el libro de Mariana fue prohibido y se mandó que todos los ejemplares del mismo se quemaran. Algo que se llevó a cabo públicamente en París, el 8 de junio de 1610.

La justificación del magnicidio también fue desarrollada unos pocos años después de Mariana por otros dos jesuitas: lo hizo Roberto Belarmino, en su *Tractatus de potestates ummi pontificis in rebus temporalibus*, escrito en 1611, y Francisco Suárez en su *Defensio fidei catholicae et apostolicae adversus anglicanae sectae errores*, de 1613. El cardenal Belarmino no fue tan explícito como Mariana, tampoco Suárez, que no se alejó de los argumentos del jesuita italiano. Belarmino justificaría el regicidio en general, al incidir en la cuestión que primaba sobre otras, la de la infalibilidad del papa. Este tiene la plenitud del poder espiritual, y por lo mismo —aunque no aparezca afirmado en el texto— un poder temporal derivado del divino. Algo que no sucede con el poder de cualquier otro monarca: «El espíritu, dice Belarmino, dirige y disciplina la carne, y no al revés. El poder temporal tampoco debe colocarse por encima del espiritual, e intentar dirigirlo, mandarlo, castigarlo, pues esto significaría una rebelión, una pagana tiranía» (Esto es lo que podemos leer en el texto de Leopoldo Ranke sobre el pensamiento de Belarmino en relación a este asunto, pág. 380). Afirmaba Belarmino, además, que los sacerdotes no podían tener dos señores, y que el príncipe no está autorizado a cobrar impuestos sobre bienes eclesiásticos. La Iglesia tiene influencia sobre el Estado, sobre cualquiera de ellos, pero a la vez es independiente de este. En Belarmino no encontramos una defensa explícita del poder de la mayoría en el seno de la república. Respecto de la doctrina suarista, observamos que las premisas son muy similares a las de Belarmino. Sus argumentos iban dirigidos contra la figura de Jacobo I (sobrino de Isabel I, e hijo de María Estuardo, reina de Escocia antes que él) y su adscripción a la Iglesia inglesa, la cual había abandonado la obediencia al papa. Esto situaba a Jacobo I entre los monarcas poco preocupados por el bien común. Y por ello se hacía merecedor de su destitución, o incluso de su muerte. El texto de Suárez no fue del agrado de este monarca ni de los nobles que habían abrazado el anglicanismo, lo que derivó en que los textos del jesuita fueran quemados como había sucedido en Francia con los de Mariana. Así pues, ni Belarmino ni Suárez tienen la contundencia de las afirmaciones de Juan de Mariana, que es el único que incide de modo claro en esa cuestión.

Otro autor a considerar es Benito Espinosa. Judío de nacimiento fue sin embargo expulsado de su comunidad, por las desavenencias que había mostrado con la ortodoxia. Solo contaba con veintitrés años cuando eso sucedió. Si lo tenemos en cuenta junto a los autores cristianos católicos mencionados previamente, es porque pese a ser de familia judía, sus estudios eran los de la filosofía que se hacía en la época, la neoescolástica o también conocida como escolástica española. Las ideas de los jesuitas españoles mencionados hasta ahora son las que le influyeron en la doctrina expresada en su *Tratado teológico-político*. En él afirmaba que, aunque el modo republicano de Estado es el mejor, veía que el carácter irracional del hombre común hacía que no pudiera llevarse a la práctica. Para Espinosa se daban otras formas de gobierno que eran más factibles de garantizar el bien común. Medidas que iban dirigidas a que el poder no se concentrara en una o en unas pocas manos. Las medidas consistían en el establecimiento de limitaciones a un modo absolutista que podría oprimir a los gobernados. La más importante de ellas era la creación de una fuerza militar constituida por ciudadanos armados. La garantía del buen gobierno podría expresarse en este sintagma: «el pueblo en armas» (entendemos que el pueblo armado es el que puede acabar, justificadamente, con la vida del tirano). En el texto leemos el ejemplo de los aragoneses, elogiando a sus aristócratas, los cuales veían en el rey a un igual, con solo algunas funciones destacables de los demás: «Los aragoneses podrían levantarse siempre en armas contra toda violencia, contra toda usurpación política que fuese en su daño, aunque el usurpador fuese el propio rey o el príncipe heredero» (Benito Espinosa, *Tratado*, pág. 209).

Las tesis defendidas por Mariana, además de las de Belarmino, Suárez y Espinosa, fueron las tesis políticas más potentes que se expresaron en esos años. Como es lógico, no podían ser bien acogidas por ninguno de los reinos y principados que habían abrazado el protestantismo. Los católicos franceses —aludidos directamente por Mariana— las aplaudieron, aunque como hemos dicho, solo en un primer momento. Con todo, la doctrina del tiranicidio, que otros jesuitas siguieron trasmitiendo en sus escuelas y universidades, fue uno de los motivos más relevantes para que los jesuitas fueran expulsados de diferentes reinos, entre ellos el de España, cuanto reinaba Carlos III. Y es que no podemos olvidar que en Europa se acabó con la vida de más de un rey. Los argumentos para justificar los regicidios estaban ya escritos, solo había que ponerlos en práctica.

Volviendo a Marx, debemos denunciar que estas cuestiones en las que hemos incidido no sean consideradas por él, de modo que los cambios revolucionarios solo se justificarían por mor de lo que él considera como motor de cambio: si el rey es depuesto o incluso muerto, es fruto de razones económicas. Tenemos que traer aquí a colación que los revolucionarios ingleses —seguidores del puritano Cromwell— acabaron con la vida de su rey Carlos I en 1652, un rey al que consideraban un tirano. Y que los revolucionarios franceses, un siglo después de lo que había sucedido en Inglaterra, le cortaron también la cabeza a su rey Luis XVI. Los que habían teorizado que podían hacerlo, los jesuitas españoles eran bien conocidos por los revolucionarios que llevaron a cabo ambos «tiranicidios», pese a que los libros en los que se podía leer tal teorización fueran libros proscritos. Marx no se preocupó de enterarse, pese a estar tan interesado por España. Para Marx franceses e ingleses son modernos, progresivos en sus acciones, los españoles involucionistas, retrógrados, incapaces de entender lo moderno.

Volviendo a España y a los sucesos de 1812, debemos señalar que el ideario de muchos representantes políticos, en Cádiz, era el de la tradición tomista y jesuítica del origen del poder, y de lo que estaba justificado, dependiendo de ella. Las ideas escolásticas estaban a la orden del día en la España de principios del XIX. Cuando llegaron las directrices de Bayona, las Juntas provinciales no las acataron. Las directrices llegaron a España de la mano del cuñado de Napoleón, Joaquín Murat (gran duque de Berg). Al declarar estas Juntas la guerra a Napoleón estaban disociando la soberanía de la figura del rey. Estaban utilizando una prerrogativa soberana, sin tener en cuenta la voluntad del monarca, adecuándose de ese modo a lo que expresaba la doctrina escolástica española. La soberanía era de las juntas representantes del pueblo y no del rey. En Cádiz, la teoría de clérigos como Francisco Martínez Marina o Pedro Inguanzo Rivero, se ajustaban a lo que estaba sucediendo, aunque el ideario no era único pues había diferencias que iban más allá del mero matiz.

Los escolásticos tenían en cuenta un poder del pueblo derivado del de Dios, poder que se transferirá al soberano. Un modo de ver el asunto era el defendido por escolásticos como Francisco de Vitoria o Francisco Suárez. Para ellos el poder surtirá efecto una vez dado un pacto de sumisión entre el rey y sus súbditos. Este modo de entender el asunto era adecuado a la maquinaria teológica, pues el poder del monarca y el del romano pontífice pedían tal sumisión, el del último, una vez de haber sido elegido por el cónclave. El más destacado de entre los que defendían esta tesis en Cádiz fue Melchor Gaspar de Jovellanos. El otro modo de ver que encontramos en las discusiones constitucionales es el de los influenciados por Mariana. Modo de ver que expresó en su libro, ya citado, *Del rey y de la institución de la dignidad real*: que el poder del pueblo se reflejaba en la función de reinar y no en la figura del rey, por lo que tal función podía ser arrebatada caso de que el rey no la ejerciera adecuadamente. El más destacado de entre los partidarios de esta tesis fue Martínez Marina.

Gustavo Bueno se hace eco de todo esto en su libro *El mito de la derecha*, en el que remarca la gran diferencia de esta tradición con la que poco después calará en los liberales españoles del XIX, que es la que a día de hoy ha triunfado:

> Conviene tener en cuenta que ambas tradiciones escolásticas españolas que influyeron en las disputas de Cádiz, se diferenciaban notablemente del modo de plantear la cuestión por los

> pactistas europeos no escolásticos, como Hobbes, Rousseau y Kant. Porque mientras que la tradición española partía de un contrato sinalagmático (como era el contrato feudovasallático) entre dos partes, el pueblo y el príncipe, en las escuelas europeas el contrato social tendría lugar entre los individuos-*átomos* (Gustavo Bueno, *El mito de la derecha*, pág. 207).

Cuando leemos en el texto de la Constitución de Cádiz que la soberanía nacional emana de Dios, no es, como señala Marx en sus artículos, un arcaísmo de la situación española medieval sino una clara acepción a las tesis de los jesuitas, a los que podemos considerar los auténticos ideólogos de los sucesos revolucionarios acaecidos en el contexto de la francesada. Y es que la revolución acaecida en España en esos años, no deriva de la lucha de clases, situando a todo el clero en uno de los dos polos de tal contienda, y sin reconocer la tradición filosófica española. Como hemos visto, entre los elegidos, había gran cantidad de clérigos, y fueron los que no acataron las órdenes emanadas del rey y expresadas por el duque de Berg.

2.6. LAS REVOLUCIONES TERCERA Y CUARTA... Y EL GENERAL DE ESPARTERO

Cuando Marx escribe los nueve artículos que se conocen como *La España revolucionaria*, reconoce tres periodos revolucionarios: el primero de 1808 a 1814 (la francesada); el segundo de 1820 a 1823 (el levantamiento de Riego); y el tercero de 1834 a 1843 (la revolución liberal, que terminó con la huida del regente Espartero a Inglaterra). Y mientras escribe, en 1856, se está dando, tal y como lo va describiendo, un cuarto periodo. La figura más relevante en este cuarto periodo revolucionario vuelve a ser el general Espartero. Este general, también había sido una pieza más que clave en el anterior. De ahí que incluso le dedique uno de los artículos de fondo que escribió para el *New York Daily Tribune*.

Espartero era un liberal, y políticamente debemos clasificarlo «de izquierdas»: fue durante muchos años la figura más relevante de lo que entendemos como izquierda liberal, en el siglo XIX[50]. Espartero defendía el ideario progresista, que entre otros cambios, abogaba por la modernización de la monarquía, como había sucedido en Inglaterra en 1688, con la Revolución Gloriosa. Este planteamiento se adecuaba a la doctrina marxista, pues los liberales debían llevar a cabo una revolución que, pese a mantener la monarquía, pondría a la cabeza del Estado a la burguesía. Una revolución que Marx señalaba como previa y necesaria para que después se diera la de los proletarios.

Como decimos, Marx expresó, en los textos que escribió sobre España, cuatro periodos revolucionarios, que mostraba a los lectores del *Tribune* el papel revolucionario del «pueblo español». Donde había una mayoría que Marx denomina como «clase obrera», y una minoría de burgueses liberales, que unas veces estaban a la cabeza de los movimientos revolucionarios, por petición popular en muchos casos, pero que cuando esos movimientos se calmaban, lo habitual era que esa burguesía liberal era la garante de que nada cambiara. Pero esta situación, descrita para España, es la misma que se daba en Europa:

> Verdad es que los diferentes autores discrepan en cuanto a los detalles de tiempo y circunstancias y a los pormenores del derrumbamiento de la resistencia al golpe de Estado; pero

50 En las izquierdas se han dado seis generaciones muy diferentes entre ellas. La primera era la de los revolucionarios franceses, por lo que no es una generación que se diera en el territorio español. El nombre de izquierda deriva del lugar en el que se sentaban los jacobinos en su lugar de reunión, que eran los bancos de la izquierda del convento dominico (desacralizado) de la Anunciación (el «club de los jacobinos» se había hecho con él en 1791). La derecha, sin embargo, ha expresado sus diferencias de modo diferenciado a la izquierda. De la derecha podemos hablar en términos de modulaciones (primaria, liberal y socialista), que derivaron en modos diferentes de darse (derecha secesionista en el contexto de la nación, nacionalsocialismo, derecha indefinida).

todos coinciden en el punto principal: que Espartero desertó, abandonando a las Cortes, las Cortes a los dirigentes, los dirigentes a la clase media, y ésta al pueblo. Esto da una nueva ilustración sobre el carácter de la mayor parte de las luchas europeas de 1848-1849 y de las que ha habido desde entonces en la parte occidental de dicho continente. Por un lado, existen la industria y el comercio modernos, cuyos jefes naturales, las clases medias, son enemigos del despotismo militar; por otro lado, cuando las clases medias emprenden la batalla contra este mismo despotismo, entran en escena los obreros, producto de la moderna organización del trabajo, y entran dispuestos a reclamar la parte que les corresponde de los frutos de la victoria. Asustadas por las consecuencias de una alianza que se le ha venido encima de este modo contra su deseo, las clases medias retroceden para ponerse de nuevo bajo la protección de las baterías del odiado despotismo. Este es el secreto de la existencia de los ejércitos permanentes en Europa, incomprensible de otro modo para los futuros historiadores. Así, las clases medias de Europa se ven obligadas a comprender que no tienen más que dos caminos: o someterse a un poder político que detestan y renunciar a las ventajas de la industria y del comercio modernos y a las relaciones sociales basadas en ellos, o bien sacrificar los privilegios que la organización moderna de las fuerzas productivas de la sociedad, en su fase primaria, ha otorgado a una sola clase. Que esta lección se dé incluso desde España es tan impresionante como inesperado (Marx y Engels, 1974, *pág.* 130).

La cita es de uno de los dos artículos que escribe al término de este periodo revolucionario, que transcurrió desde la Revolución de 1854. Los dos artículos mencionados se ordenan, en algunas compilaciones, titulándolos como *La revolución en España* (con y sin artículo, según la edición de que se trate, y aparecen en la mayor parte de las ediciones que estamos consultando). Su título está más que justificado, dado el cariz que tienen. Con ellos, Marx está analizando este cuarto periodo revolucionario. Comienza con la revolución municionada, de 1854, que fue encabezada por el general liberal moderado Leopoldo O'Donnell. El periodo se cerró, tras dos años, con el abandono del Gobierno del general progresista Baldomero Espartero. El fin de este bienio —conocido como «bienio progresista»— vino determinado por la contrarrevolución de 1856.

Lo que podemos leer en estos textos de Marx, como si fuera una crónica de reportero, es sin embargo un análisis doctrinal. Comienza el primer artículo señalando que le han llegado las noticias que va a analizar por vía marítima a Inglaterra (el vapor Asia), compara los sucesos de este cuarto periodo revolucionario con los del tercero, cuando Espartero terminó saliendo de España rumbo a la Inglaterra que le acogió con los brazos abiertos. Y termina interpretando lo que está pasando en España ajustándolo a un modo de entender los cambios en los Estados que ya hemos rechazado por ser secundario y dependiente de los factores relevantes. Rechazamos los cambios derivados de la lucha de clases por que no son determinantes. Los que sí lo son, son los que Marx menta habitualmente, pero que no se toma en serio. El factor de cambio dejado de lado por él pero que es el principal es la dialéctica que se da entre los Estados.

Marx está convencido de que la única fuerza que mueve la historia es la dialéctica de clases[51]. Siguió convencido, incluso cuando atendió a los desarrollos industriales que se estaban dando en el mundo. Sobre todo en Inglaterra. Tales desarrollos, lejos de procurar la activación revolucionaria de la clase obrera,

51 También señala en muchas ocasiones este segundo motor del cambio histórico: el desarrollo de las fuerzas productivas, sin aclarar la cuestión, pues la lucha de clases y el desarrollo de las fuerzas productivas no son lo mismo, aunque las podamos reconocer, en su doctrina, como inseparables (ambas son imprescindibles en lo que denomina como «base económica» de los «modos de producción» o como «infraestructura material».

conseguían lo contrario. En esos años en los que escribe sobre la España revolucionaria, y se extrañaba porque sucediera en España, los pronósticos de la pronta revolución en Inglaterra se habían difuminado.

Inglaterra era el lugar en el que se habían desarrollado más las fuerzas productivas y, paralelamente, las relaciones de producción. Pero pese a ello, Marx se dio cuenta de que la capacidad revolucionaria de la clase obrera inglesa se había anulado. Estaba desactivada, sobre todo, porque se aprovechaba de los frutos derivados de la explotación de otras clases obreras, de las de las colonias (la clase obrera inglesa era una suerte de «aristocracia obrera»). Marx se despreocupó de la clase obrera inglesa, pues no veía en ella el futuro revolucionario que había presagiado en ella, y pasó a poner su atención en la posible revolución española. Como hemos comprobado, al atender a los artículos mencionados, la España en la que se daba esa cuarta revolución era el espejo en el que debe mirarse Europa.

Las cuestiones con las que no nos mostramos de acuerdo con Marx, a la hora de decir cómo se dan los cambios históricos, ya las hemos señalado. Por eso vamos a ir a lo que más nos interesa, que es sacar a la luz la perspectiva antiespañola que impregna hasta la saturación sus escritos. Por un lado, hemos denunciado que muestra su animadversión tanto al reproducir, en estos artículos, lo que ha leído en los autores negrolegendarios decimonónicos, como cuando hace la lectura de la historia de España de su presente (denuncia que seguimos actualizando aquí y que seguiremos haciéndolo en todo el libro, como ustedes van a poder comprobar). Por otro lado, y en estrecha conexión con la anterior, muestra su hispanofobia al señalar a personajes ilustres de la política española. Lo hace sin referirse a que sus apreciaciones derivan de los autores que consulta. En este aspecto, el general Espartero se lleva la palma. Marx dedica todo un artículo de fondo a despotricar contra nuestro general.

2.6.1. La crítica a la figura de Espartero

El 19 de agosto de 1854 se publica en el *New York Daily Tribune* el artículo *Espartero.* El artículo no estaba firmado, y solo se supo en España que era de Marx cuando en 1929 se publicó *La revolución española*, por la editorial Cenit. Había pasado más de medio siglo[52]. Nuestro interés va a hacer ahora que nos detengamos de un modo más acusado en este texto de Marx, para estudiar con detenimiento lo que dice. De ese modo podremos sacar a flote la perspectiva negrolegendaria de sus argumentos, incluso cuando atiende a la descripción de una figura individual, en este caso la del general Espartero, el adalid del partido liberal progresista. Podríamos decir, sin temor a errar, la figura más importante de la «izquierda española decimonónica». Los liberales del partido de Espartero, son el germen de la izquierda española. Siguiendo los argumentos expresados

52 Esto nos lleva a pensar en lo que habría sido de la filosofía de Marx en su conjunto, si no se hubiera dado la Revolución rusa. Marx quizá hubiera sido un filósofo más. Un filósofo solo conocido por unos pocos especialistas interesados en algún aspecto de su obra.

por Gustavo Bueno en su libro *El mito de la izquierda*, y aceptando que no hay solo una izquierda, sino (el analiza seis generaciones de la misma), la prístina de las generaciones que se han dado en España estaba representada, en esos años, por el partido liberal progresista de Espartero[53].Este general es para Marx el máximo representante del pasado, pese a ser la cabeza visible de los liberales progresistas. Así se refiere a él, aun teniendo en cuenta que eran los liberales de su partido los que tenían que ponerse a la cabeza de la revolución. Revolución que es paso previo a la emancipación, al fin de la explotación del hombre por el hombre (ya hemos dicho que el determinismo de la historia así lo requiere)[54]: la burguesía en este momento revolucionario previo a la emancipación tiene que apoyarse en el pueblo, el ejemplo más claro fue el de la Revolución francesa, que fue una revolución de los franceses subyugados, que aunaron fuerzas por mor de las tres ideas conocidas: libertad, igualdad y fraternidad. Pero como hemos visto, en España, en todas las ocasiones, la burguesía traiciona el movimiento revolucionario, de manera que el cambio político no se dio. No se dio, en ninguna de las tres primeras y tampoco en la cuarta, en la que Espartero volvía a ser protagonista:

> Una de las características de la revolución consiste en el hecho de que el pueblo, precisamente en el momento en que se dispone a dar un gran paso adelante y empezar una nueva era,

---

53 Como señalamos previamente, los liberales españoles de las revoluciones expresadas por Marx, son los representantes de la segunda de las generaciones de izquierda. La primera no puede encontrarse en España por ser solo francesa, la izquierda jacobina, que se organizó tras la Revolución francesa. Las generaciones tercera, cuarta y quinta son posteriores, pues su protagonismo solo se dará en la segunda mitad del XIX. Son los Anarquistas, los comunistas y los socialdemócratas, cada uno en representación de una generación diferente. Remitimos al Anexo III, para más detalles de estas seis generaciones.

54 En el punto 1.3.6. «España como nación política», dimos las razones que le lleva a Marx a afirmar esto.

> cae bajo el poder de las ilusiones del pasado, y toda la fuerza y toda la influencia conquistadas, a costa de tantos sacrificios, pasan a manos de gentes que aparecen como representantes de los movimientos populares de una época anterior. A esa gente, dotada de una tradición, pertenece Espartero, a quien el pueblo eleva sobre sus espaldas en la época de las crisis sociales y del cual se libra después con esfuerzo (Marx, 1929, *pág.* 45).

Es de justicia señalar que estaba más que justificado que, en esa época, las miradas se fijaran en ese general. Considerar su persona para mostrar al mundo los avatares del presente en marcha español estaba plenamente justificado. Espartero era en esos años la figura más destacada de toda España. La persona en que la mayor parte de los españoles confiaba para dirigir la nación. En la «época anterior», a la que Marx se refiere, había ostentado el cargo de regente. Eso fue a principios de la década de los cuarenta, después de que la reina madre, María Cristina de Borbón-Dos Sicilias, fuera desplazada de ese mismo cargo. Aquí es pertinente recordar que lo que diferenciaba a unos liberales de otros, también así denominados, era que los progresistas, liderados por Espartero, defendían una monarquía que no tuviera el poder absoluto que la había caracterizado, mientras que los otros liberales, los denominados «moderados» eran proclives a ese absolutismo[55]. Si los españoles, en su mayoría, y en diferentes momentos, habían considerado a Espartero como el más indicado para gobernar era por el gran prestigio alcanzado por él previamente. Por sus logros militares, contra el carlismo representante de los viejos intereses sin paliativos: representante del absolutismo monárquico que había sido derrotado en las décadas anteriores.

---

55 Estos moderados son catalogados por Gustavo Bueno como una de las diferentes modulaciones, que no generaciones como sucede con la izquierda, de la derecha española. Remitimos al texto de Bueno *El mito de la derecha*, páginas 197-212.

Marx nos dice que podría darse el salto adelante en la historia si el «pueblo español» hubiera asumido su papel. Pero que no iba a suceder por haber «elevado sobre sus espaldas» a Espartero, por ponerlo a la cabeza de su revolución. El perfil que da de Espartero es el de uno más de los «representantes de los movimientos populares» dados con anterioridad. Pero esa manera de referirse a Espartero es totalmente sesgada, mediatizada por su modo de ver la cuestión.

Nos enfrentamos al planteamiento hecho por Marx, no por falta de reconocimiento respecto de lo que los españoles padecieron y de todo lo que hicieron para subvertir tales padecimientos, fueran españoles de a pie o españoles responsables de la acción política. Nos enfrentamos a su planteamiento para confrontar los juicios de Marx, pues su modo de ver los sucesos «de los que nos informa» no clarifica qué papel era el que estaba jugando la España decimonónica. Y, en ese contexto lo que hacen y deshacen los representantes políticos, algunos de ellos mencionados en los artículos que ahora consideramos, tal y como vamos a comprobar. La responsabilidad de Marx, que nosotros queremos poner ante el lector, es la derivada de que esos textos, dirigidos al lector estadounidense, son a día de hoy un referente para las «izquierdas españolas», que se reafirman en la podredumbre con la que Marx presenta la España de esa época tan convulsa. Un dibujo de lo que era España que la señala como lo más digno de rechazo. Como si las diferentes naciones que se preocupaban por su deterioro fueran la referencia del progreso. Si naciones como Francia, Inglaterra o Rusia, por mencionar las que aparecen en los textos de Marx, se interesan por la desestructuración de España es porque quieren ser las que ocupen la cúspide que España había abandonado el siglo anterior. Esto es lo que Marx no entiende y tampoco entiende la izquierda española que lo tiene como cumbre del progreso.

2.6.2. El prestigio de Espartero pisoteado por Marx en su artículo del *New Yor Daily Tribune*

> (...) hasta ahora nadie ha podido esclarecer el sentido de esa grandeza (la de Espartero). Sus amigos se refugian en lugares comunes alegóricos, mientras sus enemigos afirman que Espartero no es más que un jugador afortunado, aludiendo, para demostrarlo, a la admirable originalidad de su vida privada. Tanto los amigos como los enemigos tropiezan con idénticas dificultades cuando intentan establecer una relación lógica entre Espartero mismo y su gloriosa reputación (Marx, 1929, *pág.* 46).

Para seguir mostrando la poca solidez de las opiniones de Marx tenemos que abundar en la contradicción que supone su apuesta por la demolición de la personalidad de Espartero como líder del liberalismo progresista. Marx pretende desprestigiarlo, atendiendo a lo que otros autores, sus enemigos políticos, han dicho y dicen de él. Para conseguir lo que pretendemos hemos de atender a los artículos de Marx publicados en el *Tribune*, en los que se refiere a momentos anteriores a esa cuarta revolución. A los años en que Espartero tuvo protagonismo en la historia. Comenzaremos atendiendo al tercer periodo revolucionario, por ser en el que Espartero tuvo un mayor protagonismo. Un periodo que se alargó más que ningún otro periodo revolucionario anterior. Se fue dando, de un modo paulatino, entre 1934 y 1943.

Los textos de referencia para Carlos Marx en esta destrùctiva semblanza que hace de Espartero —según señala él mismo— son los de José Segundo Flórez, Manuel de Marliani y el escrito por varios autores que lleva por título *Espartero. Su pasado, su presente y su porvenir.* Es pertinente señalar que en ninguno de estos autores encontramos la animadversión que por su figura muestra Marx. Jenaro Artiles quizá escandalizado por tal descripción nos da una relación de obras sobre el afamado general[56], de manera que pueda contrastarse lo afirmado por Marx y lo que otros historiadores dicen de su obra y su persona..

Los méritos militares enumerados en todas estas obras, incluidas las que cita, son despreciados por Marx. En lugar de incidir en las numerosas victorias de Espartero, solo menciona de pasada unas pocas —las necesarias para construir un discurso persuasivo— y para, a renglón seguido, incidir en una derrota, la de Ayacucho:

> La impresión general que sus hazañas heroicas en Sudamérica produjeron en el temperamento fácilmente excitable de sus compatriotas caracterízase, en cierta medida, en el apodo —jefe de los Ayacuchos— malicioso con que fue bautizado con ocasión del combate desgraciado de Ayacucho, en el cual España perdió para siempre el Perú y la América del Sur (Marx, 1929, *pág.* 48; lo que está entre guiones es nuestro).

Artiles matiza, o mucho más que eso, las afirmaciones de Marx. Además de ponerle fecha a la batalla de Ayacucho, el 9 de diciembre de 1820[57], señala lo que Marx no nos dice, que «en aquella batalla no se distinguió realmente Espartero (parece probado que no se halló presente en ella), y el apodo fue debido a la simple creencia extendida, y de la que participa Marx, de haber asistido a la derrota: de aquí el significado peyorativo del término» (Marx, 1929, pág. 48, nota a pie de página 3). Marx, en su reiterado tono jocoso, se hace eco de las calumnias e injurias de los liberales conservadores: «Desde ese momento

56 Pueden consultarse en nota a pie de página en la página 47 de la edición de Cenit, que es ahora el que vamos a citar, y no la edición de Progreso, de 1974, que hemos citado en páginas anteriores.

57 Aunque esto es una errata, o un error de Artiles, pues la batalla se dirimió en 1824.

Espartero fue proclamado jefe del *Ayacuchismo* y sus partidarios fueron llamados *ayacuchos*» (Marx, 1929, *pág.* 48).

Las consecuencias de esa batalla para el Imperio español no fueron desdeñables, pero eso no puede llevar a que se tomara como justificación del descrédito de los militares que participaron en ella. Remitimos a las memorias de una de las figuras más relevantes que combatieron en Ayacucho, para contrarrestar la mala prensa que en toda España, tuvieron los perdedores de esa batalla. Una mala prensa aireada por Marx años después, como acabamos de comprobar. En el libro de memorias del general Andrés García Camba, que en Ayacucho estuvo al cargo de una brigada de Caballería, podemos leer como se desarrolló la batalla. Citamos aquí lo que apunta, en el prólogo de la obra, Rufino Blanco Fombona:

> Se escribieron estas Memorias, principalmente, con un fin de política inmediata.
>
> El lector de nuestros días no debe olvidarlo, sino recordar más bien aquellas circunstancias que presidieron a la formación de la obra.
>
> Vencedores de los patriotas americanos hasta 1823, los generales españoles en el Perú, o vencidos por ellos, mantuvieron, sin embargo, la supremacía en todo el Alto-Perú y en todo el Bajo-Perú, con excepción de Lima y otras ciudades de la costa, al norte y sur del Callao.
>
> Aquello, en verdad, era admirable, dadas las circunstancias, en medio de toda la América en armas; y para cumplirlo, realizaron los generales españoles del Perú prodigios de audacia, de inteligencia, de actividad y de patriotismo.
>
> El general D. José de San Martín, jefe de los revolucionarios de Lima y la costa del Pacífico peruano, no creyéndose con elementos suficientes para contener y dominar a los españoles, se embarcó para Guayaquil, a solicitar los auxilios de Bolívar, que, triunfador en Boyacá, Carabobo y Bombona, había expulsado a los españoles de Nueva Granada, Venezuela,

> Ecuador y constituido con estos tres países, la poderosa República de Colombia.
>
> Llegó Bolívar en persona al Perú en 1823. Merced a las batallas de Junín y Ayacucho, la ocupación del Alto-Perú, con la destrucción y muerte de su dominador el general peninsular Pedro Antonio de Olañeta, y la dominación del Pacífico del Sur, con la toma del Callao y el extrañamiento de la bandera española de aquellos mares, quedó completa la obra de la revolución y libre la América.
>
> Pero toda esa obra emancipadora costó inmenso cúmulo de esfuerzos, porque los españoles se defendieron como leones, con una energía y una inteligencia insospechables. Insospechables, sobre todo, para los politicastros de Madrid, cuya vanidad estúpida, distanciada de las realidades sociales, y cuya ignorancia de las cosas de América, á pesar de estarlas dirigiendo, creían que era imposible que los americanos destruyesen á los españoles. ¿No consideraban á los mismos San Martín y Sucre, al mismo Libertador Bolívar como á viles insurgentes, sin capacidad y sin mérito positivo? (Prólogo de Rufino Blanco Fombona a las *Memorias del general García Camba para la Historia de las armas españolas en el Perú. 1809-1821*, vol. 1, *págs*. 7-8).

También puede consultarse la carta que el mismo general García Camba remite al diario *El Espectador*, aclarando el papel jugado por los militares en la batalla de Ayacucho. De ella extractamos algunos párrafos que refrendan el papel de los militares españoles, y el torticero modo de aprovechar los argumentos de los que querían desprestigiarlos:

> Muy señores míos: en uno de los anteriores números de su apreciable periódico he visto como vds. se han servido contestar a una indicación del Heraldo *sobre la aplicación del apelativo* Ayacucho, sentando demostrativamente, que ni el ilustre duque de la Victoria, ni los generales Rodil y Seoane, se habían hallado, en la batalla que lleva ese nombre, aunque todos sirvieron con honor, en el Perú; y en su número

425 de 1.º del presente, vuelven vds. a darse por entendidos de que el expresado periódico, el Heraldo, *les ha llamado también* Ayacuchos. Con este motivo, y habiendo sido yo uno de los que se hallaron en esa memorable batalla, creo de mi deber hacer alguna aclaración por lo que pueda convenir.

Cuando en agosto de 1835 regresé a la península con el honroso cargo de procurador a cortes por las islas Filipinas, me llamó particularmente la atención, el sobrenombre Ayacuchos, *muy en boga entonces ya, con que se pretendía designar a determinadas personas hubiesen o no estado en dicha batalla, y como se me figuraba advertir cierta ofensiva tendencia en su aplicación, ignorantes los que la hacían en mi presencia de que también me comprendía, no solo no creí honroso guardar el incógnito, sino que gradué de injusta la generalidad con que se aplicaba ese mote* (...)

Y por último si con el mote Ayacucho *se quiere significar alguna cosa más que la desgracia que allí experimentaron nuestras armas, aplíquese enhorabuena con fijeza y con determinado sentido a los que hemos tenido la mala suerte de ser vencidos en la referida jornada de Ayacucho, porque sería de todo punto injusto comprender a los militares que no se hallaron en ella, aunque hayan servido en el reino del Perú de mucha más extensión que la península española. Y si no respóndaseme francamente. ¿Con qué razón y con qué justicia se pretendería motejar a los militares que servían en las provincias Vascongadas, en Navarra e en Cataluña por los reveses experimentados en otros puntos, como por ejemplo en Morella? ¿No sería absurdo pretender que todos los militares de España respondieran de las desgracias sufridas por algunas de nuestras divisiones de operaciones en la última guerra? La responsabilidad en su caso tocaría, si se quiere, a los que hayan* participado de la mala suerte de no ser vencedores; sin embargo de que en las desgracias hay también honor y distinguido para las armas[58].

58 La carta del general García Camba puede consultarse en la web del Proyecto de filosofía en español: http://filosofia.org/hem/184/21005es.htm

Retrato de Andrés García Camba. 1853. Litografía de Domingo Valdivieso y Henarejos. Biblioteca Nacional de España

Si las acciones narradas por García Camba en sus memorias fueran de ejércitos de naciones diferentes, seguro que serían objeto de narraciones noveladas, incluso para llevarlas a las pantallas de cine. Pero en España eso nunca pasa. En España puede más el peso muerto de los argumentos negrolegendarios. Argumentos que impiden cualquier narración elogiosa de la acción política. Y teniendo en cuenta que, desde nuestra perspectiva, no podemos obviar que la acción militar no puede deslindarse de ella. Como decía el famoso militar Carl von Clausewitz: «La guerra es la continuación de la política por otros medios»

En su afán de destruir el prestigio de Espartero, Marx incide en que la fortuna le sonreía, y en que exageraba sus éxitos. Con todo, esas afirmaciones descriptivas son mera retórica pues en lo que quiere incidir es en lo que considera que desprestigia más su trayectoria política: los acontecimientos del final de su regencia. Dice Marx que Espartero es «conocido sobre todo por haber bombardeado dos ciudades: Barcelona y Sevilla. Si los españoles —dice un escritor— quisieran representársele como

Marte, sería necesario presentar a ese dios bajo la forma de un ariete» (Marx, 1929, págs. 50-51). Y habiendo juzgado previamente que tales acciones son «incomprensibles en un luchador por la libertad» (Marx, 1929, pág. 50).

Tal y como es expresado por Marx parece que los bombardeos se dirigieran a la población civil, pero eso no es cierto. El bombardeo se dirigió a las baterías de sublevados, pues pese a que se diera incluso el sitio de la ciudad, en ese caso de Sevilla, la acción militar no era indiscriminada.

Pese a estas afirmaciones, Marx tiene que atender (pensamos que sin presentar atisbo alguno de sonrojo) a que años después de esos sucesos, al regreso de su exilio, fue recibido con los máximos honores. Y que donde más honores se le prodigaron fue precisamente donde llevó a cabo el bombardeo: «A su regreso a España, Espartero recibió a delegación tras delegación, felicitación tras felicitación, y la ciudad de Barcelona le mandó un embajador especial encargado de presentarle las excusas de dicha ciudad por la mala recepción que le fue tributada en 1843» (Marx, 1929, pág. 58). Cataluña fue, entre las regiones españolas, una de las que mayor culto expresaron hacia la figura de Espartero. Se daba esta situación en los tiempos en que Marx escribía en el *Tribune* y se siguió dando hasta los años setenta. Incluso el catalanista Víctor Balaguer escribió un extenso poema en catalán dedicado a la figura de Espartero[59].

Que Marx lance sus injurias contra Baldomero Espartero y regale halagos a Ramón María Narváez (uno de los líderes del partido liberal moderado, opuesto al liberal progresista de Espartero) no está dentro de la lógica partidista, salvo que

59 Denunciamos aquí que el poema, que podía consultarse en alguna página web, entre ellas la denominada «cervantesvirtual», ha dejado de estar presente. Su título es este: *Homenaje y recort al Exem. senyor don Baldomero Espartero*. El interesado en leerlo deberá llevar a cabo pesquisas que cada vez son más arduas.

considere a ambos ecualizables. Pero tal ecualización solo es comprensible en el contexto de la destrucción de la personalidad de Espartero[60].

Las diferencias entre liberales eran muy marcadas. Los que se llamaban «moderados» eran los herederos de los *doceañistas*: los liberales que participaron en la elaboración de Constitución de Cádiz; mientras que los progresistas lo eran de los *veinteañistas*, que eran los liberales que se levantan contra Fernando VII en los años veinte (cuya más relevante acción es la del pronunciamiento del coronel Rafael del Riego), para obligar al rey a acatar la Constitución que había derogado nada más llegar al trono. El levantamiento de Riego es el de la segunda revolución. La facción progresista de los liberales —a ella se refiere Marx como «escuela progresista»— va a ser la que va poner más pegas al mantenimiento de las prerrogativas monárquicas, Y Espartero va a ser una de las figuras más destacadas de este grupo: «Preguntad a cualquier español, perteneciente a la llamada escuela progresista[61], en qué se funda la significación

60 Marx no puede hilar fino en su diatriba dedicada a Espartero por un motivo en el que ya hemos incidido, pero que no podemos dejar de refrescar: no puede hilar fino porque adecua los sucesos políticos de la España de mitad de siglo XIX al esquema del materialismo histórico. De tal modo que la España que describe se adecua al feudalismo, un feudalismo derivado de la caída de un Imperio que asemeja a los asiáticos. Pero de contrarrestar esta visión de España ya nos hemos ocupado previamente, y no es necesario abundar en ello.

61 Sin ser preciso añadir nada más de lo que hemos leído en este artículo, ya podemos incidir en una cuestión que es preciso traer a colación. Cuando Marx se ha referido a una «escuela progresista» no podemos entender a qué se refiere con ello. ¿Quiénes son los progresistas para Marx? Suponemos que el «pueblo» al que se refiere, y que se va a referir constantemente en estos escritos sobre la España revolucionaria, tendrá en su seno teóricos a los que se ajustará ese calificativo, aunque esto nunca lo menciona. Sí menciona más adelante a miembros de la burguesía ya consolidada como elementos que pueden relacionarse con la progresía española. Lo que podemos decir es que en el año 1854 había diferentes tenencias liberales, y que Espartero estaba en la facción denominada «progresista». Por qué se le dio ese calificativo a unos liberales y a otros no es una cuestión que tendremos que aclarar más adelante,

política de Espartero, y, sin ningún género de duda, os contestará: "Espartero representa la unidad del gran partido liberal; Espartero es popular porque ha salido del pueblo; su popularidad está puesta, exclusivamente, al servicio de los intereses de los progresistas"» (Marx, 1929, pág. 45). Así pues, comprobamos que los denominados liberales son de tendencias muy diferentes, y son el germen de lo que hoy entiende la inmensa mayoría como la izquierda y la derecha.

La ecualización de los liberales que hace Marx, pese a que reconozcamos en su discurso algunas diferencias de matiz, no es pertinente. Entre moderados y progresistas había grandes diferencia, que se enconaban gracias al concurso de otros intereses extranjeros, los de los imperialismos francés e inglés, sin menoscabo del ruso, tal y como el mismo Marx reconoce. Otro factor externo era la Iglesia, aunque teniendo en cuenta la estrecha relación que España siempre guardó con esa Institución. No en vano el carácter de la España moderna es deudor del catolicismo. El Imperio español fue un imperio católico. Un imperio que llevó el catolicismo a todo el orbe. A modo de ejemplo señalaremos que Narváez era afín al partido con el que la Iglesia se sentía más cómoda, sobre todo tras la firma del Concordato de 1851. Después de esa firma gran parte del clero se acercó a este partido. Mientras que el partido que Espartero representaba no hacía muy buenas migas con la Iglesia. Durante la regencia de Espartero, el anticlerical

---

cuando atendamos a los diferentes periodos revolucionarios considerados por Marx. Es pertinente aquí señalar que el primero de ellos es el de la Constitución de Cádiz. Y precisamente, en ese periodo, es en el que se acuña la palabra liberal. Término tan potente, que se exportará a toda Europa. La adscripción del progreso político a esta tendencia, será posterior, como comprobaremos también. Aquí solo nos queda comprobar que Marx incide en el progreso poniendo el acento en su sujeto revolucionario, en el pueblo, tal y como se deja ver esta secuencia de afirmaciones que hemos leído: Espartero representa la «unidad del gran partido liberal (…) es popular porque ha salido del pueblo (…) su popularidad está puesta al servicio de los intereses de los progresistas».

Mendizábal y algunos colaboradores volverán a tener peso político en la nación[62]. Y cuando Espartero dejó el poder para ser tomado por los moderados, con Isabel II ya como reina, Mendizábal hubo de exiliarse.

Teniendo en consideración todo lo dicho hasta ahora, empezamos a entender por qué Marx quiso desprestigiar, incluso destruir, al político que más se adecuaba al relato expresado en su doctrina, a la vez que elogia a los que no:

> En el transcurso de siete años de guerra carlista, ni una sola vez dio uno de esos pasos audaces que dieron pronto a su rival Narváez la gloria de haber dirigido la guerra con nervios de acero. Espartero tenía la facultad de exagerar considerablemente los pequeños éxitos, y su fortuna consistió en que Maroto le rindiera precisamente a él las últimas fuerzas militares del pretendiente (Marx, 1929, *págs.* 48-49).

Considera al progresista Espartero, denostándolo de ese modo (dándose pompa, como acabamos de leer, o cuando dice, entre otras lindeces que «nadie pone en duda sus defectos políticos»), como un enemigo del interés popular. Lo denuesta a la vez que reconoce que el pueblo lo aclama. El mismo pueblo que Marx ve como el más progresivo de toda Europa, el que dice que está llamando a la primera transformación social relevante en Europa. Marx no conocía a Espartero, solo sabía de él por sus lecturas de los «hispanistas» mencionados. Con todo, otros también han continuado el relato negrolegendario, ampliando el espectro de lectores, para que de ese modo el falso relato se extendiera sin oposición (una oposición que sin embargo ha

62 Mendizábal, que había abrazado el anglicanismo cuando se fue a vivir a Inglaterra, sería el encargado de llevar a cabo la más famosa de las desamortizaciones que se dieron en el siglo XIX. Una década antes a la que llevó a cabo el mismo Espartero durante su regencia.

surgido y se está haciendo fuerte, en lo que llevamos de siglo)[63]. Así pues, leemos un diagnostico similar al de Marx, cuando se refiere a Espartero, en Javier Tusell cuando cita a E. H. Carr (otro reconocido historiador negrolegendario): «políticamente simplista, vulgar de mentalidad y con voz estentórea, muy aficionado a los naipes; su correspondencia revela una teoría política que se expresaba en consignas difíciles de traducir en la acción concreta». Pero Tusell tampoco se queda ahí y en la misma línea de Marx asegura que Espartero era «una figura con grandes limitaciones» (Javier Tusell y Rafael Sánchez Mantero, *Historia de España, El siglo XIX, vol. 12*, pág. 476).

Pese a que el punto de vista opuesto respecto de la personalidad y valía de Espartero no pueda anular las afirmaciones vertidas por Marx y por otros, no podemos dejar de contrarrestarlas mediante la llamada al lector para que consulte las mismas obras que cita Marx. El texto de Manuel de Marliani ensalza la figura de Espartero, algo que es lógico dado que, para el historiador ítalo-español, Espartero personifica los valores de un progreso que ha calado en el norte de Europa mientras que en España tanto el trono como el clero no han permitido ese cambio revolucionario. Lo mismo sucede con la obra de Flórez, escrita durante el periodo en que Espartero está en el exilio inglés. Marx, pese a no seguir ninguna de las dos opiniones sobre Espartero, tenía diferente criterio respecto de uno y otro autor: encumbraba a Marliani y su obra, tanto como despreciaba la obra de Flórez. También da argumentos a favor de Espartero lo que publicaron otros autores de la tendencia política que personificaba. Textos que, muchos de ellos, fueron escritos en los días en que regresa a España tras su exilio. Espartero había vuelto como el héroe que fue y como la

63 El primer relato influyente anti leyenda negra fue el libro de Gustavo Bueno *España frente a Europa*. Después de él, el movimiento contra negrolegendario se ha extendido y se sigue extendiendo.

esperanza de ordenar un país que precisa, más que de personalidades interesadas, a alguien capaz de contrarrestarlas. Mencionamos aquí cinco de ellos y que fueron publicados en el opúsculo *Espartero. Su pasado, su presente, su porvenir* (este texto era conocido por Marx; lo que en él se dice lo contrarrestó con saña). Los textos de este opúsculo se refieren sobre todo a los hechos militares que encumbraban a Espartero hasta ser regente, y auguraban, en base a las capacidades enumeradas, un futuro de éxito político (que, como sabemos, no se dio)[64].

2.6.3. Espartero, icono de la «tercera revolución»

Espartero defendía la transformación de la deteriorada regencia absolutista en una constitucional. Espartero era consciente de la adaptación que habían observado algunas monarquías europeas y quería eso para España. Algo que por otra parte se dio con el paso del tiempo: el actual rey Felipe VI tiene esas características, como las tenía su padre Juan Carlos I, reyes de España tras la última restauración borbónica, la de 1975.

Tras la primera guerra carlista la figura de Espartero había quedado encumbrada. Fue relevante para ello fue el famoso «Abrazo de Vergara» del 31 de agosto de 1839, en el que el general carlista Maroto se rindió ante un generoso enemigo. Espartero trató al abrazado y sus seguidores de un modo poco común tras una victoria. Con todo, el generoso acuerdo no fue del agrado de todos los carlistas, por lo que algunos de ellos se retiraron a Francia, para desde allí volver a comenzar una nueva

64 *Espartero. Su pasado, su presente, su porvenir* puede consultarse en la página web de *Filosofía en español: Espartero. Su pasado, su presente, su porvenir, Madrid 1848 (filosofia.org)*. En el Anexo II de este libro incorporamos una selección de textos a partir del texto señalado, de modo que se puede hacer una comparación rápida entre lo que la prensa de la época decía de Espartero, si esta era proclive a él, y lo que dicen de su persona los críticos moderados, además del mismo Marx.

contienda. En los meses posteriores, el prestigio alcanzado por Espartero y su proyección política le llevó a una confrontación directa con los conservadores cuyo máximo representante era la regente —y madre de la joven heredera del trono— María Cristina. Los conservadores fueron derrotados en las urnas a finales de 1939. La rivalidad entre María Cristina y Espartero se manifestó abiertamente en una reunión que se celebró en Barcelona, en el municipio de Esparraguera (Espartero había viajado a Barcelona porque se estaba sublevando, el motivo era la pérdida de prerrogativas municipales tras la aprobación de una centralizadora ley de Ayuntamientos).

Aunque es habitual leer que la regente junto con la reina habían ido a Barcelona por motivos de salud de Isabel, podemos leer en el texto citado de José Segundo Flórez que la motivación de María Cristina era la de conseguir que Espartero abandonara el bando progresista: «atrayendo al lado de la reacción la poderosa y triunfante espada del general Espartero, que se veía un tanto inclinada al de la revolución» (Flórez, *Espartero*, tomo III, 1847, pág. 487). Al parecer, la salud delicada de la joven reina fue solo una excusa:

> Tal fué el fin político que se atribuyó al viaje emprendido en aquellos días por SS. MM. y A. á la ciudad de Barcelona, si bien esta medida se justificó igualmente, ó al menos, se cohonestó, con la necesidad que reconocieron los médicos en la reina Isabel de tomar baños en las aguas de aquellos mares (Flórez, 1847, p*ágs*. 487-488)

La renuncia de María Cristina a la regencia se dio el día 12 de octubre de 1940, en Valencia. Los años en que había ocupado ese cargo —desde que su hija Isabel tenía tres años— coincidieron con los centrales de la tercera revolución que ahora consideramos. En el verano de ese año las revueltas se habían complicado en extremo, y provocaron su decisión de dimitir y de exiliarse en Francia, con paso obligado por Roma, para que el papa Gregorio XIII bendijera el matrimonio morganático que se había celebrado en 1833 también, el mismo año que comenzó la regencia y este tercer periodo revolucionario. María Cristina, viuda de Fernando VII, se había casado, solo tres meses después del fallecimiento del monarca, con un sargento de su guardia personal, Agustín Fernando Muñoz y Sánchez[65]. Durante los años que estuvo exiliada, con el apoyo del Gobierno francés, no dejó de instigar para que el Gobierno liberal progresista cayera y poder volver a España. Lo que consiguió en 1844, el año en que el periodo revolucionario había cesado.

Tras la marcha de María Cristina era preciso ocupar la regencia. El debate político fue muy enconado, pues mientras que unos abogaban por una regencia única, otros lo hacían por una tripartita. Los primeros eran cercanos a Espartero, los segundos sus oponentes políticos: los liberales moderados. La decisión se tomó por votación parlamentaria, ganando la opción de regencia única y eligiéndose a Espartero para que la ostentara. Pero Marx tergiversa lo que sucedió: «Cuando Cristina se vio obligada en 1840 a renunciar a la Regencia y a marcharse de España, Espartero, contra la voluntad de una parte importante de progresistas, se otorgó el poder supremo dentro de los límites del Gobierno parlamentario. Se rodeó de una especie de camarilla y se condujo como un dictador militar» (Marx, 1929, págs. 51-52).

Lo que no señala Marx, y que Artiles está pronto a clarificar en nota a pie de página (una de esas notas que no considerará ningún comentarista posterior), es que María Cristina, en su afán centralizador, derivado del modelo de nación que quería llevarse a cabo —copiando el orden francés— apoyó obstinadamente (así lo señala Artiles, y añade: «en contra de la voluntad de Espartero») la Ley de Ayuntamientos. Con esta propuesta,

65 Marx se refiere a la regente, varias veces en sus artículos y con su habitual socarronería, como «la señora Muñoz».

los Ayuntamientos españoles, perdían muchas prerrogativas, anuladas por el poder que querían acumular los órganos del Estado. Los Ayuntamientos levantiscos fueron muchos y los altercados se dieron en toda España. Muy relevante fue el motín de Barcelona. De ahí el enfrentamiento citado que se dio entre María Cristina y Espartero en la reunión de Esparraguera. La confrontación entre ambas posturas se declinó del lado progresista, y María Cristina hubo de nombrar a Espartero presidente del Consejo, pese a que los moderados O'Donnell y Narváez se lo desaconsejaban, proponiéndoles otros nombramientos más adecuados a los intereses de su partido. Tras la derogación de la Ley de Ayuntamientos fue cuando la regente abdicó y marchó a Francia, para que unos meses después Espartero fuera su sustituto. Una sustitución que duró tres convulsos años, y que ya sabemos como acabó. Según Marx, el trascurso de la misma fue la expresión de una dictadura que traicionaba la querencia de cambio que le había aupado al poder: «En el transcurso de los tres años que duró su dictadura, el espíritu revolucionario decayó sin interrupción» (Marx, 1929, pág. 52).

El caso es que era la mejor opción para sustituir a María Cristina. Lo era por méritos propios, aunque Marx diga, siguiendo a sus detractores, que lo consiguió por tener mucha suerte y por sobrevalorarse él mismo, además de hacerlo sus allegados (los *Ayacuchos*)[66]. Pero su popularidad fue el fruto de sus éxitos, como el conseguido en Luchana, en diciembre de 1835, al romper el sitio de Bilbao, o el señalado fin de la contienda en el norte peninsular, mediante el famoso «Abrazo de Vergara». Estas victorias le proporcionaron una enorme

66 Este peyorativo insulto, con una carga hispanófoba no desdeñable, solo ha conseguido ser leído sin interrupción desde los años sesenta del siglo pasado, por obra y gracia de Marx. De ahí que consideremos preciso contrarrestarlo. Pero no solo eso, sino todo el arsenal dialéctico, negrolegendario, expresado por Marx y sus secuaces.

popularidad. Para la gente de a pie, Espartero fue primero la «Espada de Luchana», para pasar a ser más tarde el «Pacificador de España». Tras la marcha de María Cristina, cuando Espartero entró en Madrid hubo tres días de fiesta ininterrumpida. Se iluminaron y adornaron las calles, se celebraron corridas de toros y otros muchos espectáculos. Todos querían estar cerca del héroe. Y lo mismo sucedió en otros lugares de España, cuando Espartero acudía a ellos en esas fechas.

Marx presenta a Espartero como a un dictador, como traidor al partido que representaba, casi como un contrarrevolucionario, como único responsable de las conspiraciones extranjeras contra él mismo. Respecto de esto último es preciso clarificar que pese a que Marx considera los intereses contrapuestos de otras naciones, no les da la importancia que realmente tienen. Cuando se refiere a la Francia de Luis Felipe yerra al no dar la relevancia que tiene la dialéctica de Estados. Francia está tan interesada en tener a María Cristina, debido a que representa los intereses de los borbones españoles, los cuales han sido, pese a algunos vaivenes, los mismos que los de los borbones franceses: Luis Felipe era primo del ajusticiado por los jacobinos Luis XVI. Ese interés es más relevante que incluso el de la misma ex regente para retomar su papel político.

Por otra parte, leemos que, para Marx, Espartero es un ingenuo, que no se percata de su precaria situación; un peligro para el buen gobierno, de tal manera que incluso los suyos conspiran contra él; además de dibujarlo como un cobarde. Pero todo ello contrasta con lo que Marx conoce de Espartero. Para comprobar el punto de vista opuesto, el de sus correligionarios. Podríamos señalar muchas opiniones enfrentadas a las de Marx, pero consideramos suficiente este extracto de la que Marx más va a despreciar, una de las que componen el opúsculo editado sobre Espartero nada más volver del exilio. Concretamente la de Miguel Agustín Príncipe.

Para atender a los dos puntos de vista, citaremos lo que nos dice Marx y después lo que dice Agustín Príncipe:

> En mayo de 1843, cuando su autoridad había desaparecido desde hacía ya mucho tiempo, continuó sosteniendo a su lado a Seoane y Zurbano y otros miembros de la camarilla, a pesar de que a su alrededor todo el mundo exigía la dimisión de los mismos[67]. Disolvió el Ministerio López, que disponía de una gran mayoría en la Cámara de los Diputados, y se negó a conceder la amnistía a los moderados que se hallaban en el destierro, amnistía exigida por doquier, en el Parlamento, en el pueblo y hasta en el ejército. El descontento general suscitado por el régimen de Espartero halló su expresión en dicha exigencia. En toda la península estalló de improviso una tormenta de pronunciamientos contra el «tirano Espartero». Ese movimiento, por lo que respecta a la rapidez de su difusión, puede ser comparado solamente con el actual. Moderados y progresistas se unieron en nombre de un objetivo: librarse del regente. La crisis sobrevino para él inesperadamente, la hora decisiva le sorprendió completamente desprevenido.
>
> Narváez, acompañado de O'Donnell, Concha y Pezuela, desembarcaron con un puñado de hombres en Valencia[68]. De su parte estaba la rapidez en el ataque, el valor reflexivo y la decisión enérgica. De parte de Espartero, el retraso dictado

67 Aquí Artiles destaca la figura —negativa para el Gobierno de Espartero—, de su allegado más estrecho, que hacía las veces de ayudante y secretario, el también militar Francisco Linage.

68 Artiles añade algunos datos: Prim y Miláns del Bosch se pusieron al frente del movimiento en Reus; Serrano, en Barcelona. Narváez, desde Valencia, se dirigió a Teruel y Calatayud; de esta ciudad marchó sobre Madrid, teniendo lugar antes de llegar a la capital, en Torrejón de Ardoz, el encuentro con las tropas fieles al regente. Este encuentro terminó abrazándose los soldados de uno y otro bando, después de una arenga de Narváez, y decidió la retirada del regente a Sevilla y Cádiz, donde embarcó para Londres, como queda dicho.

por la impotencia, una lentitud mortal, una apática indecisión y una debilidad indiferente.

En el mismo momento en que Narváez libertaba a Teruel sitiado y entraba en Aragón, Espartero se retiraba de Madrid y permanecía durante muchas semanas en Albacete, en una inactividad imperdonable. Después que Narváez consiguió en Torrejón ganar a los cuerpos de ejército de Seoane y Zurbano, Espartero unióse por fin con Van-Halen para emprender juntos el inútil y vergonzoso bombardeo de Sevilla. Entonces empezó a correr de un sitio para otro, abandonado en cada etapa de su fuga por sus soldados, hasta que al fin llegó a la costa. Cuando se halló a bordo en Cádiz, única ciudad en la cual le quedaban partidarios, incluso dicha ciudad dijo adiós a su héroe y se pronunció contra él. Un inglés residente en España en la época en que ocurrió esa catástrofe[69], nos da una descripción de la caída de Espartero, de la cual fue testigo presencial: «Lo que ocurrió no fue una terrible e instantánea catástrofe, después de una lucha ardiente, sino una retirada progresiva, sin combate, de Madrid a Ciudad Real, de Ciudad Real a Albacete, de Albacete a Córdoba, de Córdoba a Sevilla, de Sevilla a Puerto de Santa María, y de este último punto al mar. Descendió del endiosamiento al entusiasmo, del entusiasmo a la buena disposición, de la buena disposición a la estima, de la estima a la indiferencia, de la indiferencia al desdén, del desdén al odio, y el odio le arrojó, finalmente, al mar» (Marx, 1929, *págs*. 53-55).

Y ahora leamos lo que escribe Agustín Príncipe, que pese a no ser afín al ideario de Espartero, pues como veremos no es partidario de una monarquía constitucionalista, ve en Espartero al hombre que fue, al hombre inmerso en unos avatares —propiciados por las razones de propios y foráneos— que

69 Podía haber recabado más opiniones. Por ejemplo de muchos españoles que no pensaban lo mismo. La jactancia con la que se apoya en «la opinión del inglés» lo que hace es que Marx «se retrate» (permítasenos la metáfora).

sobrepasan al más pintado. Pese a lo engolado de su discurso, típico de la literatura política de la época, y tan diferente del mono incisivo de la narración de Carlos Marx, el lector podrá juzgar sobre lo que leemos en uno y en otro, al tomar la distancia pertinente de ambos relatos. Lo que hemos leído de Marx deriva de lo que dicen terceros, aunque tamizando esas lecturas para trasmitir lo adecuado a sus prejuicios; el otro relato, el de Príncipe, opuesto al anterior en lo que se refiere a la figura de Espartero, pero expresado como un testigo directo:

> Abdicado el poder por Cristina, era lógica consecuencia que Espartero empuñase el timón, y aún que lo recibiese de sus manos, como así se verificó. ¿Quién entre los hombres notables que entonces tenía el país, podía presentar más justos títulos a erigirse en Regencia y en Gobierno? Trasladado a Madrid desde Valencia con el precioso depósito que Cristina le había confiado entregándole a Isabel y a Fernanda, compartió tiernamente con ellas la ovación con que pocos días antes había sido recibido en la corte, y bien pronto el Congreso y el Senado, convirtiendo en normal y permanente el carácter provisional de que había venido revestido como jefe del Ministerio-Regencia, eligiéronle con aplauso general en único regente del Reino. Los votos del pueblo español quedaron ampliamente cumplidos; pero Espartero cometió una falta, y fue limitarse a regente, cuando según hemos dicho arriba, debía también ser Gobierno. La teoría constitucional que deja a los ministros esto último como cargo suyo exclusivo, no dando al rey otra atribución que la de reinar meramente, es una de tantas quimeras importadas del reino vecino, donde a pesar de proclamarse tanto, hay un Luis Felipe que gobierna desmintiendo ese principio en la práctica, si no siempre en bien del país, al menos con notoria habilidad, con indisputable talento. Constitucional Espartero hasta un extremo supersticioso, dobló con respeto la frente ante semejante doctrina, juzgándose tanto más en el caso de practicarla religiosamente, cuanto más obligado se creía a no extralimitarla ni un ápice,

no habiendo nacido monarca, sino haciendo las veces de tal. Los bellos sentimientos de su alma y la pureza de sus intenciones resplandecen aquí de una manera que inspiran sorpresa y asombro. ¿Qué más hubiera podido hacer Washington, a ser regente de una monarquía? Pero Espartero estaba desde entonces condenado a caer, como dice uno de nuestros escritores contemporáneos, abrazado con la Constitución. Los enemigos de la libertad, al menos en el grado que el pueblo tenía derecho a esperarla, advirtieron el lamentable flanco que el regente dejaba en descubierto, y aprovecharon admirablemente su inacción constitucional. Espartero sabía, a no dudarlo, que el bando vencido en septiembre se agitaba subterráneamente, extendiendo sus ramificaciones hasta la corte del vecino reino, donde tenía su principal apoyo, y dejole no obstante conspirar, y aun darse el santo y seña a su vista, sin osar cortarle los vuelos, temeroso de que se dijera que vejaba a los ciudadanos antes de dar estos motivo a procedimiento ninguno en contra de sus personas. Con esto cobraron más ánimo, siguiendo adelante en sus planes, no ya en la oscuridad de la noche, sino a la clara luz del mediodía, pudiendo señalarse con el dedo los que habían trabajado a la zapa, los que habían cargado la mina para volar aquella situación, y los que habían de prenderla fuego. El palacio de Buena-Vista estaba estremeciéndose ya sobre el volcán abierto a sus pies, y el guardador de la Constitución seguía cruzado de brazos con la serenidad del guerrero y la calma impasible del justo, decidido a volar con las ruinas antes que adelantarse al estrépito y castigar a los que todavía no habían cometido en su concepto delito por el cual mereciesen que él les retirase su égida; égida destinada a proteger aun, en sus enemigos más pérfidos, la seguridad personal. En la noche del 7 de octubre de 1841 rompió por fin el anchuroso cráter, y rompió por donde menos podía esperarse de parte de unos hombres que al epíteto de constitucionales han antepuesto siempre el de monárquicos: ¡rompió al pie del Palacio Real! La Milicia Nacional de Madrid salvó la Libertad y la reina: los moderados desde aquella noche juraron el exterminio de la Milicia. La ley juzgó a los principales conspiradores: los moderados redoblaron su odio a la ley que los condenaba. Espartero partió para las provincias Vascongadas con el fin de apagar en ellas la llama de la insurrección, no sin perdonar generoso a los conspiradores secundarios: los moderados miraron aquel acto de clemencia como el medio más a propósito para retoñar nuevamente en sentido conspirador.

Y retoñaron efectivamente, y tanto pudieron sus artes, que lograron dividir el partido simbolizado en el ilustre Duque, y esa división les dio un triunfo que no hubieran alcanzado sin ella. No entraremos en pormenores relativos a un suceso tan triste, y cuya memoria no es dado que pueda servir al progreso sino para robustecer más y más los vínculos al fin restablecidos en la desgracia común. Hay épocas de fascinación y de vértigo decretadas por la Providencia en sus inescrutables designios, y una de esas épocas fue la que nos trajo esa división. Sus efectos alcanzaron a todos, y todos hemos aprendido en ella, habiéndole debido un gran bien, y es la depuración del partido. Los apóstatas ocultos que teníamos se pasaron al bando contrario; los buenos se quedaron con los buenos; nuestras filas son hoy una falange donde no es ya posible la discordia. ¿Nos atreveremos a acusar al cielo por haber de ese modo dispuesto la reorganización progresista, convirtiendo un mal momentáneo en el principal elemento de la ulterior y común ventura? La irrupción de los bárbaros del norte reanimó una sociedad moribunda cuando más amenazaba matarla: la irrupción de los moderados ha reanimado el progreso cuando menos vida tenía. La humanidad triunfó de los primeros, y triunfará también de los segundos. ¿Cómo prevalecer contra ella los falsarios de la libertad?

Tolerante a par que político, aprobó el regente del Reino la conducta de las tropas pronunciadas y no pronunciadas en 1840; solícito y buen administrador, dispuso la centralización de fondos; conocedor del espíritu del siglo, decretó la revisión de las ordenanzas militares, a fin de armonizarlas con él; enemigo de mandar por la fuerza, redujo el personal del ejército;

ansioso de tener una base para gobernar con acierto, mandó la formación de una estadística; protector de los intereses materiales, dio su aprobación al tratado de la libre navegación del Duero; compadecido de los contribuyentes, eximiolos de varias gabelas, e hizo cuanto de él dependió por reformar el sistema tributario; elevándose a la región de las ideas y de los intereses morales, dio el decreto mandando erigir un glorioso panteón de hombres ilustres; representante de la libertad, honró en varias disposiciones la memoria de los restauradores del gobierno representativo, y respetó la imprenta hasta un extremo que no tiene ejemplo en la historia; conocedor profundo de los bienes que resultan de la desamortización, sancionó la ley de las Cortes, relativa a la enajenación de las fincas del clero secular; guardador de la dignidad nacional, hízola respetar a los extranjeros, incluso los mismos ingleses, por quien los moderados decían que estaba supeditado, y la sostuvo firme y noblemente ante el espíritu ultramontano, obligando a la curia romana a rendir el debido homenaje a la soberanía del país, amenazada de sus invasiones; leal a su reina querida, mirola en su orfandad como padre, en su dignidad como súbdito, en su sexo como caballero; hombre todo de ley, finalmente... ¿pero a qué recorrer uno por uno los rasgos que en tantos sentidos hicieron notables sus actos mientras desempeñó la Regencia? El pueblo los conserva en su memoria, y el pueblo sabe bien hasta qué punto hubieran hecho su felicidad, a no haberse interpuesto entre ellos y su desarrollo ulterior, la siniestra y maquiavélica mano, que tendiendo la oliva de paz a nuestros engañados amigos, encubrió con sus hojas la palanca destinada a remover de su asiento la firme base en que se afianzaban las instituciones políticas que se había dado el país.

Descendido de su altura Espartero, vino todo a tierra con él. Aun tenía un pie en nuestras playas, mientras el otro se avanzaba al Betis, y ya el suelo retemblaba al estrépito del sacudimiento espantoso producido por tamaña caída. En el Betis extendió su protesta contra la fuerza que le derribaba, trasladándose luego al Malabar. El solemne y majestuoso

> saludo de la artillería británica, fue a la vez un homenaje al regente, y una triste salva de duelo a la suerte reservada al país, privado de su más robusto apoyo, del sostenedor más leal de la Constitución y la reina (Miguel Agustín Príncipe, *De la cuna al Malabar, Espartero. Su presente, su pasado, su porvenir*, págs. 18-22).

Ni Marx ni Príncipe dan importancia al papel protagonista «del inglés» en estos sucesos. Solo el primero incide en ello de una forma indirecta, podríamos decir incluso que inconsciente, pues si fuera lo contrario tendríamos que catalogarla de maquiavélica. Como no pretendemos especular con lo que Marx pudiera pensar o dejara de hacerlo, y ateniéndolos a la lectura de su texto, solo podemos asegurar que lo relevante es la falta de asunción de la relevancia que tiene la dialéctica histórica efectiva, ya que para él los agentes de tal dialéctica no son los Estados y sus razones imperialistas sino unas clases que están en lucha. Es la lucha lo que tiene unos efectos insoslayables, pero los contrincantes son los faltos de definición en la expresión de sus tesis (y no solo nos referimos a las que vierte en los escritos sobre España, sino en todos los que articulan su doctrina). No estamos negando la «lucha de «clases», lo que queremos sacar a la luz es su complejidad, sobre todo por situarla en la cúspide del cambio histórico pues esas clases sin definición se desdibujan respecto del que sí es motor de las transformaciones que se han dado y se dan, de la dialéctica de imperios.

Los argumentos de Agustín Príncipe, pese a ser tan relamidos, no por ello debemos dejar de tenerlos muy en cuenta. Sobre todo, pensando en que no es el único que tenía ese punto de vista respecto de la figura de Espartero. Tal punto de vista era el soberano entre políticos liberales progresistas y el común de los mortales españoles de la época. Además, los liberales precisaban de un líder que fuera capaz de llevar adelante un programa muy difícil de llevar a cabo, debido a la falta de acuerdo que, en la mayor parte de las ocasiones, se daba en las filas del progresismo. Frente a las opiniones de los anteriores tenemos las de Marx, que denuesta el papel político de Espartero pese a que era el más firme abanderado de las transformaciones que el materialismo histórico dictaba[70]:

> *¿Cómo Espartero pudo convertirse nuevamente en el salvador de la patria y en la «espada de la revolución», como ahora le llaman?* (…) El Espartero que entró triunfalmente en Madrid el 28 de julio no era un ser real, sino un fantasma, un nombre, un recuerdo[71] (Marx, 1929, *págs.* 55-56).

2.6.4. El regreso del héroe

Marx incide en que los moderados que gobernaron tras la marcha de Espartero a Londres, tuvieron unas dificultades del mismo calado que el exiliado. O sea, que eran tan nefastos políticamente como Espartero, pero de un modo mucho menos agresivo, teniendo en cuenta que serían los oponentes políticos que la burguesía liberal tendría que derrocar, por ser los azotes del «pueblo»: A Narváez lo califica de dictador, de «César», a

70 Es pertinente señalar que el término «materialismo histórico», con el que nos referimos a la «filosofía de Marx», no fue acuñado por él sino por su epígono ruso Jorge Plejanov.

71 «El 28 de julio de 1854 entraba Espartero nuevamente en Madrid, con la aureola de general salvador de la nación. Espartero dispuso que fuera llamado O'Donnell para formar Gobierno con él. O'Donnell había sido el alma del alzamiento contra el Gobierno del conde de San Luis (Sartorius); él había lanzado, el 7 de julio, el famoso manifiesto de Manzanares, redactado por Cánovas. El Gabinete Sartorius cayó, sucediéndole otro presidido nominalmente por el duque de Rivas, pero cuyo verdadero presidente era el general Córdoba, Gobierno que no pudo atajar la revolución que había estallado en Madrid desde el 17 de julio, y durante la cual los amotinados asaltaron el palacio de María Cristina y los domicilios particulares de los más significados del Gobierno anterior, entre ellos de Sartorius, Collantes y Salamanca.

veces de «moderado estrepitoso», pero comparativamente con el trato que le da a Espartero, casi podríamos afirmar que Marx se decanta por el «favorito» de la anterior regente, que como él y sus correligionarios moderados, quería aferrarse al ideario del Antiguo Régimen.

El caso es que «el mal gobierno moderado» provocó que, en menos de una década, tuviera que volver Espartero del exilio inglés. Siendo efusivamente aclamado en su regreso. Atendamos a lo que nos dice Artiles en nota a pie de página (limando, con sutileza, los desatinos de Marx), pues de ese modo nos saltará a la vista el agravio que Marx lleva a cabo respecto de Espartero en comparación con el trato dado al moderado Narváez. Para entender los porqués del tratamiento que da Marx a Espartero será preciso atender a los escritos posteriores traducidos por Andrés Nin, pues saltará a la vista —del lector que esté dispuesto a captarlo— lo que venimos denunciando desde el principio, que la perspectiva desde la que Marx está escribiendo sobre la España de su época, es la de la Leyenda Negra. Una perspectiva que se expresa como crítica demoledora de lo que fue y era España en esos años (y lo será después, hasta hoy día), y que encontramos constantemente ejercitada página tras página.

Es incontestable que Espartero no lo tuvo fácil, a la vez que no podemos negar que estuvo a la altura de los políticos de la época (discúlpesenos la ironía, pero con solo atender a lo que leímos en el escrito del general García Camba se justifica). Ninguno de estos políticos consiguió parar el declive del Imperio, que por otra parte era de esperar que ocurriera, pues los imperios no se forjan para ser eternos, sino que duran lo que les permiten durar los imperialismos que se les oponen.

Con todo y con ello, seguimos sin aceptar el tratamiento que Marx da a los españoles, aunque estos sean los que él mismo califica de «burguesía revolucionaria», y menos al que fue su máximo representante. Marx lo desprecia en cada párrafo que nos regala. Párrafos en los que comprobamos como trastoca los hechos y sus fechas, para pintar un retrato negativo de la España de esos días, con el que el lector neoyorquino haga su composición (falseada por la maledicencia de Marx). Y no solo ese lector, sino cualquiera que acudiera a las editoriales del *Tribune*. Que no eran pocos, entre unos lectores y otros, ya que ese diario era el de mayor tirada del mundo en esos días, y no solo se distribuía en Nueva York y en el resto de los Estados Unidos, sino que traspasaba sus fronteras.

Marx nos dibuja un Espartero traidor a sus correligionarios y también al pueblo español. Nos presenta un Espartero solo interesado en el poder, que aprovecha las turbulencias revolucionarias del exterior para conseguir sus propósitos. Pero lo que apuntalan sus invectivas son patrañas. Podemos incidir, por ejemplo, en lo que escribe sobre el opúsculo de Juan Martínez Villergas (*El tío camorra*): «No buscó a la revolución, sino que esperó a que la revolución lo llamase. Fue más allá que Mahoma. Esperó que la montaña fuera hacia él, y la montaña, en efecto, se dirigió a él. Sin embargo, hay que hacer notar una diferencia: cuando estalló la revolución de febrero, a la cual siguió el terremoto general europeo, Espartero, por mediación del Sr. Príncipe y otros amigos, publicó un pequeño folleto titulado *Espartero: su pasado, su presente y su futuro*» (Marx, 1929, pág. 59-60).

Pero esta publicación fue anterior al movimiento revolucionario de París y no posterior, como afirma Marx. Se puede comprobar en la noticia del diario de Madrid *Eco del Comercio*, del viernes 18 de febrero de 1848. Lo que puede ver el lector es el anuncio del diario de esa fecha, que pueden consultar en la Hemeroteca Digital de la Biblioteca Nacional de España:

ESPARTERO.

SU PASADO, SU PRESENTE, SU PORVENIR.

POR

LA REDACCION DEL ESPECTADOR

Y

EL TIO CAMORRA.

Este folleto destinado á rendir un tributo de respetuoso afecto al ilustre pacificador de España, no menos que á dar una idea justa y filosófica de la importancia inherente á su nombre, consta de cinco capítulos cuyos títulos son los siguientes:

1.° De la cuna al Malabar.
2.° Cuatro años de emigracion.
3.° El regreso del proscrito.
4.° Quince dias en Madrid.
5.° Significacion política y porvenir de Espartero.

El capítulo 4.° está escrito en verso, y en variedad de estilo y metros por el *Tio Camorra*.

El folleto en edicion de lujo aparecerá en uno de estos próximos dias. Su tamaño será 8.° mayor prolongado y su precio 5 rs. en Madrid y 6 en provincias. Constará por lo menos de 80 páginas.

Los que quieran suscribirse podrán hacerlo en Madrid en la redaccion de todos los periódicos progresistas: el *Eco del Comercio*, calle del Fomento, núm. 1, cuarto bajo: *Clamor Público*, calle de la Cabeza, núm. 26, cuarto bajo: *Siglo*, plazuela de la Villa, núm. 107: la *Prensa*, calle del Prado, número 4, cuarto principal de la izquierda: *Espectador*, calle de Jardines, núm. 16, cuarto bajo: *Tio Camorra*, Postigo de san Ginés, núm. 3, cuarto principal y en todas las librerías en donde se suscribe á dichos periódicos: y en provincias en casa de los corresponsales del *Espectador* y *Tio Camorra*.

NOTA. Los que se suscriban en Madrid no tendrán que adelantar el precio del folleto, sino que lo abonarán cuando les sea llevado á domicilio: y los de provincias tampoco tendrán necesidad de abonar su importe, sino cuando lo reciban.

Tal tergiversación en las fechas solo puede ser interesada, indigna[72]. Además de que la afirmación de que la edición fue promovida por el propio Espartero es totalmente gratuita. Si en ese texto se alaba su figura es solo el reflejo de un pensar popular que no partidario. Y pese a que esto segundo fuera lo común a todos los que escriben en el opúsculo: «Pero sucede

72 En esa misma página leemos una carta que dice así: «Al ilustre duque de la Victoria y de Morella. Sus amigos políticos del partido progresista de Cuevas de Vera. Cuando después de más de cuatro años de ostracismo regresáis á la patria amada que os vio nacer, y cuando por tan dilatado periodo los liberales, dignos de tal nombre que pertenecen al partido del progreso, han sufrido la amargura, y aun los perjuicios de tan inmerecido destierro, justo será que el día de vuestro regreso ensanche sus corazones, y los llene de regocijo y esperanza, al contemplar que se encuentra entre ellos el mas digno y el superior de sus jefes…». Los sucesos de París se comienzan a narrar más de diez días después, en ese mismo diario: el 29 de febrero del año bisiesto de 1848. Aunque las fechas de la insurrección fueron del 23 al 25 de febrero de 1848. Con seis días de retraso. Esto nos permite señalar también que la notica de la vuelta de Espartero incluso se sabía por algunos mucho antes de que apareciera en prensa.

que la agitación parisina contra Luis Felipe se inicia tras los banquetes organizados para el día 22 de febrero, que habían de conducir a proclamar la Segunda República Francesa el día 25 de febrero de 1848, una semana después del anuncio de este opúsculo. Un opúsculo que se difundía desde Madrid, por tanto, poco antes también del comienzo de la distribución desde Londres, el 21 de febrero de 1848, anónimo y en alemán, del *Manifest der kommunistischen Partei*, encargado por la Liga de los Comunistas a Marx y Engels»[73].

El tratamiento deferencial que recibió Espartero en Inglaterra es tomado muy en serio por parte de Marx, pero para hacer chanza del mismo. Cuatro años duró el destierro de Espartero en ese país enemigo de los intereses de España desde hacía siglos. Pese a ello, Espartero se aprovechó de su ganado prestigio para recabar en él, tras el fracaso que supuso el periodo de regencia que protagonizó. La situación de Espartero nos trae a la memoria sucesos similares que se dieron en el pasado. El más famoso, aunque muy lejano en el tiempo, fue el de Alcibíades, un famoso político ateniense discípulo aventajado de Sócrates, que como mandatario de Atenas no se caracterizó por sus triunfos guerreros, sino todo lo contrario. Tras su fracaso en la toma de una rica ciudad de Sicilia, que provocó una derrota sin paliativos gracias al concurso de Esparta, que era aliada de los sicilianos, Alcibíades hubo de exiliarse en Esparta. Entre Alcibíades y Espartero muchos otros militares-políticos han pasado por circunstancias similares. Ramón Girón —uno de los cinco autores compilados en el opúsculo editado por *El tío camorra* en el diario *El Espectador* escribe ahí

73 Citado a partir del artículo que el *Proyecto de Filosofía en Español* (filosfía.org) dedica a esta obra: http://filosofia.org/his/1848espa.htm. En esa página podemos también leer la noticia del *Eco del comercio* que hemos mencionado, para con ello corroborar las fechas mencionadas, y con ello demostrar que las afirmaciones de Marx eran infundadas y dirigidas a desprestigiar al político liberal progresista por antonomasia.

el texto titulado *Cuatro años de emigración*— compara, lo que le estaba sucediendo a Espartero, con la figura de Napoleón: «Espartero cayó, pero en nada por esto se rebajó su fama; verdad es que todas las revoluciones del mundo no hubieran sido capaces de hundir en la oscuridad al hombre colocado por sus hazañas al nivel de las más altas notabilidades de la época. Napoleón en Santa Elena, era el grande hombre que había hecho estremecer al mundo con su espada; Espartero tenía que ser en la emigración el hombre valeroso a quien las victorias habían abierto un camino de triunfo hasta el supremo poder».

Tras esos cuatro años, mencionados como «emigración» por Girón, la reina Isabel lo mandó llamar, nombrándolo senador, algo que Marx aprovecha para seguir devaluando su valía. Algo para lo que aprovechaba su magistral uso de la ironía: «A fines de 1846 los desterrados españoles fueron de nuevo llamados al país y, por decreto de la reina Isabel, Espartero fue nombrado senador. Pero éste no podía salir de Inglaterra mientras la reina Victoria no le invitara a él y a la duquesa a su mesa y no le concediera el especial honor de convidarle a pasar una noche en el palacio de Windsor».

Más adelante, Marx hace una comparación de Espartero con la figura de ficción más importante de la literatura mundial, con Don Quijote. Pero la hace con el desacierto habitual: «Espartero nació en Granátula de la Mancha, y, como su célebre coterráneo, tiene una idea fija: la Constitución, y su Dulcinea del Toboso: la reina Isabel» (Marx, 1829, pág. 60). La comparación que hace de Espartero con Don Quijote, dirigida a devaluar la figura de Espartero, solo atiende a una consideración negativa de lo que representa Don Quijote. Marx ve, en ese personaje de ficción por antonomasia, a un loco, a un tonto. En absoluto tiene en consideración la relevancia de la obra cervantina, de manera que pudiera expresar algo positivo de lo que era la España del XVII y la de siglos posteriores. No hace la lectura que merece hacerse cuando se lee esta obra de Cervantes.

Y es que la instrumentalización de la idea de Don Quijote es habitual en la literatura marxista. A modo de ejemplo podemos traer a colación una de las obras de Anatolio W. Lunacharsky, que tras la Revolución rusa ocupó el cargo de «comisario del pueblo para la educación» (de 1917 a 1929). La obra a la que nos referimos es de teatro y está escrita en diez actos, y lleva por título *Don Quijote liberado*. En ella Don Quijote, tratado en términos muy similares a los de Marx, aparece como un contravalor de lo que supone el socialismo y la lucha por la emancipación de los hombres.

Al final del texto de Marx sobre Espartero deja de arremeter contra el general, y carga contra la reina Isabel II, que pasará a ser el foco de sus burlas. Marx atiende a un importante suceso de la época. Los personajes protagonistas aquí son la reina y Salustiano Olózaga, que era el presidente del Consejo de Ministros en ese momento. Y acababa de dejar otro cargo, ostentado durante tres meses, el de ser tutor de la reina en su minoría de edad (solo unos pocos días antes del suceso, la reina había cumplido trece años; Olózaga fue su último tutor). El caso es este: Olózaga había presentado a la reina una serie de documentos, entre los que se incluía un decreto por el que la monarca le capacitaba para disolver las cortes, que la reina firmó. Las presiones políticas que la reina tuvo que soportar tras la firma del documento, le hicieron incluso denunciar a su ex tutor, diciendo que le había hecho firmar el decreto con malas artes[74]. Aunque el asunto ameritaría dedicarle algunos párrafos más, no lo vamos a hacer, ya que solo queremos incidir en la afirmación con que Marx concluye la narración del suceso: «De este modo, tomando como base la declaración solemne de la reina, Olózaga debía ser juzgado como reo del delito de lesa

74 Mucho se ha escrito sobre ello. Incluso el Conde de Romanones, que nació bastante después de este suceso, escribió sobre él, titulando su obra de este modo: *Un drama político. Isabel II y Olózaga*.

majestad y descuartizado, o, en el mejor de los casos, desterrado a perpetuidad a las islas Filipinas» (Marx, 1929, pág. 63).

Marx aprovecha la caída en desgracia del ministro Olózaga para seguir con mentiras e invectivas. No vamos a negar *in toto* que las argucias de los enemigos políticos moderados de este ministro no tuvieran como comparsa a una bisoña reina, que se dejó influir por ellos. Lo que es pertinente denunciar son las mentiras de las que se hace eco, para sus turbios intereses. Mentiras, que incluso pudieran ser, en algún caso, de su propia cosecha. Esta es una de las múltiples veces que aparece el autor negrolegendario que aquí estamos describiendo.

Vamos a fijarnos en la asombrosa afirmación que hace Marx en ese párrafo citado: «(...) Olózaga debía ser juzgado como reo del delito de lesa majestad y descuartizado (...)» Después de mucho investigar no hemos podido dar con la fuente de tal aseveración. Pese a ello, lo que aquí no podemos dejar de señalar es que si leyó en algún sitio lo que aquí se afirma, desde luego que no se molestó en corroborarlo. Estamos por pensar que no es una «ocurrencia» suya por lo que hemos denunciado tantas veces a lo largo de estas páginas: que las fuentes de Marx son en su mayoría negrolegendarias.

En España el descuartizamiento nunca fue una práctica habitual para condenas capitales. Ni en la España tardo medieval no hay ningún caso datado de descuartizamiento que sepamos. Solo tenemos el dato, derivado de una «Pragmática» de Felipe IV, en la que se precisa que los salteadores de caminos, tras ser condenados y, en su caso, ejecutados, serán después descuartizados (de ese modo se pretendía disuadir a otros bandoleros). En los territorios ultramarinos de España, hay datado un caso de descuartizamiento, en el Virreinato de Perú. Se llevó a cabo en la Plaza de Armas de la ciudad de Cuzco, cuando se ajustició en 1781 a Túpac Amaru II. De la España de esos años tenemos posibilidad de conocer las sentencias ejecutadas, pues hay registro de ellas. Eso no sucedía en otros lugares de

Europa (de lugares más alejados nada vamos a decir), de ahí que precisaran acuciantemente una «ilustración». Que precisaran del advenimiento de lo que en Francia se llamaron «las luces»[75]. En Francia, en Inglaterra y otros muchos lugares del norte de Europa, el grado de civilización, de racionalidad, que había alcanzado el Imperio español, tardo muchísimas décadas en llegar. De ahí también la conocida afirmación de Gustavo Bueno: «En España nunca hizo falta una Ilustración».

Otro ejemplo añadido, para desmentir lo afirmado por Marx, que implicaba que en España imperaba la barbarie. De marea mendaz se ha dicho que a Rafael de Riego lo descuartizaron tras ser juzgado y ejecutado. Por ejemplo, en Internet encontramos un artículo de Ernesto Burgos en el que tergiversa los datos conocidos: «En el juicio, en el que no hubo lugar para la defensa, el requerimiento del fiscal había pedido que, dada la naturaleza del delito, un crimen de lesa majestad, tras el suplicio, las posesiones de Rafael del Riego, debían ser confiscadas en provecho del pueblo y su cuerpo descuartizado, de modo que su cabeza quedase expuesta en Cabezas de San Juan y su cuerpo se partiese en cuatro, llevando una parte a Sevilla, otra a la isla de León, la tercera a Málaga y la cuarta quedase expuesta en Madrid. Así se querían recordar los lugares en los que había prendido la revolución»[76].

Pero tal decapitación nunca se dio. Benito Pérez Galdós recoge en uno de sus *Episodios Nacionales*, el titulado «*El terror de 1824*», lo que, según nos dice, afirmó el fiscal del juicio (no sabemos si será fruto de pesquisas realizadas por Galdós para narrar la historia o fruto de su fabulación). Leemos en el Episodio que el «exaltado fiscal», en el juicio sumarísimo al por entonces capitán general, solicitó que su cuerpo fuera

75 Afirmación adecuada a la idea de san Agustín de «iluminación»; en su caso derivada de Dios y en caso francés, del XVIII, de la razón humana.

76 https://www.lne.es/cuencas/2012/01/17/riego-cayo-desgracia/1185025.html

descuartizado tras ser ahorcado. Dejando de lado lo que pedía el fiscal según Galdós, nos fijaremos en lo que escribe después: que el 7 de noviembre de 1927 Riego fue muerto por ahorcamiento, siendo decapitado tras la muerte (aunque quizá por el hecho de no ser considerado un plebeyo, pues a estos nunca se les decapitaba[77]). Galdós así lo narra. Francisco Tuero Bertrand se hace eco de ello en su libro *Riego. Proceso a un liberal*. Tuero señala que los que afirman el descuartizamiento de Riego son «historiadores poco rigurosos» (Tuero, *Riego. Proceso a un liberal*, pág. 83). Entre ellos deberemos incluir al señalado previamente: Ernesto Burgos.

Riego fue ahorcado, como sucedía con los que no eran de noble cuna, esa fue la venganza que Fernando VII le infirió. Y antes de ser ahorcado, lo arrastraron hasta el patíbulo, pero dentro de un serón. Con ello se le llenó de ignominia, una suerte de tortura psicológica si se quiere, muy cercana a la derivada también de la privación de libertad previa, sí, pero no fue la tortura física que se producía en otras sociedades al norte de España, a las que podríamos señalar como bárbaras y con necesidad de «ilustración».

Así pues, conocemos que en Francia —pese al encubrimiento habitual que suelen hacer de su historia cuando puede derivar en desprestigio— se dieron muchos descuartizamientos de condenados. Antes de la ejecución con arrastre previo, además de otras «exquisiteces» relacionadas con inferirle tortura. Casos muy sonados fueron los de tres regicidas. La crueldad de los casos no ha permitido que quedaran velados por los intereses señalados: el primero fue Jacques Clément, en

77 Respecto de esta costumbre diferenciadora, reconocemos que la Revolución francesa trajo igualdad al menos en un aspecto: la guillotina cortaba la cabeza de un rey igual que lo podía hacer con un mendigo.

1589, que asesinó a Enrique III; el segundo, François Ravaillac (1610), que hizo lo mismo con su sucesor Enrique IV; y, por último, Robert François Damiens (1757), aunque este solo por atentar contra Luis XV, sin que el regicidio se consumara. Michel Foucault comienza así su famoso libro *Vigilar y castigar* citando la narración de esta ejecución que hace la *Gazette d'Amsterdam*, el 1 de abril de 1757:

> Damiens fue condenado, el 2 de marzo de 1757, a «pública retractación ante la puerta principal de la iglesia de París», adonde debía ser «llevado y conducido en una carreta, desnudo, en camisa, con un hacha de cera encendida de dos libras de peso en la mano»; después, «en dicha carreta, a la plaza de Grève, y sobre un cadalso que allí habrá sido levantado [deberán serle] atenaceadas las tetillas, brazos, muslos y pantorrillas, y su mano derecha, asido en ésta el cuchillo con que cometió dicho parricidio, quemada con fuego de azufre, y sobre las partes atenaceadas se le verterá plomo derretido, aceite hirviendo, pez resina ardiente, cera y azufre fundidos juntamente, y a continuación, su cuerpo estirado y desmembrado por cuatro caballos y sus miembros y tronco consumidos en el fuego, reducidos a cenizas y sus cenizas arrojadas al viento».

Además de Francia, eran habituales estas ejecuciones en Inglaterra. En Inglaterra se cuentan por miles las condenas capitales que incluían el descuartizamiento (la descripción que vamos a hacer es similar a la práctica llevada a cabo por los esteparios hunos, cuando castigaban a los enemigos derrotados, fueran romanos, godos, alanos, o cualesquier otros). El rito habitual comenzaba por el desplazamiento hasta el lugar de ejecución. Esto solía hacerse arrastrándolo por la tierra, tirado por unos caballos (muy diferente al «arrastre» realizado en la persona de Riego, que no se dio, como hemos señalado, pues fue llevado al patíbulo sobre un serón). Después de ser arrastrado por la tierra, el reo era colgado, pero sin que llegara a morir. Tras eso se la abría el abdomen y se la sacaban las entrañas. Luego se les quemaban los ojos, se le cortaban los genitales y la cabeza, y se procedía a dividir el cuerpo en cuatro partes (de ahí el término «descuartizar»), para exhibir, cada una de estas partes, en diferentes puntos del lugar, y así disuadir a futuros.

Como podemos comprobar estos métodos eran variados. El de los ingleses era diferente al de los franceses, tal y como hemos comprobado al atender a la narración de Foucault. Señalaremos que durante los siglos XVI y XVII fueron descuartizados en Inglaterra, según el ritual señalado, cientos de católicos (ser sacerdote católico o prestar ayuda a un sacerdote católico se convirtió en un acto considerado como delito de alta traición ya durante el reinado de Isabel I, la hija de Enrique VIII, que fue el promotor de tal persecución). Las ejecuciones se llevaban a cabo sobre todo en Tyburn, lugar de infausta denominación por ser conocido precisamente por esas ejecuciones. Las de los sacerdotes católicos, y de algunos que los defendieron, son las que peor fama le depararon, dado el salvajismo y el gran número que por tal motivo se dieron.

Concluiremos este comentario al artículo que sobre Espartero escribió Marx en el *New York Daily Tribune*, denunciando nuevamente que al fijarse en ese personaje histórico para nosotros, y coetáneo suyo, lejos de señalar los múltiples valores demostrados a lo largo del siglo XIX, que fueron reconocidos por sus amigos, pero también por sus enemigos (que le dieron una fama que traspasó las fronteras españolas), lo que leemos es una continua lista de insultos y descalificaciones. Marx denuesta toda su labor, tanto la militar como la política. Su crítica era destructora de la personalidad de Espartero, pero a la vez destructora de cualquier bondad de la España que refleja. Pero no porque España dejara de ser en el siglo XIX un modelo de nación, sino porque para Marx, España fue siempre una aberración histórica. Esta afirmación que hacemos no es gratuita, como hemos visto hasta ahora y seguiremos viendo, pues, a los argumentos dados le seguirán otros, como se podrá comprobar.

2.6.5. Coda a este epígrafe

Hoy, Marx se muestra de un modo diáfano como el autor negrolegendario que estamos denunciando, sobre todo debido a que la lectura de sus textos sobre España está viva, es del interés de muchos: sus textos se editan y reeditan sin cesar, y también pueden leerse por Internet, en muchas páginas gratuitas de grupos y grupúsculos marxistas. Este último dato es el más relevante para no retractarnos de nuestra aseveración, y pese a que al dato sobre su consulta y descarga solo tengan acceso los grupos mencionados.

2.7. LA LUCHA DE CLASES SOLO TIENE SENTIDO POR ESTAR INMERSA EN LA DIALÉCTICA DE IMPERIOS

Marx —como Lenin, o como Stalin— estaba errado en muchos de sus diagnósticos referidos al futuro de la política a nivel mundial. Tanto Marx como los otros mencionados habían errado en sus propuestas doctrinales por partir de algo que ya hemos denunciado aquí, de una concepción de la Historia que asegura que el motor que la dirige es la lucha de clases. En las páginas previas ya hemos dado razones de porque consideramos que esté motor de la historia considerado por Marx y los marxistas es subsidiario del que efectivamente procura las transformaciones: la dialéctica de Imperios. Lo que hasta ahora hemos denunciado tiene la referencia de los estudios de Marx sobre España: los sucesos de su presente, pero también otros de su historia, los acaecidos, y que a Marx le parecen relevantes, desde el siglo XV hasta ese momento. Hemos atendido ya al desprecio y la socarronería con que Marx trata los asuntos españoles y sus protagonistas. ¿Por qué lo hace del modo que hemos criticado?

Hemos mencionado, de cara a responder a esta pregunta, que la ideología ambiente, en la que Marx se desarrolló intelectualmente, es la del germanismo supremacista, que veía en lo germano una superioridad frente a otras razas, incluidas las que no eran arias pese a ser blancas: las del sur de Europa. Razas —en el siglo XIX las connotaciones negativas actuales del término no existían— que se habían mezclado con otras, sobre todo la de los moros. Y España en eso se llevaba la palma. No en vano, el origen de las ideas negrolegendarias tenía como argumento esa mezcla racial, derivada de que, en el territorio peninsular, habían cohabitado —en un enfrentamiento casi constante— moros y cristianos, en compañía de judíos que habían llegado tras su diáspora. Pese al enfrentamiento y la diferencia cultural desde luego que en los reinos de la península se dio el mestizaje. Una mezcolanza que tenía buen predicamento dado el ideario cristiano, que veía a todos los hombres como iguales. Lo que resulta chocante es que la crítica al mestizaje comenzara en el sur de la actual Italia, que también era cristiana. Solo puede entenderse por la lógica de los vencidos, pues esos lugares, en el momento en el que se expresaban las dislocadas afirmaciones para desprestigiar con ellas a los vencedores, y, que son el germen de la Leyenda Negra, pertenecían, por conquista, a Aragón. Posteriormente, en ese mismo sentido, afirmaciones similares se dieron donde fue triunfando la Reforma. Esta vertiente del cristianismo no estaba de acuerdo con el modo de entender al ser humano que promovió el catolicismo español y su Imperio. Marx nació en uno de esos lugares, en la actual Alemania, y, pese a pertenecer a uno de esos grupos humanos que devaluaron la «raza» de los que habitaban la península ibérica, y no a los caucásicos, o arios, parece ser que asimiló —a lo dicho previamente nos remitimos— el ideario supremacista que fue creciendo y consolidándose en el germanismo.

La animadversión que Marx muestra en sus escritos sobre España se muestra más clara todavía si comparamos estos textos de Marx con los dedicados a analizar y criticar la Francia revolucionaria, de los que podemos destacar: *La guerra civil en Francia*, *Las luchas de clase en Francia*, *El dieciocho brumario de Luis Bonaparte* o *Manifiesto del Consejo General de la Asociación Internacional de los Trabajadores sobre la guerra civil en Francia en 1871*. En ellos no se aprecia un ataque sistemático a los responsables políticos. Solo cuando se refiere a Luis Bonaparte[78] le dedica unos calificativos de descrédito. Y no lo hace en el texto original sino en el Prólogo a la segunda edición, para, con ello, contrastar la relevancia con que describían la personalidad del rey algunos escritores. Uno de ellos era Víctor Hugo. Eso había hecho en su obra *Napoleón el Pequeño*. Y otro, Pedro J. Proudhon, en *Coup d'Etat*. En algún aspecto este último no se aleja, sino que se muestra partidario, de las razones que llevaron a ese «golpe de Estado», el que puso en el poder a Luis Napoleón.

El que yerra es Marx, que sin separarse de su ideario doctrinal asegura que Proudhon convierte a Luis Napoleón «en una apología histórica del héroe del golpe de Estado. Cae con ello en el defecto de nuestros pretendidos historiadores objetivos. Yo, por el contrario, demuestro cómo la lucha de clases creó en Francia las circunstancias y las condiciones que permitieron a un personaje mediocre y grotesco representar el papel de héroe» (Marx, *El dieciocho brumario de Luis Bonaparte*, pág. 236). Solo aquí encontramos una descalificación directa de un protagonista de ese nuevo periodo revolucionario Francés. Si Marx expresa tal diferencia de perspectiva, en el tratamiento que dedica a España respecto de Francia, es por estar inmerso en el discurso negrolegendario, al que se le suma el modo supremacista que estaba consolidándose en la época, y que elevaba

78 Que se convertirá en Napoleón III y consolidara el efímero, pese a ser el más consolidado, Segundo Imperio

en dignidad antropológica a los hombres que en ese momento de la historia vivían en el norte de Europa en contraste con la mezcolanza racial de los habitantes del sur.[79]

Estas razones, que nosotros consideramos aquí, pueden ser aceptadas por el lector o puestas en cuestión, pero no por esto segundo vamos a dejar de señalarlas. Y una vez que lo hemos hecho, pasamos a retomar lo que directamente nos pide el título de este apartado y que tiene que ver con cuestiones que hemos ido desgranando en las páginas anteriores, y que ahora vamos a tratar más directamente. El asunto titular de este apartado se fija en la eficacia que pudiera tener la lucha de clases defendida por Marx para el cambio histórico. Eficacia que nosotros no negamos, pero que relegamos a un lugar secundario. Nuestra tesis es que su influencia en el desarrollo histórico es subsidiaria de otra «lucha», la implicada en lo que Gustavo Bueno denomino «dialéctica de Imperios».

Esta dialéctica es considerada por Marx pero a la inversa del planteamiento que nosotros defendemos. La tiene en cuenta sin considerar que su influencia tenga papel alguno. Reconoce que en Europa se da una confrontación de intereses políticos y que España, situada en un lugar central de tales conflictos, sin embargo juega un papel insignificante. De esto podemos darnos cuenta cuando indirectamente nos lo dice al señalar en lo que Espartero representa y en el trato que dan los ingleses

---

79 Remitimos al capítulo III de ¿Es Estados Unidos un país racista?, en el que se incide en las tesis defendidas, en años previos a la construcción doctrinal de Marx, por autores como Carlos Linneo, Jorge Luis Leclerc de Buffon, Johann F. Blumenbach. En los mismos años que Marx escribía sobre la debilidad moral de los españoles, las tesis a considerar, y que Marx no podía dejar de hacerse eco de ellas, eran las de Friedrich Max Müller, Joseph Arthur (conde de Gobineau). Después de Marx, el supremacismo germano (ario) se expresó por parte de autores como Houston S. Chamberlain o John W. Burgess. Ideas que fomentaron las prácticas darwinistas sociales, expresadas por Thomas Huxley o Herbert Spencer, y llevadas a la práctica en un primer momento por el famoso primo de Carlos Darwin, Francis Galton.

cuando hubo de exiliarse. Marx asegura que los ingleses tienen razones para encumbrarlo como lo hacen:

> La verdad es, a juicio nuestro, que esta aureola tejida en torno de la figura de Espartero guardaba cierta relación con el supuesto de que él había sido y seguía siendo el representante de los intereses británicos en España. Y no es menos verdad que las manifestaciones en honor de Espartero fueron en cierto modo manifestaciones contra Luis Felipe (Marx y Engels, 1974, p*ág*.87)[80].

El modo de entender el decurso de la Historia por parte de Marx no era el adecuado. Lo que está claro es que si ponemos como motor de la historia la dialéctica de Estados, de Imperios, y dejamos a un lado la que se da entre las clases diferenciadas que componen el organigrama social de unos y otros, la primera es la que está capacitada para generar cambios históricos, y la segunda no. La lucha de clases sigue siendo un motor, pero no «el motor». Situada esta lucha como motor primero es imposible entender el papel de la dialéctica entre Estados, sin embargo, si le damos la vuelta a, y ponemos en primer lugar a esta, sí puede entenderse el mecanismo de la lucha de clases. La potencia transformadora de la dialéctica de Imperios, incorpora a la otra, pero no puede suceder viceversa. Por eso Marx no acierta a dar la relevancia que tienen los gobiernos en confrontación. Por todo ello es por lo que no nos tomamos en serio lo que dice Marx, más que en su justa medida.

80 Artiles incide en que la revolución francesa de 1848, la que hemos mencionado (a ella se refiere Marx en los textos citados previamente), es la que puso en el trono a Luis Felipe. Y además apunta algo también relevante en lo que Marx no tiene en consideración, que cuando Espartero huye, Narváez que en connivencia con los intereses de Isabel II, expulso al embajador de Inglaterra, además de que «envió tropas en socorro del papa Pío IX, refugiado en Gaeta después del asesinato del presidente del Consejo, Rossi» (Marx, 1929, pág. 58; nota 13).

Las tesis de Marx relacionadas con la lucha de clases se adecuan a otro error de bulto en el que ya hemos incidido: el de afirmar que la historia, como pasa en la física o en otras ciencias de la que denominamos positivas, discurre necesariamente hacia una meta única. Una marcha inquebrantable con fin en la libertad del ser humano. Esta concepción es errónea, sus supuestos son gratuitos, indemostrables. Además tenemos el ejemplo que la misma historia ha puesto ante nosotros: Durante más de siete décadas del siglo XX, desde 1917 hasta 1991, se puso en práctica ese ideario marxista en lo que fue la Unión de Repúblicas Socialistas Soviéticas. Su debacle nos ha enseñado que esa puesta en práctica acabo con las tesis originales, las hizo papilla. La Unión Soviética, el proyecto más grande de la doctrina marxista, lejos de llevar al ser humano a su emancipación, tal y como afirmaban las leyes de la historia del marxismo, fue un auténtico fracaso. La Unión Soviética fue un gigante con los pies de barro. Si se nos permite apoyarnos en el ejemplo bíblico, y por lo mismo legendario, del Libro de Daniel que podemos leer en la Biblia.

La doctrina adecuada a la explicación de los cambios históricos nos señala el contante choque de instituciones. Entre esas instituciones están algunas de las más importantes, los Estados (las clases sociales están presentes en ese marco). Unos Estados a veces conformados como imperios: es la dialéctica de estos últimos el motor de la Historia. El Imperio español en decadencia y el inglés en auge tenían un papel importante en el principio del siglo XIX. Los intereses de ambos chocaron entre sí, aunque a veces, en una interesada unión, enfrentados contra otros imperialismos. Nos referimos al enfrentamiento de ambos con el Imperio napoleónico. Como hemos podido comprobar tras la lectura de los textos de Marx sobre España, el autor de estos, lo entrevió, pero no le dio la relevancia que tenía. De ahí que su análisis no fuera en absoluto certero. Lo relevante siempre, lo que cambia la Historia es la confrontación entre Estados, entre imperialismos:

> (…) la concepción escolar de la nación política española como fruto de las Cortes de Cádiz, madurada en el curso del siglo XIX, a partir de la guerra de la Independencia, se dibujaba como una perspectiva errónea. La guerra de la Independencia contra los franceses no tenía por qué verse como un conflicto territorial entre dos Estados vecinos, el español y el francés, sino como un choque de tres o más Imperios continentales (un choque que podría verse a la manera como tienen lugar los choques o roces de las placas tectónicas terrestres). Inglaterra contra Francia, Francia (el Imperio napoleónico) contra España, y de resultas la alianza entre el Imperio español y el Imperio inglés, &c. (Gustavo Bueno, *Comunismo como idea fuerza*, El Catoblepas 143).

Gustavo Bueno sacó a la luz esta gran anomalía del materialismo histórico. Una anomalía tan grande, que podemos considerar que, tras la caída del bloque del Este, la doctrina de Marx deja de tener sentido, dado que se ha demostrado, tal como hemos señalado, en primer lugar, inaplicable en el modo de plantearse en un primer momento (ya hemos señalado que en Inglaterra no se dio ninguna revolución, pese a que Marx estaba convencido que sucedería, dado el desarrollo de las fuerzas productivas que allí se observaba), y en segundo lugar, inoperante, pues se ha derrumbado totalmente en muy pocos años. El ejemplo señalado antes es el de la URSS, pero lo mismo sucedió con otras puestas en práctica de otros desarrollos del marxismo, como es el caso de China, Camboya, Vietnam, Corea, etc. (además, ninguno de los países en los que triunfó el comunismo lo hizo mediante una revolución de clase):

> De modo que el supuesto proceso revolucionario universal que se tenía que estar produciendo, sin embargo conduce

> hacia su definitiva caída y desfallecimiento. Las razones que podemos aducir aquí serán expuestas necesariamente de un modo muy general. Primero, porque la revolución comunista está pensada para el proletariado universal, es decir, para economías políticas industriales con una escala comercial mundial, global, y por tanto, para sociedades cuya conciencia de clase supone el conjunto de los trabajadores (hombres alienados). Sin embargo, ninguna revolución comunista ha sido obrera; todas se han dado en regímenes agrarios, lo que se ha tratado de explicar o asumir de diversos modos. Segundo, porque las revoluciones comunistas no se han dado desde la lucha de clases, sino que se han dado desde la lucha de Estados o Imperios (Luis Carlos Martín Jiménez, *La implantación política de la filosofía alemana*, pág. 91).

Como hemos comprobado, Gustavo Bueno compara la dialéctica de Imperios con lo que conocemos como tectónica de placas. El periodo de la historia española tratado por Max en su compendio de nueve artículos *La revolución en España* recorre el periodo que va desde la unificación española de los Reyes Católicos hasta mediados del siglo XIX. Los avatares recogidos por él permiten que el lector se percate del conflicto de intereses imperialistas, pese a que Marx no dé a ello la relevancia debida. Cualquiera puede darse cuenta de que España es una de esas placas tectónicas, mientras que las otras son el Imperio inglés, el pujante Imperio francés, el holandés..., sin menosprecio de los situados más al oriente europeo, incidiendo —dada la relevancia que tuvo— el de la Rusia zarista, en esos años la mayor representante del Antiguo Régimen. Rusia mostraba una gran preocupación, según señala el mismo Marx, en la situación revolucionaria española, por sus intereses estratégicos de confrontación con el poder liberal cada vez más extendido en Europa: «Hemos presentado ya a nuestros lectores una visión de conjunto de los albores de la historia revolucionaria de España, como medio para comprender y estimar en su justo valor los elementos de desarrollo que esta nación ofrece ahora a la observación del mundo» (Marx y Engels, 1974, pág. 14)[81]. Como vemos, el acento no está puesto en la confrontación de intereses estatales, sino que lo que ocurre en España servirá de modelo para confrontación interna, de clases, en el seno de cada Estado. Planteamiento constante en todo lo que nos dice, como vamos a seguir comprobando.

En el segundo periodo revolucionario, el del levantamiento de Riego, también encuentra Marx intereses rusos, además de norteamericanos y franceses. Se dibujan con precisión los movimientos de esas placas tectónicas mencionadas, que para Marx son meras notas en blanco, en la sinfonía de la dialéctica de clases:

> En nuestros días, algunos escritores ingleses, aludiendo expresamente a la actual revolución española, han afirmado, por una parte, que el movimiento de 1820 no fue más que una conspiración militar y, por otra, que se redujo a una intriga rusa. Ambas afirmaciones son igualmente ridículas... En cuanto a la intriga rusa, no puede negarse que la mano de Rusia

81 Marx da las razones de esta relevancia:

«La causa efectiva de todo ello (se refiere a la ocupación francesa del territorio español) fue puesta quizá por primera vez de manifiesto en el tratado de Tilsit, firmado el 7 de julio de 1807 y que se dice haber sido completado por un convenio secreto que suscribieron el príncipe Kurakin y Talleyrand. El tratado se insertó en la Gaceta de Madrid de 25 de agosto de 1812, y estipulaba, entre otras cosas, lo siguiente:

Art. 1. Rusia tomará posesión de la Turquía europea y extenderá sus posesiones en Asia tanto como lo considere conveniente.

Art. 2. La dinastía de Borbón en España y la Casa de Braganza en Portugal dejarán de reinar. Príncipes de la Casa Bonaparte recibirán ambas coronas.

Suponiendo que este tratado fuese auténtico —y su autenticidad es apenas discutida incluso en las memorias del rey José Bonaparte, recientemente publicadas—, él habría sido la verdadera razón de la invasión francesa de España en 1808, y las conmociones españolas de aquel tiempo aparecerían ligadas por hilos invisibles a los destinos de Turquía» (Marx y Engels, 1974, pág. 14-15; lo puesto entre paréntesis es nuestro).

anduvo en los asuntos de la revolución española; que ella fue la primera potencia europea que reconoció la Constitución de 1812 por el tratado de Velikie Luki[82], firmado el 20 de julio de 1812; que ella fue la primera en fomentar la revolución de 1820, la primera en denunciarla a Fernando VII, la primera en prender la antorcha de la contrarrevolución en varios puntos de la península y la primera en protestar solemnemente ante Europa contra la revolución y obligar, por último, a Francia a una intervención armada para reprimirla. Monsieur de Tatíschev, el embajador ruso, era sin duda el personaje más destacado de la Corte de Madrid, la cabeza invisible de la camarilla[83]. Había logrado introducir en la Corte a Antonio Ugarte, un pobre diablo de baja estofa, y ponerlo a la cabeza de los frailes y fámulos que, desde su consejillo secreto, manejaban el cetro en nombre de Fernando VII. Por mediación de Tatíschev, Ugarte fue nombrado director general de las expediciones contra América del Sur; y, por mediación de Ugarte, se designó al duque de San Fernando ministro de Estado y presidente del Consejo. Ugarte sirvió de intermediario para la adquisición de buques inservibles en Rusia con destino a la expedición a América del Sur, en pago de lo cual se le concedió la Orden de Santa Ana. Ugarte impidió que Fernando VII y su hermano don Carlos se presentaran al ejército en el primer momento de la crisis. Él fue el misterioso causante de la inexplicable pasividad del duque de San Fernando y de las medidas que hicieron decir en París a un liberal español en 1836: «Apenas puede uno resistirse a creer que el Gobierno mismo proporcionó los medios para derribar el orden de cosas existente». Si añadimos el curioso hecho de que el presidente

82 Las ediciones de Progreso a partir de 1974, señalan esto en nota al final (nota 25, pág. 260): El 20 (8) de julio de 1812 se concertó en Velikie Luki un tratado entre el Gobierno ruso y representantes de las Cortes de Cádiz acerca del establecimiento de relaciones amistosas entre Rusia y España, aliadas en la guerra contra la Francia napoleónica, y de reanudación y fomento de las relaciones comerciales entre ambos países.

83 En la Rusia zarista del XIX ya funcionaba un servicio secreto muy bien organizado.

> de los Estados Unidos elogió a Rusia en un mensaje [En nota al final, dicen esto también las ediciones soviéticas: Se trata del conocido mensaje que el presidente de los EE. UU. James Monroe dirigió al Congreso norteamericano el 2 de diciembre de 1823. En él se proclamaba la llamada doctrina Monroe, enfilada contra los atentados de potencias europeas a los países americanos. Posteriormente, los expansionistas norteamericanos aplicaron esta doctrina para implantar la hegemonía de los EE. UU. en el continente americano] por haberle prometido que no toleraría que España se inmiscuyera en las colonias de América del Sur, pocas dudas pueden quedar respecto al papel de Rusia en la revolución española. Pero ¿qué prueba todo esto? ¿Que Rusia produjo la revolución de 1820? De ningún modo; lo único que prueba es que Rusia impidió al Gobierno español oponerle resistencia. Que la revolución habría derribado tarde o temprano la monarquía absoluta y clerical de Fernando VII es cosa probada: primero, por la serie de conspiraciones que se venían sucediendo desde 1814; segundo, por el testimonio del señor de Martignac, el comisario francés que acompañó al duque de Angulema durante la invasión legitimista en España; y tercero, por un testimonio que no cabe rechazar: el del propio Fernando VII (Marx y Engels, *La revolución en España*, 1974, *pág.* 56-57).

Marx continúa haciendo hincapié en los intereses imperialistas rusos en el artículo que escribe el 25 de agosto de 1854, y que vuelve a titularse *La revolución en España*, aunque señalando el papel de Rusia ya en el título[84]. La primera mitad del artículo la utiliza Marx para situar el conflicto de intereses imperiales respecto de la situación que vive España, tras el alzamiento de O'Donell y Dulce en Vicálvaro y las posibles consecuencias que puede tener. Con todo, como podremos leer al final de la

84 En la edición de Progreso, leemos *La revolución española y Rusia*, la edición de Planeta lo traduce como la hace Sacristán, *La revolución española en Rusia*. Sin embargo, la edición de Ribas no menciona a Rusia en el título del artículo.

extensa cita, Marx desecha que las *razones* de Rusia para influir en los sucesos de la España de 1854 tengan influencia en los sucesos. Lo que genera transformaciones son «las contradicciones de clase». Solo ellas son *causa* para Marx del movimiento revolucionario[85]. Citamos la edición de Pedro Ribas de 1998:

> Algunos meses antes de estallar la actual revolución española decía a los lectores que la influencia rusa intentaba provocar una conmoción en España. Para ello Rusia no necesitaba agentes directos. Ahí estaba el *Times*, abogado y amigo del rey Bomba, de la «joven esperanza» de Austria, de Nicolás, de Jorge IV, que se indignaba de repente ante las grandes inmoralidades de la reina Isabel y de la corte española. Ahí estaban, además, los agentes diplomáticos del Gobierno inglés, a los que el ministro Palmerston engañó fácilmente con visiones de una monarquía de los Coburgo en la península (Marx y Engels, 1998, *pág.* 95).

Respecto de ello, sin que Ribas lo tenga en consideración, las ediciones de Progreso aclaraban con una nota lo siguiente: «Se alude al propósito de matrimonio, propugnado en 1845, del príncipe Leopoldo Sachsen-Coburgo-Gotha (primo del príncipe Alberto, esposo de la reina inglesa) y la reina española Isabel II, lo que hubiera consolidado la posición de Inglaterra en la península ibérica. Palmerston, que pasó a ser en 1846 ministro del Exterior, apoyaba por todos los medios este plan, que no llegó a realizarse» (Marx y Engels, 1974, págs. 264-265).

85 Resaltamos los términos «razones» y «causa» para con ello diferenciar la filosofía de la historia del materialismo filosófico respecto del materialismo histórico, pues este último considera la conexión causal en la historia y el filosófico la rechaza: no se puede hablar de «causas» en ningún sentido, pues los gobiernos de los estados tienen «razones», que puestas en marcha son las que pueden transformar el devenir histórico. (Remitimos al artículo de Gustavo Bueno *Entorno a la doctrina filosófica de la causalidad*, publicado en 1992 en la *Revista Meta*).

Por otra parte, en otro artículo publicado unos días antes en el *Daily Tribune*, Marx señalaba que:

> Según el Journal des Débats, se han interceptado en Madrid documentos y cartas que parecen probar indiscutiblemente que la finalidad secreta de los sublevados es declarar vacante el trono, unificar la península ibérica en un solo Estado y ofrecer la corona a don Pedro V, príncipe de Sajonia-Coburgo-Gotha. El solícito interés que el *Times* se toma por la insurrección española y la presencia simultánea del mencionado don Pedro en Inglaterra parecen revelar, en efecto, que hay en juego alguna nueva trapacería de la casa de Coburgo. La Corte está evidentemente muy inquieta, ya que se han intentado todas las combinaciones ministeriales posibles, habiéndose recurrido en vano a Istúriz y Martínez de la Rosa. *El Messager* de Bayonne afirma que el conde de Montemolín salió de Nápoles en cuanto tuvo noticia de la insurrección (Marx y Engels, 1974, *págs*. 75-76).

El papel que las razones políticas de Estados terceros tienen por España, pese a considerarse, es dejado de lado una vez que se atiende a lo que realmente interesa para las transformaciones históricas. Esto lo comprobamos tanto en el discurso de Marx como en el de los traductores y comentadores. No entendemos cómo, después de atender Marx a detalles tan relevantes, relacionados con esos intereses imperialistas, y tras que esos que comentan sus escritos los lean, no se les dé la relevancia que realmente tienen. Los ejemplos señalados hasta ahora no son los únicos, como podemos comprobar:

> Está ya comprobado que fue el embajador británico el que escondió a O'Donnell en su residencia y movió al banquero Collado, actual ministro de Hacienda, a adelantar el dinero requerido por O'Donnell y Dulce para poner en marcha su pronunciamiento. Si alguien duda de que realmente Rusia ha intervenido en los asuntos peninsulares, le recordaré el caso de la Isla de León.

Numerosas tropas fueron concentradas en Cádiz en 1820, destinadas a las colonias suramericanas. Repentinamente, el ejército estacionado en la *isla* se declaró en favor de la Constitución de 1812, y su ejemplo fue seguido por las tropas de otros lugares. Ahora bien, sabemos por Chateaubriand, embajador francés en el Congreso de Verona, que Rusia incitó a España a emprender la expedición a Suramérica y obligó a Francia a emprender la expedición contra España. Sabemos por otro lado, por el mensaje del presidente de Estados Unidos, que Rusia le prometió impedir la expedición contra Suramérica[86]: No hace falta, pues, más que un poco de entendimiento para deducir la autoría de la insurrección de la Isla de León. Pero añadiré otro ejemplo del vivo interés de Rusia por las conmociones de la península española. En su *Historia política de la España moderna*, Barcelona, 1849, el señor de Marliani, para probar que Rusia no tenía motivos para oponerse al movimiento constitucional español, afirma lo siguiente:

> «(...) asoman soldados españoles jurando la Constitución (de 1812) sobre el Neva y recobrando sus banderas de las manos imperiales (...) Napoleón, en su expedición descomunal de Rusia, se había llevado consigo parte de los prisioneros españoles que se hallaban en Francia; se les alistó en una legión particular; y con el descalabro del ejército francés se pasaron al campamento ruso. Alejandro agasajó y aun galanteó a los soldados españoles, pues los acuarteló en Peterhof, sitio imperial, adonde la emperatriz solía ir a visitarlos. El embajador de España en Rusia (...) quiso

---

86 Las aclaraciones históricas que la escueta edición de 1929 había llevado a cabo, y que las de Progreso continúan, aunque en este caso, muchas de ellas sesgadas, dejan de hacerse en las posteriores ediciones. En este párrafo las ediciones soviéticas apuntan en dos notas al final (pág. 265) que el *Congreso de Verona* fue el último Congreso celebrado por la Santa Alianza (1822), y que «el Congreso encomendó al rey Luis XVIII de Francia el envío de tropas para aplastar la revolución en España», además de que en él «se debatió también el problema de la intervención en América Latina». También clarifican, respecto del importante mensaje dado por el Presidente Monroe que con él proclama la famosa doctrina en la que a ya hemos incidido.

> > juramentar las tropas a la Constitución, y Alejandro dispuso que fuera el acto solemnísimo; fue la formación sobre el Neva helado y se clamó el juramento ante la corte toda, tremolando las banderas bordadas por la misma emperatriz. Se apellidó el Cuerpo Imperial Alejandro; costeando el erario su nuevo equipo, y embarcándolo en Cronstadt para España. Aquel cuerpo, atenido a su juramento sobre el Neva, zanjó la cuestión a favor de la Constitución misma, alzándose en Ocaña para su restablecimiento en marzo de 1820».
>
> Rusia intriga en la península a través de Inglaterra, a la vez que denuncia a ésta ante Francia. Así, leemos en la *Nueva Gaceta Prusiana* que Inglaterra ha provocado la revolución española a espaldas de Francia.
>
> ¿Qué interés tiene Rusia en fomentar conmociones en España? Crear división en el Oeste, provocar disensiones entre Francia e Inglaterra y, finalmente, seducir a Francia para que intervenga. Ya nos dice la prensa anglo-rusa que los revolucionarios franceses de junio construyeron las barricadas de Madrid…
>
> *¿Decimos acaso que la revolución española la han hecho los anglo*-rusos? De ninguna manera. Rusia solo apoya movimientos facciosos cuando sabe que una crisis revolucionaria está al caer. Pero el movimiento popular real que comienza entonces, resulta ser tan opuesto a las intrigas de Rusia como a la opresora actuación de su Gobierno. Es lo que sucedió en Valaquia en 1848. Es lo que sucede en España en 1854 (Marx y Engels, 1998, *págs.* 95-97).

Llama también la atención que Marx señale, como algo negativo, que las clases bajas que eligieron a las juntas dieran sobre todo muestras de obediencia. Pero ese modo de ver estaba mediatizado por una idea podo definida de quién debe llevar a cabo la revolución. En el caso de España tendría que ser la burguesía, como en algún párrafo señala con claridad, pero aquí parece que debe ser «el pueblo», al menos parece ser el que debía ver con claridad que los dirigentes serían esas clases medias que para Marx debían llevar el curso de los acontecimientos:

> Las juntas fueron elegidas por sufragio universal; pero «el celo de las clases bajas se manifestó en la obediencia». Generalmente elegían solo a sus superiores naturales: nobles y personas de calidad de la provincia, respaldados por el clero, y rara vez a personalidades de la clase media. El pueblo era tan consciente de su debilidad que limitaba su iniciativa a obligar a las clases altas a la resistencia al invasor sin pretender participar en la dirección de esta resistencia. En Sevilla, por ejemplo, «el pueblo se preocupó, ante todo, de que el clero parroquial y los superiores de los conventos se reunieran para la elección de la Junta». Así, las juntas se vieron llenas de gentes elegidas en virtud de la posición ocupada antes por ellas y muy distantes de ser jefes revolucionarios (Marx y Engels, 1974, *págs*. 19-20).

Y cuando expresa las que para él son virtudes en la Constitución de Cádiz, que huirán podido derivar en un progreso cierto de la España de la época, justifica que ello no se pueda dar porque las fuerzas de progreso se contrarrestan por las del conservadurismo, más que pernicioso, inicuo, del clero: «(...) podemos descubrir en la Constitución de 1812 indicios inequívocos de un compromiso entre las ideas liberales del siglo XVIII y las tradiciones tenebrosas del clero» (Marx y Engels, 1974, pág. 46).

En lo que acabamos de leer, el motor de los posibles cambios es precisamente el movimiento nacional que expulso a los Bonaparte. Marx apunta al pueblo valiente, pero ¿cómo puede el pueblo conseguir tal cometido? En todo este texto y en los demás que conforman el conjunto de toda la obra marxista sobre España no clarifica esta cuestión. Unas veces el pueblo está representado en las cortes, otras por el clero, muchas veces por el ejército. El pueblo unas veces es el revolucionario, el que se muestra «heroico» (Marx y Engels, 1974, pág. 14), leal («lealísima nación de doce millones de habitantes», *Revolución en España*, pág. 56), tenaz («Lo hemos visto con Napoleón, que llegó a enviar 300.000 hombres a España, los cuales fracasaron una y otra vez ante la tenaz resistencia popular», Marx y Engels, 1998, pág. 243)[87]; y frente a estas virtudes, las opuestas: en ocasiones se muestras inoperante y reaccionario por estar lleno de prejuicios (Marx y Engels, 1974, pág. 17), en otras, fanático («Tampoco tenemos motivos para suponer que la población desplegara el fanatismo de los españoles de 1809». Marx y Engels, 1998, pág. 239). Marx hace en muchos casos afirmaciones gratuitas y contradictorias, que lejos de afianzarse con el discurso lo que consiguen es lo contrario, disolverlo.

En otro orden de cosas, aunque adecuadas a las que estamos aquí tratando, debemos incidir en el papel que ha jugado en la historia la Iglesia católica, y en la de España de un modo muy notable. Este papel puede criticarse de muchas maneras, aunque, en la misma medida o tal vez más, habría también que elogiarlo. Lo que no puede criticársele, dado que es absolutamente falso, que hubieran fomentado la superstición. Todo lo contrario, la contrarrestaron. El racionalismo era necesario en Francia, en Alemania, en Inglaterra, pero no en España, donde el clero católico dirigente, el que asumía los cargos inquisitoriales, era reluctante a aceptar los argumentos relativos a posesiones diabólicas y brujería. Ello además contrasta de alguna manera con el argumento dado por Marx en el que reconoce a la Iglesia como baluarte de la reacción:

> El tercer elemento que constituía antiguamente las Cortes,

87 Este comentario sobre la tenacidad de los españoles es de Engels, en un artículo publicado el 22 de octubre de 1870, en el londinense *The Pall Mall Gazette*.

> a saber, el clero, alistado desde los tiempos de Fernando el Católico bajo la bandera de la Inquisición, había dejado de identificar sus intereses con los de la España feudal. Por el contrario, mediante la Inquisición, la Iglesia se había transformado en el más poderoso instrumento del absolutismo (Marx y Engels, 1974, *pág.* 11).

Y, como es lógico, el cometido político del absolutismo no era precisamente quemar brujas, sino eliminar los enemigos del Estado, que eran en esa época, los judíos, los moriscos y los protestantes. Todos ellos interesados, sobre todo los últimos, en debilitar el Imperio. En general, la tradición marxista tomó la idea de «Imperio» en un sentido adaptado a su particular visión del mundo y de la historia: el imperialismo sería la forma más desarrollada de explotación. Con ello se oscureció el concepto histórico que podía definir el papel de España en la historia, pues tal y como Roma se formó, ampliando y manteniendo sus fronteras, así se formó y consolidó el Imperio español a lo largo de los siglos. Y tal y como desempeñaron su papel protagonista en la historia, también lo dejaron de desempeñar. En el caso de España, por el triunfo de otros imperialismos, de cuño depredador, que son los que se ajustan a la crítica marxista. Esta tradición opuso, a los intereses de la clase obrera, los de otra clase, la de los dirigentes de unos Imperios depredadores. Nuestra postura es defender el interés de algunos imperios como «generador», al menos el interés más conspicuo, pues junto a él, siempre se ha dado una faceta importante de depredación de los nuevos territorios. Lo uno y lo otro son indisociables. Y sería absurdo pensar lo contrario. Con todo, es pertinente poder expresar diferencias entre los imperialismos dados, y la más clarificadora es la que expuso Gustavo Bueno entre dos imperialismos. Los imperialismos generadores han llevado asociada una particular idea de hombre, con algunas características similares. Una idea de hombre que debía anegar las diferencias para que todos ellos se adecuaran a una sola definición: En el Imperio romano, tras la aceptación del cristianismo como religión única, y en palabras de san Agustín, los que formaban parte de la *Civitate dei*. Después de Roma, algo similar en el Imperio español. Y en el proyecto marxista, el llevado a efecto en la URRS: el hombre del socialismo y el hombre total del comunismo: el «*hombre nuevo*, libre y causante de su propia estructura» (Bueno, 1970: 41).

2.7.1. Conclusión para este apartado

Es el Estado una institución en la que los hombres que lo rigen miran por lo que deparará el futuro a sus descendientes (pensemos también que si ellos tienen al lugar en que nacieron como patria es porque sus padres y los padres de sus padres se preocuparon por su particular porvenir). De ahí la confrontación de intereses en contraste con los de los otros Estados, pues todos quieren mejorar las condiciones de vida de los presentes y los que vivirán en el futuro. Esa querencia implica que no todos pueden mejorar, pues el mejoramiento de unos va en detrimento de los otros. Las clases, que son poco adecuadas a la consideración de institución no se adecuan a lo que acabamos de señalar. Desde luego que están ahí, en el seno de los Estados, y las diferencias entre ellas son generadoras de conflictos, pero tales conflictos, pese a los augurios de Marx, no cambiaron nunca nada (así nos lo ha mostrado el trascurso del tiempo). Los textos de Marx quieren dar a entender que tales augurios son ley, sin embargo lo que cambia la historia no es ninguna ley sino una dialéctica que no admite normatividad. Si seguimos atendiendo a lo que Marx nos dice observamos que lo que narra solo de ese modo, dependiente de tal dialéctica, puede considerarse esa confrontación de clases:

> Es evidente que esta sublevación española tiene que convertirse en una fuente de disensiones entre los Gobiernos de

> Francia e Inglaterra, y la información de un periódico francés, según la cual el general O'Donnell permaneció oculto, antes del movimiento, en el palacio del embajador inglés, no ha de contribuir ciertamente a minorar los recelos de Bonaparte a este respecto. Ya existen ciertos indicios de irritación entre Bonaparte y Victoria; Bonaparte esperaba ver a la reina en el embarque de sus tropas en Calais, pero su majestad respondió a este deseo yéndose a visitar el mismo día a la ex reina Amelia. Además, al ser interpelados los ministros ingleses sobre el hecho de no haberse procedido al bloqueo de los mares Blanco, Negro y de Azov, alegaron como excusa la alianza con Francia. Bonaparte ha replicado anunciando en el *Moniteur* este mismo bloqueo sin aguardar la conformidad formal de Inglaterra. Últimamente, habiendo producido en Francia mal efecto el embarque de tropas francesas en buques ingleses exclusivamente, Bonaparte ha publicado una lista de barcos franceses destinados y aplicados al mismo fin (Marx y Engels, 1974, *pág.* 82).

Es la dialéctica de Imperios la que escribe la historia, no la lucha de clases. Marx estaba equivocado.

2.8. LOS TEXTOS DE ENGELS SOBRE ESPAÑA

Unos años después de que Marx y Engels se hubieran tomado tan en serio lo que sucedía en España en el periodo revolucionario de mediados de siglo XIX, se van a seguir produciendo textos de interés para seguir hablando de España. Será Engels sobre todo —aunque también encontramos algún texto de Marx— el que va a preocuparse por lo que sucede en España en los siguientes años. Los textos de Engels nos permiten conocer su responsabilidad en la organización de los marxistas españoles. Organización que se estaba haciendo fuerte en nuestro país del mismo modo que sucedía en toda Europa. Estos textos los conocemos porque fueron recuperados para las compilaciones que editó Progreso. Que, como ya hemos comprobado, son las que tienen una mayor divulgación, dada su difusión por las redes.

El periodo en el que Engels va a llevar a cabo esta producción literaria se puede catalogar, por los sucesos que retrata del contexto económico y político español, como un periodo revolucionario adicional a los señalados previamente. Periodos que Marx había delimitado claramente, y casi del mismo modo en que la historiografía los ha expresado. El periodo revolucionario retratado por Engels en los escritos compilados en las ediciones soviéticas es el que hace el número cinco. Los textos están escritos entre principios de 1871 y finales de 1873, y son tan numerosos, que consiguen que las páginas de la compilación se amplíen en un considerable número: en algo más de sesenta, respecto de lo que ocupan las páginas que contemplan los artículos de las ediciones previas. A esos años de la historia de España, que fueron objeto de atención por parte de Engels, se les conoce por el «Sexenio Revolucionario» (de 1868 a 1874), o también por el «Sexenio Democrático». Pero estos textos escritos en los años setenta del siglo pasado no son todos los escritos por Engels sobre España. Hay otros, que sí que los pudimos leer en ediciones anteriores.

Además de los textos que solo publica Progreso, están los que escribió en fechas muy poco posteriores a las de los escritos de Marx para el *Tribune*. Destacamos el titulado *El ejército español*, al que nos referiremos más adelante, y los titulados Bidasóa y Badajoz. Todos estos publicados para el *Putnam's Magazine* (los dos primeros), y para la *Nueva Enciclopedia Americana*, el tercero. También destacamos un artículo de fondo escrito para el *Tribune*, con fecha de 1960, intitulado *La guerra de África*, todos ellos considerados por Sacristán en su traducción. En las ediciones de Progreso, además de los artículos de los setenta podemos leer otros dos, ambos escritos muy posteriormente, en el año 1893. El primero dirigido a José Mesa, que fue uno de los socialistas españoles de mayor relevancia en la época. Y el segundo, dirigido a los trabajadores españoles con motivo del primero de mayo de ese año.

2.8.1. La España revolucionaria desde la perspectiva de Engels

Los temas que interesaron a Engels tienen que ver con lo que preocupaba a Marx. Lo podemos comprobar con solo atender a los títulos de los artículos mencionados previamente. Estos temas, desarrollados por él, son muy diversos, aunque vamos a atender a los que consideramos más relevantes para el cometido que nos hemos propuesto aquí: el de sacar a la luz la hispanofobia implicada en los textos marxistas. No hay que dar explicación añadida para incidir en que el primero que se incardina en esta categorización, después del mismo Marx, es Engels. Como vamos a comprobar lo que denunciamos se ajusta como un guante a sus puntos de vista.

2.8.1.1. *Engels y la defensa del determinismo de la Historia*

Comenzamos señalando que el ímpetu con que Engels defiende la mecánica revolucionaria incoada por Marx es tan inapelable, en su modo de ser expresada, como para nosotros es errónea. La historia ha demostrado el yerro de sus planteamientos. Según las tesis de Marx y el marxismo, de Engels también, por tanto, la clase obrera carga sobre sus espaldas el cometido de transformar «nuevamente» la Historia, provocando una nueva revolución que acabe con el poder explotador de la burguesía. Pero esta clase, como ya hemos denunciado, no llevó a cabo un cometido semejante. Y desde la crítica que hacemos a la doctrina marxista aseveramos que nunca lo podrá hacer. Aseveración que precisa de razones, que son las que vamos a dar.

La clase obrera por ella misma —y teniendo en cuenta lo dicho previamente: que no sabemos a qué nos referimos al mentarla— nunca ha sido la protagonista de ninguna revolución. Pese a lo que hemos leído en Marx y Engels, cuando aseveran que ese es su cometido, sabemos que no fue nunca un grupo, instituido como tal, que dirigiera ningún cambio. No lo fue en tiempos de Marx y Engels, pero tampoco posteriormente, en tiempos de Lenin o en los de Mao Tse-Tung —por poner los ejemplos más conocidos— fue la que procuró los cambios políticos. En la Rusia de Lenin no había clase obrera adecuada con capacidad para liderar revolución alguna, y en la China de Mao tampoco. Tenemos que saber que la capacidad de motor de la Historia de la clase obrera, expresada en el discurso marxista, deriva de un desarrollo industrial que la propicia y la hace estratégicamente poderosa. Tanto, que pudiera liderar y llevar a cabo la revolución. Pero, como hemos señalado, eso nunca ha pasado. Los países socialistas que proliferaron en el siglo XX fueron fruto de la dialéctica de Imperios: el comunismo ruso, por mor de la situación propiciada por la Primera Guerra Mundial; los países socialistas satélites de la URRS, tras la Segunda, y los demás, como Cuba, Camboya, Vietnam o Corea, en el marco de la Guerra Fría, que implicó la confrontación entre Estados Unidos y la Unión Soviética. ¿Quién puede pensar que, a día de hoy, una clase obrera de más difícil definición que hace cien años pueda liderar cambio revolucionario alguno, en el sentido que pedía el determinismo histórico defendido por Marx y Engels? El que defienda tamaño despropósito solo puede ser un ingenuo.

Marx y Engels buscaron el detonante de una primera revolución proletaria que debería después internacionalizarse. Marx veía ese detonante en Inglaterra, dado el desarrollo que en el XIX habían conseguido las fuerzas productivas. Pero la espera se hacía demasiado pesada, pues sus augurios no se materializaban, y la búsqueda de pronunciamientos revolucionarios diferentes la vio en otros lugares. Primero en Francia (la Comuna de Paris), y luego en la España de 1854, de ahí sus artículos de esos años:

> Lo más que puedo advertir aquí es que no será una gran sorpresa si ahora, arrancando de una simple rebelión militar (Marx se refiere a la Vicalvarada, a la revolución de 1854), estalla en la península un movimiento general, puesto que los últimos decretos financieros del Gobierno han convertido al recaudador de contribuciones en un propagandista revolucionario de la máxima eficacia (Marx y Engels, 1974, *pág.* 72; lo que aparece entre paréntesis es nuestro).

Esta rebelión, como la que creyó que iba a darse previamente en Inglaterra, tras hacerse efectiva, no podría tardar mucho en trasmitirse, como si de una epidemia virulenta se tratara, a todos los rincones de la Tierra. Así lo dictaría la ley de la Historia que había descubierto: «Así como Darwin descubrió la ley del desarrollo de la naturaleza orgánica, Marx descubrió la ley del desarrollo de la historia humana» (Engels, de su *Discurso ante la tumba de Marx*)[88].

2.8.1.2. *Engels tampoco considera relevante la dialéctica de Imperios*

Para comprobar la nula atención dada a la dialéctica de Imperios, por parte del más estrecho colaborador de Marx, comenzaremos por atender a uno de los artículos que aparece publicado más veces en las distintas compilaciones de textos de Marx y Engels sobre España y sus revoluciones. El artículo es el intitulado *El ejército español. Fragmento del artículo «Los ejércitos de*

88 Este conocido texto está en Internet: https://www.marxists.org/espanol/m-e/1880s/83-tumba.htm

Europa». En él Engels se refiere al estado de las fuerzas armadas españolas. El texto fue publicado en primera instancia en el *Putnam's Magazine* de Nueva York (diciembre de 1855). En él comienza afirmando que se dan unas «circunstancias específicas» que derivan en que «el ejército español tenga para los Estados Unidos más motivo de interés que cualquier otro ejército europeo» (Marx y Engels, 1974, pág. 119). En el artículo se describen los ejércitos españoles de la península y de ultramar, señalando el interés que muestran por ellos sus enemigos.

Desde nuestro modo de entender lo que acabamos de leer, referido a que los datos de los efectivos españoles eran del interés de sus enemigos, nos lleva a afirmar que Engels aquí actúa como una suerte de espía. Por otra parte, aunque Engels no acierte a decirnos el porqué del interés mostrado por Estados Unidos, las razones son palpables. La dialéctica de Estados lo clarifica: Estados Unidos, tras la anexión de los territorios que arrebató a México en 1848 —tras la guerra que sostuvo con ellos y la firma del Tratado de Guadalupe Hidalgo— estaba interesado en controlar los territorios americanos de España, y los del Pacífico más alejados. Pero antes de conseguirlo, en el seno de Estados Unidos se dio una guerra civil que retrasó sus intereses expansionistas una buena temporada. Solo años después, en 1898, propició la guerra contra España, con el resultado que todos conocemos.

En ese artículo sobre el ejército español, a la hora de ir más allá de los datos numéricos, con relación a las tropas en cada uno de los territorios españoles, observamos que se refiere a ellos presentándonos una clasificación que no puede dejar de llamarnos la atención. Engels separa el ejército español en dos grupos diferenciados: el «ejército interior» y uno plural, que denomina como «ejércitos coloniales» (situados en Cuba, Puerto Rico y Filipinas, precisamente los territorios que se perderán tras la guerra con los Estados Unidos). El tratamiento del ejército español como un «ejercito colonialista» nos permite asegurar que Engels, en la línea de Marx, no tiene en cuenta lo que diferenciaba a España de otros imperialismos. Como este último, Engels considera los territorios españoles tanto de América como de Asia como «colonias», y entendemos que para él, los Estados Unidos serían una especie de brazo armado, adecuado al determinismo histórico, que vendría a terminar con la explotación colonial española (esto podría justificar la «bondad» de su labor de espionaje —denunciada por nosotros— que llevó a cabo al hacer pública la información de los efectivos españoles).

En los textos de Marx, en los que analizaba los periodos anteriores, atendía a los intereses políticos de otros Estados. Y ello, pese a que relegara tales intereses al papel secundario que les deja su teoría. En lo que hemos leído hasta ahora de los textos de Engels, también encontramos estos intereses confrontados, y como sucedía en Marx, tomando partido por lo que considera más progresivo, en este caso el sistema capitalista de Estados Unidos, frente a un modo de control colonial español atrasado y que ameritaba su debacle.

En los textos de Engels reconocemos sin embargo las dificultades que la clase obrera española tiene para llevar a cabo su cometido histórico. En estos textos no se demanda tanto, como sucedía en los de Marx, la descripción de los contextos internacionales (con la salvedad de lo que acabamos de señalar en el párrafo anterior). Las cuestiones tratadas por Engels son las relativas a la organización política de la clase obrera y su implantación en las distintas provincias. Leemos informes de situación, relativos a esa implantación y la denuncia de las actuaciones de los anarquistas, que se infiltran —lo que conocemos como «entrismo»— en las organizaciones obreras, de modo liquidador. Lo que se echa en falta en esos textos es la atención que debiera hacer a los movimientos gubernamentales, o a los cambios revolucionarios que se dan en el convulso decenio en el que tiene que bregar esa clase obrera que

Engels se preocupa de que se organice bajo el control de la I Internacional. Por eso podemos afirmar que las cuestiones relativas a la dialéctica de Imperios, la que Marx consideraba también aunque en un segundo plano, Engels la tiene todavía menos en consideración.

2.8.1.3. *España: un país de barbaros*

Como estamos comprobando, lo que Engels escribe muestra en todos los aspectos —menos en el que acabamos de señalar— un claro continuismo con los planteamientos de Marx. Continuismo respecto de la idea que tiene de España. Una idea en todo momento dependiente de esa doctrina negrolegendaria que se expresa a la vez como hispanófoba. Las fuentes de las que Engels toma información parecen ser del mismo jaez que las de Marx, algo evidente como vamos a poder ver.

Leemos en el texto de Engels *El Ejército español* que el aspecto de las tropas está muy lejos de lo que debería ser el de un ejército que se precie de serlo. Lo califica de «carente de marcialidad», y pone ejemplos que tendrían que estar a la vista del que los presenta, o sea, de él mismo. Pero no es así como vamos a comprobar. Que no considere lo que acabamos de señalar deriva en que afirmemos que, lo que escribe, adolece de una total falta de rigor. Falta cometida por encumbrar lo que son meros prejuicios. Estos prejuicios, en el peor sentido del término, solo pueden haber sido introyectados desde la más tierna infancia y reafirmados a lo largo de toda una vida. Vamos a poder comprobar lo que decimos atendiendo a lo que narra —en este caso con un estilo literario no ensayístico, sino cuasi poético— lo que no vio nunca, pero que lo cree por la potencia de los prejuicios señaladados:

> El centinela se pasea delante de su puesto de un lado para otro con el chacó tan echado hacia atrás que casi se le cae de la

> cabeza, con el fusil gacho al hombro y cantando una alegre seguidilla con el mayor desparpajo del mundo. No es raro que le falten prendas del uniforme, o que su casaca regimental y sus faldones estén tan lamentablemente rotos que, en el rigor del verano, lleve encima el capote pardo de monte para cubrir sus harapos; las botas, en la tercera parte de los casos, están hechas trizas y enseñan los dedos desnudos de los pies. Tales son, en España, las glorias de la vida militar (Marx y Engels, 1978, *pág.* 121).

Por qué podemos asegurar que aquí priman sus prejuicios. Sencillamente porque lo que acabamos de citar tan poéticamente y con ese lujo de detalles, lo toma de «un escritor inglés» (Marx y Engels, 1978, pág. 121) que no sabemos quién es. No sabemos si ese «inglés» es un político, o tiene un oficio manual o intelectual, o sea, que se pudiera dedicar a la escritura: como reportero de guerra, como poeta o como novelista... también podría ser un lord... o un cualquiera. Lo que sí debemos denunciar es que se trata de un inglés que como era habitual —sin excepciones dignas de mención— han tendido a denigrar lo español (algo que a día de hoy parece que no sucede tanto). Cualquier inglés de esa época es seguro que se podía imaginar al soldado español, tal y como está descrito, sin haberlo visto nunca. ¡No hacía ninguna falta! Era suficiente la inspiración. Una inspiración que solo puede hacerse presente a partir de las narraciones recibidas. Engels también acepta la descripción sin ningún tapujo, como si transmitiera algo que fuera incontestable. ¿Cabe mayor desfachatez? ¿Se pueden presentar la hispanofobia de un modo más claro que este?

El artículo que estamos citando termina con una afirmación del abate de Prat, un afamado francés de la época, que pese a no ser amigo de Napoleón no por ello dejaba de ser menos amigo todavía de España. Este religioso dice de los españoles que «son guerreros, pero no soldados». Tachar de «guerreros» y no de «soldados» a los españoles es decir que eran o que se comportaban como «bárbaros». Y miente, o no se entera de que va el asunto, el que niegue nuestra afirmación. Lo único que señalaremos a este respecto de forma terminante, por lo que no hará falta mencionar ningún argumento añadido, pese a que pudiéramos hacerlo, es que el mencionado abate no conoce, o no quiere conocer, una buena parte de la historia que rodea a la Francia que le vio nacer (ya hemos incidido en que los que precisaron de Ilustración fueron ellos, que ellos eran los bárbaros). Si el abate se interesara por esa historia que «desconoce», podría llegar a saber que por la tierra francesa y por los mares que la rodean, sobre todo los del Oeste, pasaron múltiples veces, y a lo largo de muchas décadas, los primeros ejércitos modernos. Uniformados y armados de un modo que antes no se había dado nunca. Esos ejércitos eran los Tercios de Flandes, se caracterizaban por combinar en su armamento las más habituales armas blancas con otras de fuego, pero estas últimas mucho más eficaces que las de cualquier enemigo. Durante más de un siglo fue un ejército invencible. Los tercios no dependieron de desarrollos dados en el Norte de Europa, sino que se organizaron en España a lo largo de todo el reinado de los Austrias. Lo que el mencionado abate quiere conseguir es lo que todos los enemigos de España se propusieron: borrar su historia imperial. El interés del abate francés, como el de los que han querido y quieren escribir la historia de Francia con mayúsculas, es llevar al olvido las innumerables derrotas sufridas al enfrentarse con España.

Engels, además de citar a autores como el abate de Prat o al «escritor inglés», nos dedica afirmaciones fruto de su propia cosecha. Para comprobarlo solo tenemos que acudir al final del artículo mencionado. Allí, aunque señale que España tuvo un pasado militar elogioso, reconocemos que lo hace retóricamente, pues al mencionarlo no se anulan las invectivas añadidas posteriormente:

> De todas las naciones europeas los españoles son, sin duda, quienes sienten mayor antipatía a la disciplina militar. No obstante, esa nación que ha sido elogiada durante más de cien años por su infantería, podría volver a tener un ejército del que estar orgullosa. Pero para conseguirlo sería necesario reformar no solo el sistema militar, sino también, y más a fondo, la vida civil (Marx y Engels, 1978, *pág.* 122).

2.8.1.4. *Engels y el quinto periodo revolucionario español*

De todos los textos de Engels relacionados con este nuevo periodo revolucionario que podemos leer en las ediciones de Progreso, solo uno aparece en otras compilaciones, el titulado *Los bakuninistas en acción*. En este artículo, que fue publicado por primera vez y por entregas en el periódico *Der Volksstaat*, a finales de 1873, Engels trae a colación las revueltas que se dieron en ese mismo año en algunas provincias y regiones españolas: en Cataluña, Valencia, Alcoy, y en diversas poblaciones de Andalucía. Revueltas que son conocidas como *La revolución del petróleo*. El texto está dirigido a los obreros alemanes para advertirles sobre cómo no debían llevar a cabo su labor. El ejemplo en el que no se debían fijar era en el español[89].

En marzo de 1873 leemos escrito de Engels sobre la recién inaugurada República española. En él se observa que su línea de discurso sigue la tónica de los de Marx. Aunque la situación política y social ha cambiado, el discurso de Engels repite el mantra de una clase abocada a seguir inexorablemente el sino que los dirige (la cita que sigue la tomamos del texto editado

89 Los anarquistas españoles tenían una estrategia muy diferente a la que consideraban eficiente para conseguir la meta de la emancipación. La confrontación de marxistas y anarquistas, para que los primeros tomen distancia de las tácticas de los segundos, es de lo que se ocupa Engels en las diferentes cartas y en otros escritos que leemos en las ediciones de Progreso.

por Ribas, pues es el único que lo recoge, de todas las compilaciones. Su traducción había sido hecha previamente por José Mesa para publicarlo en el diario marxista *La Emancipación*):

> Unos cuantos años de tranquila república burguesa prepararían en España el terreno para una revolución proletaria en una condiciones que sorprenderían incluso a los obreros españoles más avanzados. En lugar de repetir la farsa sangrienta de la revolución anterior, en lugar de realizar insurrecciones aisladas, siempre reprimidas con facilidad, es de esperar que los obreros españoles aprovechen la república para unirse entre sí más firmemente y organizarse con vistas a una próxima revolución, una revolución que ellos dominarán (Marx y Engels, 1998, *págs.* 243-244).

En el resto de textos de Engels se hace patente lo que hemos apuntado previamente, la confrontación que se daba en España entre comunistas y anarquistas. Una confrontación que iría con los años a más y que tendría su culminación entre 1936 y 1939, que fue el periodo de la guerra civil española. Estos textos publicados por Progreso nos permiten saber, por él mismo, su papel de responsable de la organización de la I Internacional en España (también lo era de esa organización en Italia). También podemos leer algunas cartas dirigidas a los miembros originarios del movimiento marxista en España. Y dos escritos en los que comparte autoría con Marx: El primero lleva por título *A las secciones españolas de la Asociación Internacional de Trabajadores*; el segundo es un extenso *Fragmento de La Alianza de la Democracia Socialista y la Asociación Internacional de los Trabajadores*. Fechados el 8 de agosto de 1872 y el 21 de julio de 1873, respectivamente. A todas luces se reconoce con su lectura la tarea que ambos habían asumido, la de organizar la I Internacional en la Europa industrializada. Marx supervisaba la tarea de Engels, trabajando con el líder anarquista Bakunin, pero tal asociación iba a ser efímera, pues esta Internacional se rompería pocos años después, en 1876. Los enfrentamientos con los anarquistas son protagonistas, tal y como ya hemos comprobado, en estos textos. El diagnóstico que Engels repite es que el movimiento anarquista era una rémora para el movimiento revolucionario español. Algo que Marx también diagnosticó de otros lugares donde también tuvieron influencia.

Es pues momento de señalar lo que sucedía en toda Europa previamente a que la I Internacional se rompía en dos. De los importantes movimientos que se dan, debemos destacar lo que estaba sucediendo en Alemania y en Italia, pues iba a afectar a otras muchas naciones, sobre todo a Francia y al Imperio austrohúngaro. En Alemania está a punto de suceder su unificación, capitaneada por Prusia. El cada vez más marcado imperialismo prusiano, y que desde 1871 será imperialismo alemán, tuvo importantes consecuencias en las que España también se vio involucrada. El año anterior Víctor Manuel y Garibaldi habían conseguido unificar Italia.

Ese mismo año, en junio de 1870, en España había abdicado Isabel II. Tras las convulsiones de esos meses, hubo diversos candidatos para asumir el reino de España. Espartero fue una de las propuestas, pero él mismo declino ser rey. El canciller Otto von Bismarck propuso un candidato alemán, familiar del káiser Guillermo I, Leopoldo Hohenzollern-Sigmaringen. Pero a la candidatura alemana se opuso Napoleón III (Luis Bonaparte). Esa confrontación derivó en la guerra franco-prusiana, que comenzó en agosto de ese mismo año. Los franceses fueron derrotados en la batalla de Sedán. Fue el final de Napoleón III, que moriría muy poco tiempo después, en 1873. Los logros alcanzados por la nueva nación alemana, derivarían en la unificación de Alemania y la inauguración de lo que se denominó Segundo Reich.

Pero Napoleón III había jugado con anterioridad importantes papeles en Europa, pues quería recuperar el pulso imperialista de su abuelo político, el primer Napoleón[90]. Lo que ahora nos interesa es el papel que tuvo en la unificación de Italia y de sus consecuencias. La Francia de Napoleón III apoyó al rey de Cerdeña, Víctor Manuel de Saboya, en su enfrentamiento con los austriacos, según muchos especialistas la reunión que en agosto de 1858 tuvieron Napoleón III y Cavour fue un hecho fundamental, pues fue allí donde se declaró la guerra contra Austria, paso previo e indispensable para llevar a efecto la unificación de Italia. En España, el rey no fue el propuesto por Bismarck, sino el hijo del aliado italiano de Napoleón III, Amadeo de Saboya, que sería rey de España desde 1871 a 1873. El mismo día de la abdicación de Amadeo I fue el de la proclamación de la Primera República española. Régimen que duró menos de dos años, y que se caracterizó por las múltiples convulsiones y cambios de gobierno.

La política imperialista alemana tuvo como una de sus más importantes expresiones la *Kulturkampf*, que se dirigió contra el catolicismo, por un lado, el de dentro de sus fronteras: allí los católicos estaban organizados como partido político, el denominado *Zentrum*; por otro lado, al de fuera de sus fronteras, focalizándose en el papado. Tras la unificación italiana de 1870 esta política alemana todavía debilitó más al papado, quedando este en una situación muy precaria, que solo se solventó mínimamente en 1929, con la recuperación de la libertad de los papas y el reconocimiento como Estado para el Vaticano.

La católica España, muy cercana al papado, también se vería afectada por estos hechos. En España se daba cercanía con el obispo de Roma según el Gobierno de turno, pues los liberales progresistas, cuando estaban en el poder, marcaban importantes distancias. El efecto más destacable de esas políticas de ruptura fue el de las diversas desamortizaciones que se sucedieron.

---

90 Napoleón III era nieto de Josefina de Beauharnais, que se casó con Napoleón. Josefina llevó al matrimonio una hija, la madre de Napoleón III.

La más conocida de ellas, la del protestantizado Mendizábal. La última fue la de Madoz, a finales de los cincuenta. El caso es que las relaciones de los diferentes Gobiernos progresistas fueron minando las relaciones con la Iglesia, y, en los años de la quinta revolución mencionada, España quiso expresarse como una nación laica. Algo que Emilio Castelar frenó en parte, teniendo en consideración el modo de ver de figuras de gran relevancia en España que defendían el carácter católico que había sido su seña de identidad a lo largo de muchos siglos.

El caos político que supuso ese primer periodo republicano continuaba la caótica situación política de la que España era heredera. Caos que no se solucionó en las décadas posteriores, de ahí que pueda comprobarse que algo similar sucedió medio siglo después con la Segunda República. De esa Primera República española, tan efímera, Marcelino Menéndez Pelayo dijo en su *Historia de los heterodoxos españoles* (la *foto finish* del primer periodo republicano español, que Menéndez Pelayo nos regala, serviría para semblar lo que sucedió en España en los cinco años que duró el segundo):

> Eran tiempos de desolación apocalíptica; cada ciudad se constituía en cantón; la guerra civil crecía con intensidad enorme; en las Provincias Vascongadas y en Navarra apenas tenían los liberales un palmo de tierra fuera de las ciudades; Andalucía y Cataluña estaban, de hecho, en anárquica independencia; los federales de Málaga se destrozaban entre sí, dándose batalla en las calles a guisa de banderizos de la Edad Media; en Barcelona, el ejército, indisciplinado y beodo, profanaba los templos con horribles orgías; los insurrectos de Cartagena enarbolaban bandera turca y comenzaban a ejercer la piratería por los puertos indefensos del Mediterráneo; dondequiera surgían reyezuelos de taifas, al modo de los que se repartieron los despojos del agonizante Imperio cordobés; y entre tanto, la Iglesia española proseguía su calvario (Menéndez Pelayo, libro VIII, cap. IV).

La reacción que se dio ante esa nueva situación, derivada de los movimientos de los imperialismos europeos, fue la organización del movimiento político e intelectual denominado Neocatolicismo, que se enfrentaría al krausismo que, como la *Kulturkampf*, tenía su origen en Alemania. Este movimiento ideológico se iba a hacer fuerte en las universidades, donde la confrontación con los católicos, para ocupar las cátedras y cargos más importantes, fue muy larga y enconada. Los neocatólicos también fueron los más críticos con el movimiento socialista, pues en el seno de la Iglesia tomaría fuerza y rigor teórico la denominada «doctrina social de la Iglesia», cuyo hito más importante sería la encíclica *Rerum Novarum*, escrita por León XIII en 1891. Paralelamente a esta situación europea, a España la afectarán los intereses imperialistas de los Estados Unidos de Norteamérica que ya hemos mencionado, que desembocaron en la guerra hispano-estadounidense, y en la pérdida de toda la España ultramarina.

Pero Engels no incide en estos intereses imperialistas, solo atiende al movimiento obrero. Nuestra crítica a tal modo de ver la situación no le quiere quitar relevancia a las convulsiones fabriles que se dieron en esos años de desarrollo capitalista en España, ni mucho menos. Pero sí debemos incidir en que lo más importante que le estaba sucediendo a España tenía que ver con ese choque entre intereses imperialistas. España, en ese contexto llevaba una de las peores partes, como hemos comprobado.

2.8.1.4. *Engels y los comunistas españoles*

Pasado este convulso periodo se dio la Restauración borbónica, con la vuelta a España, ya como rey, de Alfonso XII, tras la abdicación de su madre. En el «pronunciamiento de Sagunto», del 29 de diciembre de 1874, se había tomado la decisión de que no fuera su madre Isabel la que volviera a España como reina.

Su vuelta hubiera sido un acicate para los amigos del republicanismo, y los monárquicos querían jugar una baza más segura, la que representaba su hijo Alfonso.

Además de los textos de Engels que acometen ese periodo, desde su perspectiva prorrevolucionaria, debemos volver a mencionar las dos interesantes cartas escritas después de la muerte de Marx. La primera está fechada en 1891, está dirigida a José Mesa y Leompart, y lleva por título *Con motivo de la edición Española del libro de Carlos Marx «La miseria de la Filosofía»*. Mesa había sido el traductor, y era uno de los primeros y más relevantes marxistas españoles. Había participado activamente en la Comuna de París, y había traducido, antes de esta nueva publicación, *El Manifiesto del Partido Comunista.* Del texto señalado se hicieron varias ediciones en español por esas fechas, dada la gran demanda que se dio entre los trabajadores. Un interés promovido por la I Internacional que iba extendiéndose cada vez más por las provincias más industrializadas. José Mesa era periodista, y sus artículos se leían en toda España. La segunda carta es la dirigida *A los obreros españoles con motivo del primero de mayo de 1893.* Dado su contenido, no ponemos en duda que el aparato internacional comunista se preocupó de hacer llegar a toda la organización comunista española la carta que podemos leer en las ediciones soviéticas de Progreso.

3.
LA IDEA DE ESPAÑA EN LOS ESCRITOS DE MARX ES UNA DIÁFANA EXPRESIÓN DE LA LEYENDA NEGRA

Con la entrada de los borbones en España en el primer año del siglo XVIII, la dialéctica de Imperios se focalizó de modo muy señalado en el territorio peninsular español. Territorio en el que hemos encontrado a políticos decantados por un imperialismo y por otro, dejando de lado los intereses españoles. Uno de los ya citados, debido a la continua atención que le dedica Marx, es Manuel Marliani. Este político español de padre italiano, es proclive a los intereses del imperialismo inglés, algo que podremos comprobar en la cita que tomamos del último bloque de apuntes que Ribas recoge en su compilación y que son las notas de Marx extraídas de la *Historia política de la España moderna* de Marliani[91]:

91 Citamos aquí, como más adelante cuando tengamos que hacerlo, las frases, casi siempre inconexas, que aparecen escritas, incluidos los puntos suspensivos, y solo atendiendo a las palabras en español traducidas por Ribas, pues los apuntes de Marx son una mezcla de idiomas en las que prima el alemán.

> Dinastía francesa..., Borbones..., desaparece toda política nacional... Se convierte en satélite de Francia... Inglaterra intenta constantemente frenar el influjo francés y lograr el suyo. De ahí las oscilaciones del Gabinete de Madrid, entre política inglesa o francesa... Con la paz de Utrech, pacificada la España, la nueva dinastía reconocida en Europa (Marx y Engels, 1998, *pág.* 289).

La redacción de estos extractos no tiene nada de depurada, pues son eso mismo: apuntes, para una redacción posterior. Algo que podemos comprobar atendiendo a esta cita. Cita que al leerla tendría que provocar la ira del que se hubiera preocupado por saber cuál fue el papel de España en los años a los que Marliani se refiere, pues es de sus escritos de donde Marx extrae estas falaces afirmaciones:

> Los españoles carecieron en todo tiempo de un vínculo de comunidad social..., nunca tuvo un gobierno..., filosofía metafísica o economía política... Las cortes aparecen en el siglo XV como en el XIII, siempre enfrentando y siempre conteniendo, mas nunca adelantando. Se desplomó por no acertar a transformarse según las urgencias de la temporada en que vivía... Los reyes se afanan por un poder cada vez mayor, pero sin otra mira que vivir a lo déspota, pues a ninguno de ellos ocurrió el intento de plantear arreglos y de fomentar mejoras políticas o intelectuales (Ribas, 1998, Extractos, *pág.* 280).

Todas las anotaciones, que recoge Ribas en su edición de los textos de Marx, de las que las que acabamos de citar son una pequeña muestra, van a ser de gran importancia para nuestro cometido, pues, a partir de ellas, comprobaremos —estamos comprobando ya— la aceptación de Marx del discurso negrolegendario. A la vez que su responsabilidad en la posterior transmisión del mismo. Estos apuntes tomados por Marx fueron las que le sirvieron para, a partir de ellas —aunque no solo de ellas—, escribir los artículos de fondo publicados en el *New York Daily Tribune.*

Los apuntes que publica Trotta, de la mano de Ribas son solo los realizados a partir del libro de Manuel de Marliani. Pero, según señala Ribas, Marx escribió cinco cuadernos a partir de las obras de otros autores (la mayoría caracterizados por ese odio inveterado a España). Los extractos que recoge de Marliani, estarían tomados de su libro en francés, como ya señalamos. Pero el francés no fue el idioma más consultado por Marx, para hablar de España. Los autores más estudiados escribían en inglés, pues eran oriundos de ese país. Con alguna excepción; además de las señaladas previamente para oponerse a ellas (Segundo Flórez y los autores del opúsculo Espartero), la del conde de Toreno, político liberal que catalogamos —como a los demás autores consultados por Marx— de hispanófobo, pues no dejaba de ser amante de lo que suponía la modernidad francesa, como en general sucedió con la inmensa mayoría de los políticos liberales. Y los que no, se decantaban por la inglesa. La contrapartida de tal modernidad era la «España bárbara», así definida por la historiografía promovida por la casa de los Borbones que se había afincado en España para reinar. Estos se prestigiaban mediante la destrucción de sus oponentes políticos los Austrias, mediante la destrucción también de sus logros históricos cuando gobernaban España[92].

92 Los autores ingleses más consultados por Marx son Robert Southey, Terence Hughes, Michael Quin, William Walton y el capitán de artillería Christopher Clarke, con ellos se inaugura la categoría de los «hispanistas», que han seguido proliferando desde entonces y que desde sus parámetros negrolegendarios nos decían cuál fue nuestra historia. Las opiniones de estos habrían quedado en el olvido si Marx no las hubiera aireado. Algo que sigue haciendo después de tantos años, cuando se leen los textos sobre España. Por otra parte, otros «hispanistas» han seguido constantemente interesados en España, en la misma línea que los primeros. Últimamente, y paralelamente a estos señalados, los españoles son los que siguen la trayectoria marcada.

Estos apuntes —extractos, como los denomina Ribas— y los respectivos comentarios intercalados ponen ante el lector muchas afirmaciones falsas, y el formato de apuntes le dan un carácter sentencioso. Recuerdan a los juicios «a martillazos» (al estilo de los últimos escritos de Nietzsche. Los martillazos, en este caso, se dan siempre sobre un mismo yunque: España. Ribas, uno de los más ilustres académicos e intelectuales españoles, al recuperarlos para nosotros, sin pasarlos por el tamiz de la crítica, se nos presenta tan negrolegendario como Marx, Engels, los marxistas y los responsables de todas las ediciones de los escritos de los dos primeros. Escritos dirigidos a analizar lo que sucedió en momentos muy importantes de la segunda mitad del siglo XIX en España. Estos marxistas o allegados, son muchos y se van sucediendo en el tiempo desde el primero[93], Manuel Sacristán, en 1960 hasta el último de los responsables de hacérnoslos llegar, que es Alberto Santamaría, en 2017. De entre todos ello, queremos destacar a Pedro Ribas, por el añadido de estos extractos, pues, en ellos, es dónde se muestra el Marx, cadena de transmisión negrolegendaria, con mayor crudeza.

3.1. LOS APUNTES DE MARX CITADOS POR RIBAS

Como hemos señalado, las fuentes de Marx son autores que no se caracteriza por tener en cuenta el importante papel jugado por España en los siglos precedentes. Todos ellos imbuidos de la Leyenda Negra. Destacemos a los más citados en los textos de Marx: a Hughes, a Southey, pero sobre todo tenemos que incidir

93 No contabilizamos ni a Andrés Nin ni a Jenaro Artiles, por las características de esa primera edición de 1929. En ella, el segundo, se preocupa de aclarar algunos exabruptos de Marx referidos a España, que dignifican, de un modo u otro la edición. Edición que, por otra parte, es muy escueta. Solo de los primeros ocho artículos de la *Historia de España* y el de *Espartero* es de los textos históricos

en Marliani, pues es el que Ribas tiene en cuenta a la hora de presentar los apuntes que Marx tomó a partir de sus lecturas.

Al acudir directamente el texto de Marliani en español (suponemos que Marx leyó el original en francés), leemos que Torquemada en los primeros años de su mandato como general de la Inquisición española (mandato que va desde 1480 hasta 1530) hace quemar a dos mil personas (Marliani, 1840, pág. 20), Marx, en base a lo que lee en el texto de Marliani colige que «a millares», tal y como podemos leer en sus apuntes (Ribas, 1998, *Extractos*, pág. 284). El también dominico Deza le sigue en el cargo, aunque solo durante ocho años. Según Marliani quema en la hoguera a 2580 (Marliani, 1840, pág. 20). Un dato también recogido por Marx (Ribas, 1998, *Extractos*, pág. 284). Dice también Marx, siguiendo el texto de Marliani, que el cardenal Cisneros en solo diez años, de 1507 a 1517, quemó a 3564 personas (Marliani, 1840, pág. 21; Ribas, 1998, *Extractos*, pág. 285). Y los que no fueron condenados al fuego, fueron según Marliani terriblemente torturados, alcanzando su número, solo en este corto periodo, a más de doscientos mil. El siguiente momento que aparece en los apuntes de Marx, que recoge Ribas, para señalar más condenas capitales de la Inquisición es el del reinado del primer borbón, Felipe V. Durante ese periodo asegura que murieron 1032 en la hoguera, llegando las víctimas del Tribunal hasta 9992.

Marx repite lo que lee en Marliani, cuando se refiere al reinado de los «Felipes» (como podemos comprobar, Marx desprecia el periodo más importante del Imperio español de un simple plumazo: el desprecio por los monarcas más relevantes de ese periodo es despreciar a España y su historia). Dice Marliani esto que leemos a través de las notas de Marx, publicadas por Ribas:

> Después acá no hubo arbitrio para henchir el vacío hecho en la población por la soberanía y por el tribunal implacable de

> la Inquisición, soterrando castas enteras de gente en sus lóbregas mazmorras, o abrasándolas por millares en sus hogueras. Arrojándose allá hombres sin cuento, y sabido es que la despoblación es una de las plagas mortales de la España desventurada (Ribas, 1998, Extractos, *págs.* 288-289).

Hoy día ningún historiador serio atiende a esos números señalados, los de Marliani u otros autores críticos —falsarios, más bien— con lo que sucedió en tiempos del Imperio español. Podemos fijarnos, por ejemplo, en lo que nos dice Stephen Haliczer, uno de los profesores universitarios que trabajaron en los archivos del Santo Oficio[94]. Este profesor saco a la luz que los ajusticiados por la Inquisición fueron muy pocos, y que además los reos no eran torturados del modo en que se ha dicho innumerables veces. Afirma que los inquisidores usaban la tortura «con poca frecuencia» y generalmente durante menos de 15 minutos. De 7000 casos en Valencia, en menos del dos por ciento se usó la tortura y nadie la sufrió más de dos veces. Más aún, el Santo Oficio tenía un manual de procedimiento que prohibía muchas formas de tortura usadas en otros sitios de Europa. Los inquisidores eran en su mayoría hombres de leyes, escépticos en cuanto al valor de la tortura para descubrir la herejía.

94 Se nos hace incomprensible que previamente no se recabase información de ese archivo, para de ese modo contrarrestar las inveteradas exageraciones y las calificaciones de criminalidad de la Inquisición española. Ningún tribunal de justicia conocido ha sido atacado, a lo largo de la historia, como fue atacada y sigue atacándose la Inquisición española. Aunque el Tribunal del Santo Oficio estuviera dirigido a observar la ortodoxia católica, la finalidad era política, no en vano los problemas más acuciantes que trató el Tribunal tenían que ver con el enemigo interno, que era el que pertenecía a otro credo religioso, con intereses muy diferentes a la solidaridad católica representada por la monarquía española. La finalidad, por tanto, se adecua a la que cualquier Estado precisa para su armonía social y política, y para esta que se mantenga en el futuro (es lo que entendemos por eutaxia).

3.2. DESPRECIO POR EL PAPEL DE ESPAÑA EN LA HISTORIA UNIVERSAL

Pese a que tenemos muy en consideración la crítica de Marx a las políticas de la época y a los que las llevaban a cabo, queremos sacar a la luz algunas afirmaciones con las que tampoco podemos estar de acuerdo, por diversos motivos que se conectan entre sí, pues el hecho de que no se ajusten a la verdad depende del modo de ver del propio Marx[95]. Sus interpretaciones ideológicas derivan en conclusiones que se alejan de la realidad que se trata de describir. La «idea de España» que leemos en sus textos y en los de Engels, está imbuida de Leyenda Negra. El modo de ver lo que era la España imperial que promovieron sus enemigos y que ha adquirido con el tiempo casi un rango universal. En lo que toca a los autores de los escritos que leemos en las distintas versiones de *Revolución en España,* tenemos que destacar a Marx, pues, como hemos comprobado, hay ediciones en las que los textos de Engels no se consideran. Como hemos señalado, en los artículos y otros diferentes escritos sobre España se emborrona, e incluso se anula, el protagonismo que esta ha tenido en la conformación del mundo actual. Un modo de ver que a día de hoy sigue vigente.

Nos preguntamos cómo es posible que el Imperio que escribió durante tres siglos la Historia Universal fuera construido

95 Discúlpesenos si lo que acabamos de escribir suena a discurso retórico. No pretendemos tal cosa. Lo que sucede es que no estamos criticando la labor de los políticos del siglo XIX, en algunos aspectos tan nefasta o más que la de los políticos del XX y de los actuales (aunque no debamos generalizar, pues siempre hay gente honesta que se preocupa por el bien común). En lo que estamos incidiendo es en sacar a la luz las ideas negrolegendarias de Marx y sus epígonos, y los de la izquierda que ha bebido de ellas. La responsabilidad de todos ellos ha derivado en que esa ideología haya seguido cuajando en estas últimas décadas, teniendo que seguir sufriendo sus consecuencias todos los españoles.

por los hombres de carácter más débil. Pues así son descritos los españoles por esos hispanistas en los que Marx se apoya. O cómo puede ser que, en el periplo al Nuevo Mundo, solo fuera relevante para ellos la búsqueda de riquezas materiales, teniendo en cuenta la impronta arquitectónica y cultural que es reconocible en el mundo hispanoamericano actual. Para Marx, esos españoles («esos íberos», según sus palabras) del siglo XVI, en lugar de atender a la transformadora «razón individual», se dejaban «encandilar» por curas y aristócratas. Para Marx esos hombres eran unos débiles hombres del sur europeo:

> Eran los tiempos en que Vasco Núñez de Balboa hincaba la bandera de Castilla en las costas de Darién, Cortés en México, y Pizarro en el Perú; en que la influencia española tenía la supremacía en Europa, y la imaginación meridional de los *í*beros se encandilaba con la visión de eldorados, de aventuras caballerescas y de una monarquía universal. Entonces desapareció la libertad española en medio del fragor de las armas, de los ríos de oro y de los tétricos resplandores de los autos de fe» (Marx y Engels, 1974, *pág.* 11).

Afirmaciones como las anteriores son el núcleo de la Leyenda Negra, y encontramos, en los textos en que describe los antecedentes de la «situación revolucionaria española» que está analizando, muchos más ejemplos:

> También merece la pena subrayar el hecho de que la lenta redención del dominio árabe mediante una lucha tenaz de cerca de ochocientos años dio a la península, una vez totalmente emancipada, un carácter muy diferente del que presentaba la Europa de aquel tiempo. España se vio, en la época de la resurrección europea, con las costumbres de los godos y de los vándalos en el norte, y de los árabes en el sur (Marx y Engels, 1974, *págs.* 9-10).

En la Italia meridional, en el tiempo en el que la hegemonía aragonesa pasó a la de la España unificada, se hacían afirmaciones del calibre que leemos en ese primer artículo de Marx. Se decía en los territorios de Nápoles y Sicilia que los españoles no eran buenos ni auténticos cristianos por estar contaminados por moros y judíos, fuera por causa de las «costumbres» señaladas por Marx, o por haberse dado mezcolanza racial a lo largo de los ocho siglos de lucha contra el imperialismo sarraceno.

Contra las afirmaciones negrolegendarias señalaremos que, desde los primeros tiempos de la Reconquista, la España que comienza su andadura imperial toma una distancia cada vez mayor con los anteriores godos, y el genuino carácter que va adquiriendo es el que le da su adscripción a un cristianismo muy diferente al de los anteriores hombres germánicos. Estos eran también cristianos, pero opuestos a la dogmática triunfante, pues eran seguidores de las tesis arrianas[96]. Los que comenzaron la Reconquista eran ya seguidores de un cristianismo que los ecualizaba doctrinalmente con Roma. Otra de las pruebas de esa total separación de los anteriores «godos» era que desde el origen de lo que se denomina la «Reconquista», desde el primer reino astur-leonés, se dio una muy diferente organización política respecto de la anterior. Este argumento lo extraemos de Gustavo Bueno, que nos ha hecho ver que las nuevas dinastías abandonan los nombres godos. Los cambian por nombres que serán a partir de entonces habituales, tanto en reyes y emperadores como en los miembros de la nueva nobleza:

96 Aunque desde Hermenegildo (que no consiguió nunca la Corona, los seguidores del papado cobraron protagonismo, el arrianismo nunca fue dejado de lado. De ahí que algunos historiadores consideren que la población hispana que fue conquistada por el Islam no tuviera grandes prejuicios al aceptar en muchos casos la religión conquistadora. El arrianismo y el Islam tenían en común la negación del credo trinitario, dogma fundamental del cristianismo católico.

> Ahora bien, la principal prueba de que la Monarquía asturiana no se constituyó originariamente como un proyecto de restauración de la Monarquía goda (que, por lo demás, solo se había asentado plenamente en la península durante el último siglo y medio anterior a su caída) puede ser también la más sencilla: que ninguno de los nombres regios habituales en la Monarquía visigoda va a ser utilizado para denominar a los reyes de la Monarquía astur. En ésta no encontramos ni Ataúlfos, ni Leovigildos, ni Rodrigos, sino nombres nuevos (al menos en función de nombres reales) como Alfonsos, Ramiros, Vermudos; por cierto, los mismos nombres que seguirán utilizándose en el Reino de León y que se reiterarán también en Castilla (Alfonso IV, Alfonso V, Alfonso VI, etc.). Y, por supuesto, en el Reino de Aragón los nombres de los Alfonsos y de los Ramiros siguieron utilizándose con frecuencia. Un indicio evidente de la koinonia *constitutiva de la sociedad política española a lo largo de Edad Media, y a partir de la invasión islámica. Ningún rey de Aragón, como tampoco ningún rey de Castilla, se llamó Ataúlfo, Leovigildo o Recaredo. Pero la ruptura de la onomástica goda regia es una prueba irrefutable de que, desde su origen, la Monarquía astur no quiso concebirse políticamente como continuadora suya (aunque sociológica-*mente, lo fuera en gran medida) (Bueno, 1999, *pág.* 276).

Según leemos en el artículo Últimas medidas del gobierno... del 12 de septiembre de 1854, Marx hace un juicio gratuito con relación al periodo más grande del Imperio español (siglos XVI y XVII). El periodo que va de 1556 a 1665 es denominado por él «la época de los Felipes»: «El Gobierno continúa rodeado del mismo enjambre, de la misma plaga que infesta a España desde la época de los Felipes» (Marx y Engels, 1974, pág. 114). A principios del siglo XVI, el más importante historiador de la época, el padre Juan de Mariana también había sido crítico con sucesos de esa época imperial (sobre todo, la que le toco vivir en su edad madura: el reinado de Felipe III, no en vano fue un apologeta del reinado de Felipe II). Su crítica tuvo, sin embargo, un carácter que no fue en absoluto destructivo, pues expresaba su preocupación por el Imperio y su modo de ser gobernado. Destructiva fue la de los hispanistas consultado por Marx y la del propio Marx.

Marliani, una de las fuentes negrolegendarias más conspicuas para Marx, nos dice a estos respectos —y así lo podemos leer en las últimas páginas del libro de Ribas— que los soberanos españoles (aunque se refiere concretamente a Felipe II) venden cargos a altos precios: «instrumento manejable según el albedrío de una soberanía desenfrenada, y sujeta por otra parte al fanatismo religioso» (Ribas, 1998, *Extractos*, pág. 287). La descripción que leemos directamente en su libro de ese mismo monarca no se deja uno solo de los matices recogidos por la Leyenda Negra: «(...) el rey de España, aquel Felipe II, verdugo de su hijo, de su hermano y de sus vasallos, robador de todos, transformador de la paz del orbe» (Marliani, 1840, pág. 29).

El caso de Antonio Pérez, una de las pizas clave de la Leyenda Negra, es apuntado por Marx en su cuaderno tal y como lo lee en el libro de Marliani. Lo que lee Marx del texto de Marliani, es una lectura tergiversada del suceso, pues no atiende a lo que realmente sucedió. Las ayudas que recibió Pérez en su huida fueron de personalidades aragonesas muy influyentes, como el Conde Aranda o el duque de Villahermosa. Marliani dice sin embargo que es el pueblo el que reacciona frente a la política de Felipe II, que «se alborota», y que «arrebata a Pérez de las garras de los inquisidores, y favorece la huida del reo a Francia» (Ribas, 1998, *Extractos*, pág. 287). Esta tergiversación adapta el relato a un modo de ver afrancesado. Transforma lo sucedido a una suerte de mecánica que había inaugurado la Revolución francesa. Mecánica que podía haberse dado en la España de la época, pero que no fue así. Ese relato transformado se ajusta como un guante a lo que Marx quiere leer, tomándolo como verdadero. Pero el pueblo aragonés —como si fuera un reflejo de una clase universal oprimida— no es el que se opone a Felipe

II, la oposición al rey se da por parte de las instituciones aragonesas, como eran: la de los Fueros (derechos adquiridos históricamente para nobles y otras personas que habían recibido honores, que les permitían ordenar sus territorios *manu militar* si era preciso); el Privilegio de manifestación (que lo ejercía el Justicia de Aragón); o el Privilegio de los veinte (veinte representantes populares eran jueces de malhechores). Esto implica que tales derechos no eran de «la mayoría», del «pueblo», en palabras de Marx, sino de la minoría que la gobernaba.

3.3. ESPAÑA NO PRECISÓ DE UNA ILUSTRACIÓN

La burguesía formada en los lugares en los que la industria y el comercio se había desarrollado era la que, según Marx, controlaba la lucha contra la invasión francesa, y estaba apoyada por «la parte más culta de las clases superiores y medias —escritores, médicos, abogados e incluso clérigos—, para quienes los Pirineos no habían sido una barrera suficiente contra la invasión de la filosofía del siglo XVIII» (Marx y Engels, 1974, pág. 18). Las Juntas provinciales en sus llamamientos a la lucha son definidas por Marx como los bárbaros que se enfrentan al Imperio civilizado. Marx sigue tratando a los españoles de su época como si de unos incivilizados se tratase, pero no se queda ahí, asegura que así han sido siempre los españoles: incapaces de llevar a cabo progresos civilizatorios. Progresos que serían del mismo calado que los que se han dado en la Europa que encumbra.

La afirmación que da título a este apartado es una de las consignas fundamentales de cara a poder contrarrestar el inmenso poder de las mentiras vertidas sobre España desde hace más de cinco siglos. Mentiras que son las que leemos en estos textos de Marx, y que son asumidas y aireadas constantemente por la izquierda, reeditándolos cada poco tiempo, o procurando que los afines, u otros interesados, puedan leerlos en Internet. Alguien como Marx, que se precia de haber leído a Cervantes, y de conocer la literatura española (literatura que floreció en el *Siglo de Oro*)[97], sin embargo se ve arrastrado por la corriente de la mendacidad. De tal manera que repite esas falsedades sin pestañear:

> Los llamamientos que estas diferentes juntas dirigieron al pueblo, si bien reflejaban todo el heroico vigor de un pueblo que ha despertado súbitamente de un letargo prolongado y a quien una sacudida eléctrica ha puesto en estado de febril actividad, no están exentos de esa exageración pomposa, de ese estilo en que se mezclan lo bufo y lo fatuo y de esa grandilocuencia rimbombante que llevó a Sismondi a calificar de oriental la literatura española[98] (Marx y Engels, 1974, *pág.* 19).

Y si no hacía juicios de valor generalizados de los españoles, los hacía de ilustres personalidades de los tiempos convulsos que habían descrito los autores que eran sus fuentes documentales. Autores que han caído en el olvido, y que solo son atendidos por escasos eruditos. Ese no es el caso de Marx, que sigue teniendo una amplia audiencia. De ahí que carguemos las tintas en su responsabilidad en la divulgación de las mentiras hispanófobas. Como la de considerar a España como incapacitada para desviarse de un modo productivo feudal. Como ya hemos demostrado previamente, las características que el feudalismo tiene, en la doctrina marxista, son inadecuadas para compren der la evolución de los reinos españoles, en constante conflicto imperialista con el Islam. Conflicto que una vez encauzado se

97 El Siglo de Oro no se refiere a un siglo temporal, sino a un periodo más extenso. Un periodo que «casualmente» es coincidente casi por completo, con los años imperiales españoles del periodo de los Austrias. El siguiente, periodo, de influencia francesa, hará que muchos de los logros culturales se malogren.

98 Juan Carlos L. Simonde de Sismondi, ginebrino, de origen italiano. Autor de *Estudios sobre las constituciones de los pueblos Libres*. Fue un conocido apologeta de la Inglaterra de la época y de la Francia de Napoleón).

trastocó con otras dificultades derivadas de la nueva situación imperial (la guerra con el Islam fue española, y solo española, y el Imperio, el único Imperio realmente existente, fue el español[99]). Una situación y otra marcaron una muy diferente evolución que la de los demás reinos sucesores (del fracturado y desaparecido Imperio romano de occidente), en su transformación en los reinos modernos que fueron. El caso es que, para Marx, España solo ha representado y representa atraso histórico:

> Floridablanca y Jovellanos representaban un antagonismo perteneciente al período del siglo XVIII que precedió a la revolución francesa. El primero era un burócrata plebeyo; el segundo, un filántropo aristocrático. Floridablanca era partidario y ejecutor del despotismo ilustrado que representaban Pombal, Federico II y José II; Jovellanos era un «amigo del pueblo», al que esperaba elevar a la libertad mediante una sucesión de leyes económicas, aplicadas con la mayor prudencia, y por la propaganda literaria de doctrinas generosas. Ambos eran opuestos a las tradiciones del feudalismo (Marx y Engels, 1974, *pág.* 23).

En los «extractos» incorporados por Ribas a su edición de los textos de Marx y Engels sobre España, atendemos a los argumentos de Manuel de Marliani. El hecho de que Marliani hoy no se lea, salvo por muy pocos estudiosos de la época, tal y como hemos señalado, y que el leído sea Marx, hace que tengamos en consideración a este último como el actual responsable de la transmisión de tales tergiversaciones de la historia. Lo que leemos de Marx no deja lugar a dudas en lo referido a lo que afirmamos de su responsabilidad. Y tras la publicación de los «Extractos», por parte de Ribas, nuestro juicio se ve más que reforzado.

---

99 La postura de Villacañas, señalando que el Imperio que fue, no era el español, sino el germano, ya la hemos contrarrestado previamente.

Leyendo directamente el texto de Marliani descubrimos lo qué pensaba de Martín Lutero. Marliani lo describe como si se tratase de una víctima del papado: Lutero es el «fraile desvalido de Witemberg» (Marliani, 1840, pág. 22). Este modo de definirlo es tan generoso como falso. Aunque lo peor viene justo después, cuando dice de él lo que no podemos admitir de ningún modo, por ser una de las mentiras más recalcitrantes de entre todas las expresadas por la Leyenda Negra. Pese a no ser España el foco de las invectivas. Dice Marliani que Lutero «desaletarga la Alemania, asalta de frente a las maldades de Roma y los abusos de la Iglesia, y reentona el cristianismo con los manantiales de la filosofía» (Marliani, 1840, pág. 22). Falsedades como esta son las que han definido la España católica como todo lo contrario de lo que en realidad fue. En lugar de que se le conozca por lo que fue, la cuna de la filosofía moderna y el azote de las supersticiones, se le ningunea para tenerla por todo lo contrario de lo que representaba en esa época y en los dos siglos posteriores al que vivió Lutero. Es esto último lo que representó y llevó a cabo Lutero: el enfrentamiento con la Iglesia y con España. Con esta última, por ser para un Imperio hereje, seguidor del papismo.

Con relación a lo último que estamos señalando, debemos de insistir en el desprecio que Marx nos muestra respecto de la política española, desarrollada desde la denominada por él mismo como «época de los Felipes» hasta el siglo XIX. Un desprecio que se debe a la dependencia que mostraron estos reyes de la Iglesia. De la que no pueden ni quieren desligarse. La Iglesia, para Marx, es el baluarte de una de las más recalcitrantes superestructuras ideológicas.

Por otra parte, la filosofía que se desarrolla en España, en ese periodo señalado —el del denominado Siglo de Oro, un periodo de más de un siglo, pese a su denominación, coincidente con los años de regencia de los Austrias— es despreciada por él. La desprecia por ser una filosofía dependiente de la doctrina derivada del credo eclesial. No la tiene en cuenta en absoluto, como si no hubiera existido. Como si no hubiera tenido el papel que tuvo en la historia del pensamiento, pues fue la fuente de la filosofía desarrollada por los alemanes y previamente por franceses y británicos.

En el norte de Europa, a diferencia de lo que sucedió en España, dice Marx, que la burguesía, así como la clase obrera y campesina, consiguió desvincularse de la Iglesia (España seguía vinculada en el XIX, según señala). Y concluye que fue gracias a tal desvinculación que pudiera desarrollarse lo que señala como único «pensamiento europeo». De lo afirmado por Marx, deducimos que en España no se dio pensamiento alguno.

Pero Marx se equivoca, Marx no ha investigado en las fuentes que habría debido de investigar, y no solo las hispanófobas. Por eso es por lo que no conoce los desarrollos científicos y filosóficos que se dieron en la época imperialista española, todos ellos referidos en textos escritos en latín, la lengua culta de esa época, la lengua en la que se escribió la filosofía hecha en España en la Época Moderna. Marx solo reconoce, como sucede con los textos en que se apoya para sacar sus conclusiones, ese «pensamiento europeo». Para contrarrestar estas afirmaciones, nos vamos a apoyar en un texto de Gustavo Bueno en el que incide en la relevancia del pensamiento español. Bueno frente a lo dicho por Marx, considera el pensamiento español como lo que realmente fue, como «la manifestación más excelsa de la vanguardia del espíritu humano, y, en todo caso, la norma del pensamiento moderno» (Bueno, *El español como «lengua de pensamiento»*)[100].

Bueno señala que solo quien así considera ese nuevo modo de pensar que se está desarrollando en Europa —en un momento

100 Gustavo Bueno. «*El español como "lengua de pensamiento»*». *El Catoblepas* 20.

que podemos definir como el de la «crisis del cristianismo», del Reino de la Gracia, en palabras también de Bueno— «podrá estar inclinado a devaluar cualquier forma de pensamiento independiente que haya sido mantenido en España» (Bueno, *El español como «lengua de pensamiento»*; esta cita parece estar referida a lo que estamos señalando respecto de lo que dijo Marx, además de a los que se va a referir, tal y como vamos a poder comprobar). Los ejemplos que leemos en este artículo son definitivos:

> Por ejemplo, solo quien considera el atomismo mecanicista como la filosofía más profunda de la naturaleza alcanzada por el pensamiento moderno (Galileo, Descartes, Gassendi), un pensamiento que había sido capaz de arrinconar definitivamente el hilemorfismo (lo que conducía a revisar, por no decir negar, la teología eucarística), podrá decir que España se mantuvo en las tinieblas (o que en ella la mantuvo la Inquisición), por la tenacidad con la que se defendió, nemine discrepante, durante el siglo XVII y el XVIII el dogma de la eucaristía. Y no solo por los escritores, en latín o en español (Suárez, Calderón, Gracián, Polanco…); también por los políticos más «avanzados» del siglo XVIII como pudo serlo don Zenón de Somodevilla (…) La interpretación «más adversa» al pensamiento español (interpretación incorporada a la «Leyenda Negra», alimentada después por hombres como Montesquieu o Voltaire) es bien conocida: no podría hablarse propiamente de pensamiento español (tampoco de ciencia española); no existió tan pensamiento, ni tal ciencia. Los escolásticos españoles del siglo XVI y XVII son solo una reliquia de la barbarie medieval (Bueno, *El español como…*).

3.4. MÁS ARGUMENTOS NEGROLEGENDARIOS QUE ENCONTRAMOS EN LOS ESCRITOS DE MARX

Retomamos aquí lo que ya hemos denunciado previamente: el tratamiento que Marx da al imperialismo de España como adecuado a los imperialismos asiáticos. Pero calificar los Gobiernos de los Austrias como absolutismos implica no saber gran cosa del ordenamiento del Imperio español. La Monarquía hispánica que parte de Isabel y Fernando y que continuaron los reyes Austrias, no puede compararse con la que trataron de imponer los Borbones españoles, cuando imitaron la política centralista de los Borbones franceses. La Escuela de Salamanca, sobre todo con la figura de Francisco Suárez, u otros filósofos de la época que no podemos clasificar como pertenecientes a esa Escuela, cuyo ejemplo más conspicuo fue Juan de Mariana, aborrecían de esos modos absolutistas que ya se daban en Inglaterra y Francia. Sus respectivas obras *Defensio Fidei Catholicae Et Apostolicae Adversus Anglicanae Sectae Errores* y *De Rege et regis institutione* (escrita catorce años antes que la de Suárez), fueron claros ejemplos de crítica al mal gobierno monárquico (hablar de absolutismo en esos años, como lo hace Marx, incluso cuando se refirió a los Reyes Católicos, es extemporáneo. Solo podría hablarse de absolutismo, en sentido estricto, a partir del mediados del siglo XVII, con el reinado en Francia de Luis XIV)[101].

Los argumentos que encontramos en los textos de Marx, para señalar a España como un imperialismo de cuño asiático los encontramos a lo largo de sus artículos expresados de modo tan descarnado como falto de veracidad. Solo con atender a

101 En el periodo anterior al absolutismo de Luis XIV se le da de modo *ad hoc*, para referirse a algo parecido a lo que dice Marx, el calificativo de «absolutismos en formación». Pero esto no hace que cambiemos nuestro señalamiento del argumento de Marx como extemporáneo.

las reliquias del Imperio en Hispanoamérica, a las que también debemos incluir las que se encuentran en los territorios que ahora pertenecen a Estados Unidos, lo que Marx asegura se muestra con toda su carga de falsificación[102]. La más importante construcción civilizatoria la llevó a cabo en el periodo de los reyes Austrias, que es el periodo despreciado por Marx (siguiendo la estela de los reyes borbones españoles y de los afrancesados españoles del siglo XIX). Marx no se preocupó por contrarrestar los relatos negrolegendarios que consultó. Solo por ello podemos entender que escribiera lo que ahora citamos:

> Si después del reinado de Carlos I la decadencia de España, tanto en el aspecto político como en el social, ha exhibido todos los síntomas de ignominiosa putrefacción que fueron tan repulsivos en los peores tiempos del Imperio turco, en los de dicho emperador las antiguas libertades fueron al menos enterradas en un sepulcro suntuoso[103] (Marx y Engels, 1974, *pág.* 11).

También es de suyo señalar que Marx ya expresó el famoso mito de las dos Españas que años después haría famoso Antonio Machado. Desde nuestro punto de vista, la idea de «las dos Españas» es una idea confusionaria, derivada de una tendencia maniquea fruto de la confrontación entre intereses enfrentados, y que a lo largo del siglo XIX estuvieron, de un

102 En Estados Unidos, la parte que pertenecía al virreinato de Nueva España, y luego a México, ha dejado un ramillete de ciudades que todavía siguen existiendo, muchas con nombre español (por mencionar ejemplos de esas reliquias). Y esas ciudades expresarían el mestizaje que las caracterizaba si, con la toma de posesión WASP no se hubiera acabado con la vida de indígenas y mestizos que las habitaban, todos ellos hombre civilizados, que habían sido cristianizados, pese a que en los relatos que interesadamente han inventado, se les trate a los primeros, a los nativos, como salvajes.

103 Con «antiguas libertades» Marx se refiere a lo que querían «recuperar» las revueltas comuneras; revueltas que suponían más bien lo contrario, pues solo buscaban el interés de algunos castellanos, frente a la maquinaria imperial que se estaba fraguando.

modo u otro, representados por las dos fuerzas políticas liberales. A las dos les hemos estado prestando atención a lo largo del capítulo anterior: los liberales progresistas y los moderados. Esa falsa separación drástica no tenía en cuenta otras muchas tendencias que anulan su discurso. Separación que, a la vez, permite etiquetar de modo absurdo a una de las partes como el mal absoluto. En la actualidad sucede algo parecido en la política española, pues los Gobiernos progresistas descalifican a los que no comparten su ideología[104]. Pero también tenemos ejemplos a escala global, por ejemplo, cuando la Administración americana señalaba a «los otros» como el «eje del mal»[105]. Pero atendamos a lo que Marx nos dice, pues es un claro ejemplo de tal dicotomización falsaria:

> Mientras no se trataba más que de la defensa común del país, la unidad de las dos grandes banderías del partido nacional era completa. Su antagonismo no apareció hasta que se vieron frente a frente en las Cortes, en el campo de batalla por la nueva Constitución que debían redactar. La minoría revolucionaria, con objeto de estimular el espíritu patriótico del pueblo, no dudó en apelar a los prejuicios nacionales de la vieja fe popular (Marx y Engels, 1974, *pág.* 18).

Otra de las argumentaciones que leemos, y que no tienen fundamento, es con la que pretende expresar cómo es el

---

104 El mal, en este caso se expresa con el calificativo de «ultraderecha». La ultraderecha es todo lo que enfrenta la política de izquierdas que está en el poder.

105 El «eje del mal» fue una expresión acuñada en un discurso del presidente de EE. UU. George Bush (hijo), en enero de 2002. Con tal etiqueta expresaba de un modo simplificado a los Estados con los que la democracia (los Estados democráticos) debían enfrentarse a sangre y fuego. La simplificación maniquea, de que solo existe el bien y el mal, estaba perfectamente expresada por ese presidente en su discurso. Con ello no debe concluirse, en absoluto, que estamos del lado de los señalados por Bush. Lo que estamos denunciando es solamente la argumentación falaz

carácter de los españoles. Para él, los españoles se muestran como cobardes, como gentes que no toman decisiones ante las adversidades. Esto es lo que nos quiere decir con afirmaciones como la de los españoles son «pusilánimes», o cuando nos dibuja como vagos:

> Este es uno de los muchos síntomas de progreso revelados por la última revolución en España; progreso cuya lentitud solo puede asombrar a los que no conozcan los usos y costumbres de un país donde la palabra «mañana» es la consigna de la vida corriente y donde todo el mundo está dispuesto a decirle a uno que «nuestros antepasados necesitaran ochocientos años para echar a los moros (Marx y Engels, 1974, *pág.* 132).

De Jovellanos sigue diciendo alguna cosa más, aunque no para arreglar lo que había señalado previamente. Aunque retóricamente lo presenta con alabanzas, como la de atender a su «sabiduría», a renglón seguido hace que tal calificativo quede devaluado. Con ello está siguiendo en su línea habitual, que es la de la comparación —siempre a la baja— de España y los españoles con sus progresivamente más civilizados vecinos. Minusvalora la personalidad de Jovellanos, pero no por una posible falta de capacidad, sino por algo más atroz: por el hecho de ser español:

> No exento del todo de prejuicios aristocráticos y, por lo mismo, muy propenso, como Montesquieu, a la anglomanía, esta notable personalidad constituía la prueba de que si España había engendrado por excepción una mente capaz de grandes síntesis, solo pudo hacerlo a costa de la energía individual que poseía únicamente para cometidos locales (Marx y Engels, 1974, *pág.* 24).

Por último, señalamos que Marx afirma que el catolicismo español era la fuente de su ignominia e ignorancia. Los responsables provinciales de las Juntas, que tomaron el papel de gobierno atomizado de la España conquistada, son criticados por Marx justamente, también a nuestro juicio, pues de la situación en la que se encontraba España en el siglo XIX muchos eran los responsables. Pero los argumentos expresados por él no son, sin embargo, adecuados. En primer lugar señala que los junteros —menciona las Juntas de Oviedo y de Sevilla— declararon la guerra a Bonaparte y buscan apoyo en los ingleses. Lo que denunciamos no es esto, sino que la apostilla negrolegendaria de su discurso:

> Es un hecho curioso que la mera fuerza de las circunstancias empujó a estos exaltados católicos a una alianza con Inglaterra, potencia que los españoles estaban acostumbrados a mirar como la encarnación de la herejía más condenable, poco mejor que el mismísimo Gran Turco. Atacados por el ateísmo francés, se arrojaron a los brazos del protestantismo británico. No es de extrañar que, al retornar a España, Fernando VII declarara, en el decreto restaurador de la Santa Inquisición, que una de las causas «que han perjudicado la pureza de la religión en España hay que buscarla en el hecho de la permanencia de tropas extranjeras pertenecientes a distintas sectas e inspiradas todas en un odio común a la Santa Iglesia romana» (Marx y Engels, 1974, págs. 18-19).

Por otra parte, Marx miente al situar en el frente de reacción al pueblo oprimido y a un pequeño grupo de burgueses no afrancesados. En la España tomada por los franceses no solo se puso a la cabeza de la rebelión la burguesía concienciada, sino que muchos dirigentes populares eran curas, monjas, monjes, beatos y otros creyentes que hoy día son considerados héroes españoles. Por ejemplo: el canónigo Baltasar Calvo, que dirigió el levantamiento popular de Valencia, y que luego se propagó a toda España; el religioso Basilio Boggiero, el cura Sas, el mayordomo de la Hermandad de San Joaquín, Felipe Sanclemente y

Romeu, la madre Rafols, de la congregación de las Hermanas de la Caridad. Todos ellos fueron relevantes figuras del sitio de Zaragoza.

Vemos pues que Marx arrancaba de los intereses nacionales a los católicos, pues, en su modo de entender el mundo, consideraba que, por el hecho de ser religiosos, eran también reaccionarios, contrarrevolucionarios:

> El movimiento, en su conjunto, más parecía dirigido contra la revolución que a favor de ella. Era al mismo tiempo nacional, por proclamar la independencia de España con respecto a Francia; dinástico, por oponer el «deseado» Fernando VII a José Bonaparte; reaccionario, por oponer las viejas instituciones, costumbres y leyes a las racionales innovaciones de Napoleón; supersticioso y fanático, por oponer la «santa religión» a lo que se denominaba ateísmo francés, o sea, a la destrucción de los privilegios especiales de la Iglesia romana. Los curas, a quienes aterrorizaba la suerte que habían corrido sus cofrades de Francia, instigaron las pasiones populares por instinto de conservación. «La llama patriótica —dice Southey— se vio avivada todavía más por el santo óleo de la superstición» (Marx y Engels, 1974, *pág.* 17)

Argumentos falsos que Marx repite, como hemos podido ver ahora, de la pluma del británico Southey. Autor este que no reconoce el pasado supersticioso que anegó el saber popular de su Inglaterra de origen. La superstición se propagó en Inglaterra, como también paso en todos los territorios donde triunfó la Reforma. Fue la Iglesia católica, con la racionalidad que le caracterizó, la que frenó siempre las supersticiones populares. Que Southey haga una afirmación —la que Marx hace suya a la vez— es fruto de un propósito más que medido, por parte del primero: la de poner en el haber del enemigo lo que le corresponde al falsario. Un mecanismo que es históricamente habitual y que su referente primero y más sobresaliente —dado que mantiene su vigencia— fue el que consiguió expresarse como la Leyenda Negra[106]. Posteriormente se repitió en la expresión de otras muchas «leyendas negras» que se han dado tras esa primera, que por el hecho de ser la original, no precisa de adjetivación: si hablamos de «Leyenda Negra», es la referida a España. Hoy día hay leyendas negras de la Iglesia, de los soviéticos, y de otros muchos imperialismos, incluido el actual estadounidense. Ninguno se libra de ser objetivo de falsificaciones en sus respectivas historias.

Esto es lo que sacamos a la luz en Marx, que después de siglo y medio de su fallecimiento, por ser un autor que no deja de leerse —en España los textos en los que la menta, como ya hemos señalado– es responsable de trasmitir las falsedades vertidas sobre España en el siglo XIX, que fue de los más virulentos, negrolegendariamente hablando. Por eso es por lo que denunciamos que Marx, a día de hoy, les sigue haciendo el caldo gordo a los enemigos de España, a los que falsificaron su historia. Y, por ende, a los que la siguen falsificando. Y para muestra un botón:

> *¿Cómo explicar el curioso fenómeno de que la Constitución de 1812, anatematizada después por las testas coronadas de Europa reunidas en Verona como la más incendiaria invención del jacobinismo, brotara de la cabeza de la vieja España monástica y absolutista precisamente en la época en que ésta parecía consagrada por* entero a sostener la guerra santa contra la revolución? (Marx y Engels, 1974, *pág.* 37).

Pero no queremos acabar este apartado sin mencionar un relevante ejemplo de falsedad trasmitida en estos escritos de

106 Atenderemos a la vigencia del mecanismo mencionado en el comentario que hacemos, en el último capítulo de este libro, de la película de Iciar Bollaín *También la lluvia*. Allí nos referiremos a la educación que reciben los niños estadounidenses, similar a la que recibieron los ingleses desde hace varios siglos, tendentes una y otra a falsificar la historia en que el protagonismo imperial era español. Falsedades que llevan aparejadas el desprestigio, como estamos observando, de la cultura que llevó a gala ese Imperio, la derivada del catolicismo.

Marx, aunque señalando la responsabilidad de Pedro Ribas, al mostrarnos los apuntes que tomó en su día. No en vano achacamos la responsabilidad hispanófoba no solo a Marx sino a todos los epígonos que se han movido en torno a sus escritos sobre España. Y Ribas, a estos respectos, se lleva la palma, tal y como estamos comprobando.

En esos «extractos», tal y como los califica Ribas, Marx apunta una lindeza de la que antes no nos hemos hecho eco, y que ahora traemos a colación porque nos parece que tiene una gran importancia. Además de que podemos denunciar, al atender a ello, a la falsedad que refiere, para así desmontar las implicaciones negrolegendarias de lo que se afirma con ello (que afirmó Marliani —recordamos que los apuntes que extracta Ribas son de ese autor— y que Marx repite sin dudarlo): «Disturbios en Aragón, las Cortes envían diputados al papa, el pueblo mata al primer inquisidor, Pedro Arbués, en la catedral de Zaragoza (Ribas, 1998, *Extractos*, pág. 284). Esta afirmación es falsa porque a Pedro Arbués no lo mata ese «pueblo», tan mentado por Marx en todos sus escritos, sino que lo mató un grupo de ocho individuos. Por ciento, todos ellos, judíos conversos. Nos preguntamos por qué Marliani consideraba que ocho judíos conversos podían representar al «pueblo español». Si eso es lo que Marliani entendía como tal, su idea de España estaba sesgada por otras ideas-fuerza muy potentes (por ejemplo, se nos ocurre decir —para tratar de comprender el mecanismo mental que le hace afirmar a Marliani eso que Marx repite— que esa idea-fuerza es la de entender a la Iglesia y a sus representantes como una suerte de «eje del mal», de manera que podría verse a esos ocho judíos conversos como el brazo armado de «un bien» que identificara a todo lo que se opusiera a lo católico. Otra explicación no nos cabe).

En esta misma línea debemos confrontar otras afirmaciones asumidas por Marx a partir de lo dicho por Marliani.

Por ejemplo, cuando atiende a la expulsión de los moriscos de Valencia (entre 1609 y 1610). Lo que leemos en los apuntes de Marx es que se hace responsable, de esa expulsión, al arzobispo de Valencia, Juan de Ribera. Reconocemos que en ello hay parte de verdad (aunque incidiendo en el dicho popular que asegura que «las medias verdades son dobles mentiras»), que es cierto que Ribera aconsejó al rey Felipe III que los expulsara, y que el rey lo hizo. Antes de confrontar las implicaciones de esas afirmaciones señalamos que Marx se hace eco de otra censura a este arzobispo que lee en Marliani. La referida a que por esa acción «deshumanizada» el papa incluso lo beatificó. Pero lo que vamos a leer —invocando a la falta de humanidad de Ribera y a otras razones añadidas, como la envidia que les provocaban a sus vecinos cristianos, por ser más duchos en el trabajo del campo y en otras técnicas— es falso. La expulsión, se explica, por la envidia de los cristianos: «por cuanto su maestría en labranza y artes daba motivos fundados para maliciarlos de trastornadores del sosiego público» (Ribas, 1998, *Extractos*, pág. 288). Pero las razones para desprestigiar a Ribera son coincidentes con las inferidas a Pedro Arbués. Lo que Marx anota es tan absurdo como falso. Las razones de la expulsión no eran las esgrimidas, sino razones políticas de peso: los moriscos de Valencia eran un peligro para el Estado, debido a que, en muchos casos, se mostraban como agentes conspiradores de las acciones que, contra las costas españolas, desarrollaban los piratas berberiscos. Además, lo que es seguro que molestaba a Marliani, era que Juan de Ribera se había hecho famoso por mostrarse defensor del catolicismo frente a la pujante marea protestante (no en vano, era común al modo negrolegendario, entender la Reforma como una suerte de modernidad respecto a lo católico). Y en ese aspecto, tal y como ya hemos comprobado previamente, Marx pensaba como Marliani. De ahí que aceptara sus juicios sin atisbo de crítica.

3.5. LOS TINTES SUPREMACISTAS DEL DISCURSO DE MARX

Otra cuestión que no podemos dejar de mencionar es la de que, pese a las llamadas de igualdad de la doctrina desarrollada por Marx, descubrimos en sus artículos y otros restos referidos a España y los españoles. Lo que descubrimos es un argumentario que calificamos, sin ningún género de dudas, como supremacista. No en vano suele ser común a muchos germanos esa tendencia en lo que se refiere a las diferencias entre los seres humanos. Y Marx, que es judío nacido en Alemania, se nos muestra imbuido de ese ideario que fue tomando cuerpo en los distintos territorios norte europeos en los que las diferentes etnias germánicas tomaron el control político. Descubrimos en sus textos que los españoles son los que habitan un sur de Europa que desprecia. Desprecio que está en la línea de lo que decía en esas fechas el ya mencionado conde de Gobineau. Y que está presente previamente en figuras como las de Johann Blumenbach. O, más adelante, en Max Müller o en el alemán, aunque solo de adopción, Houston S. Chamberlain[107].

Marx no tiene en consideración que ese sur es de donde emergieron los Imperios universales: de la península balcánica, el de Alejandro; de la itálica, el Imperio romano, y de la ibérica, el Imperio español. Frente a los habitantes del sur de Europa contrapone a los que al parecer son superiores. Eso es lo que suponemos, pese a que no lo diga directamente, cuando atendemos a su diatriba hispanofóbica. Marx considera superiores diversos pueblos europeos. En primer lugar mencionaremos a los pueblos germánicos del norte (los que todavía no han conseguido unificarse como nación política, pues esta solo

107 El supremacismo germánico es una construcción ideológica que tiene una trayectoria que hemos analizado y expresado en nuestro libro ¿Es Estados Unidos un país racista?

se llevó a cabo el primer mes del año 1871). Los germánicos asentados en Francia, que se libraron, gracias a su Revolución, tanto el yugo de la monarquía absoluta como el que les ataba ideológicamente a los del sur, el de la Iglesia católica. Y, por último, mencionaremos a los germánicos que se afincaron en Britania (y siglos después en Estados Unidos): los anglosajones. Estos, que como sucedió con los franceses, habían llevado a cabo las transformaciones revolucionarias (revoluciones burguesas, previas a la definitiva proletaria) que están por darse en todo el sur europeo. Todos estos grupos humanos entendemos que son, para Marx, superiores.

El modo de ver del que hace gala Marx nos recuerda al que años después desarrollaría el pedagogo francés Edmundo Demolins, en su libro de 1898 *Anglo-Saxon Superiority: To What it is Due* (*En qué consiste la superioridad de los anglosajones*), en el que señala a los españoles como unos vagos por contraste con los anglosajones. Estos consiguieron, según señala Demolins, edificar su imperio en base a su trabajo, y a su ideología liberal e individualista. Su libro está prologado y traducido por el periodista, y político liberal, Santiago Alba Bonifaz. Un prólogo, de ciento treinta páginas nada menos, en el que Alba justifica las afirmaciones vertidas por Demolins. No en vano, Alba Bonifaz, es uno de los máximos responsables de que se expandiera la Leyenda Negra en España. Algo que comparte con los germanófilos krausistas. Tanto aquel como estos, todos ellos seguidores de la doctrina del idealismo alemán. Una filosofía afín al protestantismo (no en vano, la gran mayoría de sus más insignes figuras se formaron en el seno de familias profundamente creyentes y en escuelas y universidades protestantes: Kant, Fichte, Schelling, Schiller, Holderling, Hegel…, algunos de ellos con intención en su juventud de postularse como pastor, en sus respectivas Iglesias).

Alba Bonifaz acepta y suscribe el menosprecio que de los españoles se hace en el libro del francés. Un desprecio que reconocemos cuasi ilimitado. Para Demolins los españoles no son dignos de consideración. No encontrando, ni en el presente ni en el pasado, nada que aliente la defensa de su dignidad. Aclamar al patriotismo español es para el francés pernicioso. Ese patriotismo denostado por él es el que a finales del XIX se hacía más patente entre los filósofos neoescolásticos, pues eran los que se oponían con más fuerza a la marea del idealismo alemán que ya había penetrado en España con el krausismo. Y que a día de hoy sigue vigente, pero que solo se muestra tímidamente. Aunque puede mostrarse sin tapujos cuando, en los deportes, los españoles dejan su impronta. Con todo, el patriotismo está estigmatizado por la izquierda hispanófoba y por la ideología nacionalista, pues sus discursos tiende a expresarlo como un seña de identidad de lo que señalan falazmente como ultraderecha. Bonifaz le da la vuelta al argumentario de esos patriotas mencionados de finales del XIX:

> Es difícil calcular a que grado de patriotismo puede llegar un pueblo cuando está completamente arruinado o que grado de ruina puede esperar cuando ha llegado a las últimas convulsiones del patriotismo. Sin embargo tendremos de ello una idea estudiando la situación actual de Italia. Este pueblo ofrece, en el punto de vista científico y social, un interés extremo: nos muestra claramente el límite donde acaba el camino en que estamos metidos. Y si se quiere completar la prueba no ha más que considerar la situación actual de España. Italia y España, España e Italia: señalo este doble ejemplo a los patriotas de ambos mundos. Si aún se desea llevar más lejos la experiencia podemos extenderla hasta las repúblicas de la América del Sur: Yo no sé quién lo ha dicho, pero era un espíritu singularmente sincero: «Retrocedería el que quisiera sondear lo que hay en el fondo de la palabra patria». Es innegable que más de la mitad de las vergüenzas que deshonran la historia y que constituyen una lectura tan inmoral, se han cometido en nombre del patriotismo (Edmundo Demolins, En qué consiste la superioridad de los anglosajones, *págs*. 260-261).

Y aquí ya es pertinente señalar lo que vamos a tener en consideración, a modo de una de las tesis fundamentales que vertebran nuestra lectura crítica. Nuestra tesis es que hay, al menos, tres focos en la transmisión de las ideas negrolegendarias. Los tres focos, además, parten todos del mismo corpus filosófico: el idealismo alemán. Ninguno de los tres puede desdeñarse, pues pese a sus particularidades diferenciadoras, dados los diferentes intereses que mostraban, tuvieron una influencia enorme en la consumación de la ideología hispanófoba que iba a caracterizar a las izquierdas españolas. Llegando esta influencia hasta la España actual. Sin menosprecio de las ideas afrancesadas y masónicas que tanta influencia tuvieron durante todo el siglo XIX, y que consiguieron que cuajaran todas las que ya habían penetrado en siglos pretéritos. De estos tres focos más cercanos, dos están perfectamente definidos por Bueno en su artículo *La esencia del pensamiento español*: el primero, la ideología krausista que, como ya hemos señalado, tuvo una gran penetración en toda España. El segundo es el que deriva del pensamiento de José Ortega y Gasset. Y el tercero, el que nosotros proponemos, es el que aquí estamos confrontando: la recepción de los textos en que Marx y Engels expresan los avatares de la España decimonónica y su pasado:

1. El primero de estos focos fue el marcado por la llegada de la filosofía de Krause. El krausismo caló en buena parte de la izquierda española: la que Bueno señaló como la segunda generación de izquierda (los liberales afrancesados que participaron en la elaboración de la Constitución de 1812 y los que se levantaron en 1820 con Riego a la cabeza). Esta generación de la izquierda se expresó antiespañola al hacer suyos los argumentos negrolegendarios en esos años estaban a la orden del día en la Francia heredera de la Ilustración y que la corte borbónica había aireado dentro de nuestras fronteras.

En esta ideología incardinamos al mencionado previamente Santiago Alba Bonifaz, pues, aunque su adscripción al krausismo no es directa, aboga por el proceso regenerador que solicitaba el krausismo para España. El corpus ideológico krausista ha llegado a nuestros días, contaminando el ideario socialdemócrata español. Contaminación que Gustavo Bueno ha denunciado reiteradamente, pues se reflejaba y se refleja en las ideas defendidas por renombrados dirigentes del Partido Socialista Obrero Español, destacando entre ellos el anterior presidente José Luis Rodríguez Zapatero[108], el cual sigue teniendo un marcado protagonismo internacional, sobre todo en nuestras relaciones con otros países hispanoamericanos, máxime con el de Venezuela.

Tras su penetración en España, el krausismo tuvo gran predicamento en la universidad española, enfrentándose al otro gran foco de influencia: el neocatolicismo. Enfrentamiento que no solo se daba en ese contexto universitario, sino que se extendió a otros ámbitos que no fueron solo educativos. Sobre todo gracias a su consolidado proyecto de la *Institución libre de enseñanza.* Una institución que tuvo una gran relevancia durante varias décadas, las últimas del siglo XIX y las primeras del XX.

2. El segundo gran foco de transmisión de las ideas negrolegendarias que calaron en la España del siglo XX es la que parte de Ortega y Gasset. El caso de ortega es una lectura negrolegendaria que se justifica en que España nunca ha tenido unidad, es lo que nos dice en su libro

108 Su propuestas armonistas, entre las que podemos destacar la promoción la Alianza de Civilizaciones como un camino que para él resultaba imprescindible para una paz mundial. No en vano, el krausismo político era y es una derivación del ideario kantiano. Sobre todo en la idea de «paz perpetua» defendida en su opúsculo titulado a partir de ese sintagma.

España invertebrada. Allí defiende la tesis de que España es el problema y Europa la solución (*España invertebrada* se publicó en 1921, sin embargo la frase famosa que hemos citado se le oyó por primera vez en 1910 en un discurso dado en Bilbao y que lleva por título: *La pedagogía social como programa político*). Su diagnóstico sobre España es tan penoso que él mismo, en varias ocasiones, explicita su patriotismo. Por ejemplo cuando no quiso verter al inglés ni a ningún otro idioma *España invertebrada*, señalando lo siguiente: «porque los asuntos que en él se tratan son internos, y no tienen por qué ser expuestos al público extranjero». La frase puede rastrearse en sus obras completas, pero nosotros la hemos tomado del artículo de Bueno *La Idea de España en Ortega* (*El Basilisco*, nº 32, 2002, pág. 13). Aunque lo que resulta más relevante, con relación a lo que aquí nos interesa, es lo que Bueno nos dice a renglón seguido respecto del patriotismo orteguiano implicado en la frase citada: «esta manifestación pudiera ser interpretada como movida por el impulso de compensar el "complejo de culpabilidad" que Ortega habría segregado como autor de un diagnóstico que, aún sin ánimo pesimista, caminaba de hecho por el mismo camino que la Leyenda Negra».

La influencia de Ortega se dejó sentir en un importante abanico de personalidades españolas, adscritas a diferentes idearios políticos, tanto de derecha como de izquierdas. Las izquierdas fueron las que con virulencia se convirtieron en correa de trasmisión de las ideas negrolegendarias, y la derecha en cómplice de tal trasmisión, dada la omisión de réplica. El papel ejercido por la izquierda a estos respectos lo señala con precisión Gustavo Bueno: «El origen de esta actitud, tanto en su anverso como en su reverso, tiene sin duda mucho que ver con lo que se ha llamado «interiorización de la Leyenda Negra» por una parte de la llamada «izquierda española»; interiorización que es a la vez una prolongación de la misma (Gustavo Bueno, *La esencia del pensamiento español*, *El Basilisco* 26, pág. 77).

3. Y, por último, el foco negrolegendario que parte de los textos de Marx sobre España. Cómo ha influido Marx en esta nematología que contamina el espectro social español lo estamos sacando a la luz. Como estamos comprobando, la mayor influencia de estos textos sobre España se dio en la izquierda marxista, abarcando desde ámbitos universitarios hasta los de base. La más importante correa de trasmisión se dio a través del organigrama partidario: los dirigentes comunistas, se formaban en escuelas de cuadros. Escuelas de cuadros situadas en su mayor parte en países socialistas, como la URSS o la RDA, aunque no solo en esos. En las últimas décadas, tras la legalización en España del Partido Comunista, estas escuelas de cuadros dejaron de ser clandestinas, aunque la formación en países de la órbita socialista continuó[109]. Después de formados estos cuadros, pasaban a ser dirigentes del partido. Dirigentes que vertían las enseñanzas recibidas al resto de los militantes en las células leninistas en que se organizaba el partido. La adquisición de la «conciencia de clase» era un deber de todos los comunistas, siendo a su vez un deber de los militantes la transmisión de esos conocimientos de clase a todos los obreros, aunque no formaran parte del partido. Esta transmisión se debía llevar a cabo en los sindicatos de clase, en asociaciones vecinales o diferentes

109 Los escritos de Marx sobre España eran muy considerados por los dirigentes comunistas, encargados de trasmitir su sabiduría al resto de militantes.

instituciones culturales. E indirectamente, a través del órgano —el periódico[110]— del partido[111].

Estas tres vertientes de transmisión han sido las que, a pleno rendimiento, han procurado que este modo de ver haya calado en la inmensa mayoría de los españoles, de manera que todas las mentiras vertidas sobre la historia de España, y su papel en la conformación del mundo actual, fueron asumidas por los agentes directos y en gran medida por todos los españoles. No en vano, las mentiras están presentes en todos los ámbitos sociales: en la educación, a través de maestros y profesores, en los medios de comunicación de masas, en la literatura y en otras expresiones artísticas, de las que el cine es la que más predicamento tiene, pues está presente en cada casa a través de la televisión (en el capítulo siguiente nos referiremos a algunas películas y series, para denunciar sus falsedades). Y no podemos olvidar Internet, o los videojuegos (ejemplos de estos últimos: *Street Fighter II*, *Capcom*, *Ole toro*, *Toro*, *Pokemon escarlata & púrpura*, *Torrente 3: El protector*, *Resident Evil 4*, *Fifa*, y el que está a punto de salir a la venta *Ecumene Aztec*).

Así pues, a modo de conclusión de este apartado, diremos que las señaladas —el krausismo, la filosofía de Ortega y la recepción de los textos sobre España de Marx—, son la tres

110 El órgano del partido era el medio de comunicación privilegiado en la época (un «periódico», que podía ser semanal o mensual). En los años de la transición española, con la ruptura del PCE, por un lado, y, los distintos partidos dependientes de los diferentes marxismo (trotskistas, maoísta, pro albanés, etc.), por otro lado, cada formación política tenía su órgano correspondiente

111 La formación de los militantes se daba en las células del partido, si este era de carácter leninista, y en las agrupaciones, si el partido había seguido las riendas de la denominada ideología eurocomunista. En estas últimas el aparato educador se relajó, hasta derivar en una suerte de indefinición ideológica. Indefinición que se adaptaba a demandas muy diferentes, relacionadas con peticiones sociales alejadas del interés proletario. Lo que sí tenían en común era la asunción de las ideas negrolegendarias.

fuentes de ideas negrolegendarias. Al menos las que nosotros consideramos más relevantes, y que no pueden soslayarse, y, que como hemos señalado, aquí solo hemos incluido la tercera, pues las dos primeras son las ya señaladas por Gustavo Bueno. De esta manera el espectro de transmisión de la Leyenda Negra ha sido y está siendo cada vez más amplio. Su momento álgido, en la eficacia de su expansión, fue la época de la denominada «Transición española». En esos años, tras la muerte de Franco (en las décadas de la dictadura franquista tampoco se contrarrestaron estas ideas) las ideas negrolegendarias fueron cada vez más aceptadas por los españoles, sobre todo, tal y como estamos denunciando, por el relato repetido de los que se consideraban a sí mismos progresistas. Unos haciendo de correa de transmisión, sobre todo los que tenían responsabilidades educadoras, y otros haciendo lo mismo en los diferentes ámbitos culturales que hemos enumerado: hombres de teatro, novelistas, poetas, ensayistas, pintores, escultores, pero sobre todo, y cada vez más, los relacionados con el cine y otros entretenimientos de masas. A ello debemos añadir la responsabilidad de los que, por el hecho de tenerla asumida, no han reaccionado ante las falsedades vertidas por los primeros. En estos últimos incluimos a gentes muy variadas del espectro ciudadano. Pero son los primeros —los agentes negrolegendarios de las izquierdas españolas— los que conforman un entorno con esa característica común que ecualiza intereses políticos diferenciados. Todos ellos son, tal y como los denominó Gustavo Bueno: la «izquierda negra».

4. LA IZQUIERDA NEGRA

José Ortega y Gasset fundo junto a otros intelectuales un partido político pro republicano que le llevaría a conseguir un escaño en el Parlamento español. Su influencia fue muy abarcante, entre las filas de las izquierdas y también de la derecha. Afín a los ideales ilustrados de los que hizo acopio en los estudios realizados en Alemania, se mostró como uno de los referentes antiespañoles más influyentes, pues lejos de reivindicar España y su historia, su crítica negrolegendaria fue en algunos aspectos demoledora.

Las palabras que Bueno dedica a Ortega en *La idea de España en Ortega*, cuando ve un futuro optimista para España en el seno de Europa, pueden, *mutatis mutandis*, aplicarse a lo que Marx asegura en diversas ocasiones en sus escritos sobre España, pues apunta a una transformación revolucionaria que le llevará a la situación de «libertad» que había perdido tras la unificación de los reinos y la llegada del absolutismo: Marx tiene la misma «*visión optimista* de Ortega del futuro de España, a partir de un diagnóstico *negro* de su pretérito»[112]. Aplicamos pues a Marx lo que Bueno sigue diciendo de Ortega:

112 Gustavo Bueno, *La idea de España en Ortega*. *El Basilisco*. 2002

> Ortega nos manifiesta así, por de pronto, su patriotismo, aunque esta manifestación pudiera ser interpretada como movida por el impulso de compensar el «complejo de culpabilidad» que Ortega habría segregado como autor de un diagnóstico que, aún sin ánimo pesimista, caminaba de hecho por el mismo camino que la Leyenda Negra (Bueno, 2002, *pág.* 13).

Como Ortega, Marx se ajusta perfectamente a la «metodología negra». Una actitud historiográfica definida por Bueno, y en la que pone como ejemplos tanto a la España invertebrada de Ortega, como a «la asfixia o ahogamiento de la actividad científica en España durante los tres últimos siglos, contando desde 1786» (Bueno, *La esencia del pensamiento español*, pág. 77). Una asfixia que fue era fruto de las ideas que trajo a España el krausista de Gumersindo Azcárate. Un ideario que como el que hemos denunciado en Ortega es deudor también de la filosofía alemana. Bueno aclara que la actitud de Ortega y de Azcárate se daba, no por asimilación externa, como era el caso de Marx y Engels, sino por la «interiorización de la Leyenda Negra» (*Ibidem*, pág. 77).

Hemos denunciado que las izquierdas españolas son profundamente hispanófobas. El ámbito de la cultura —en todas sus expresiones—[113] en España está absolutamente controlado por la izquierda. Y tiene como característica más relevante la de «cancelar»[114] a todos los que no se adecuan a su modo de entender el mundo. Y respecto de lo que aquí nos interesa: por cancelar a los que no se adecuan a su modo de entender lo que es España. Los ejemplos del cine, de la literatura, del teatro, incluso de otras artes con mensajes más complicados, a la

113 El ámbito de la cultura, es políticamente de izquierdas, pero sin una precisa adscripción política, de ahí que lo señalemos como: de izquierda indefinida (remitimos al Anexo III).

114 Permítasenos este término propio de lo *woke*, pero que se adecua muy bien a lo que sucede en el mundo de la cultura en la España actual)

hora de expresar ideas, son incontables. Esta izquierda indefinida del mundo de las artes, con caracteres contaminados del modo *woke* de enfrentar la crítica y de llevarla a cabo, no solo se expresa en su producción, pues procura sentar cátedra, políticamente, en todos los foros mediáticos a los que tiene acceso.

4.1. LA IZQUIERDA NEGRA Y EL CINE ESPAÑOL

Ejemplos de hispanofobia se hacen presentes en las opiniones vertidas por directores y actores de cine. Unos y otros, sobre todo los segundos, son los más mediáticos de entre todo el mundillo que se mueve en la realización de películas. Vamos a destacar, de entre toda esa multitud, a algunas de las personalidades que más se hacen notar. Las afirmaciones hispanófobas están presentes de modo habitual en las diatribas que los miembros de la familia Barden suelen lanzar por las ondas, sean radiofónicas, de televisión o a través de Internet. En días muy cercanos, Carlos Bardem decía esto en relación a su papel en la serie El Cid: «Nosotros tuvimos 40 años de historiografía imperial, nacional y católica, donde se revisaron todos estos mitos y el Cid se reconvirtió en un paladín de la reconquista, cuando en realidad era un soldado de fortuna, un tipo que combatió a cristianos y árabes mientras se iba aliando con unos y con otros». Una afirmación como esta, tiene una carga crítica con varias aristas: la devaluación de una figura mítica, que sería envidia de muchas otras naciones actuales. La llamada a la dictadura de Francisco Franco, habitual en la política de izquierdas actual, de cara a dividir el pueblo español en un maniqueísmo exacerbado: de buenos, ellos, los de izquierda, y malos, todos los que digan algo que no se adecue a lo que piensan.

En el contexto de la realización de cine, vamos a mencionar a los dos conocidos directores, y hermanos, Fernando y David Trueba, los cuales suelen jactarse de su ideario. El primero de ellos fue el protagonista de un flagrante caso del que toda España se hizo eco, o al menos casi toda, pese a que no le diera la importancia debida al suceso. Fernando Trueba llegó a decir lo siguiente: «Qué pena que ganara la guerra de la Independencia. Me hubiera gustado que ganara Francia» y «que él no se ha sentido español ni cinco minutos». Afirmación que, dado que trajo mucha cola, trató de limar, aunque consiguiendo a nuestro juicio estropearlo más que arreglarlo, si es que eso era lo que pretendía: apeló a que no era «nacionalista español». Esta vez dejando lo del «sentimiento» aparte. Pero resulta que es inadmisible, salvo para un modo de entender lo que es España dependiente del nacionalismo recalcitrante de algunas regiones españolas. Allí si se puede hablar de «nacionalismo», un nacionalismo que solo cobra sentido por el odio a España. Creer que existe un nacionalismo enfrentado a los mencionados es confusionario. Y esto tenemos que clarificarlo. A ello vamos en los siguientes párrafos.

La ideología nacionalista, tal y como hoy se está dando, se apoya en una idea fuerza que se acuñó en un momento muy concreto de la Historia, cuando se constituyeron Italia, en 1870, y Alemania, el año siguiente. Estas unificaciones de territorios diferenciados precisaban de esa ideología. Los más importantes ideólogos del nacionalismo fueron, en Italia José Mazzini, y en Alemania Teófilo Fichte. Las ideas de Fichte tuvieron una gran repercusión en relevantes figuras de la convulsa Europa de más al este. Sobre todo entre los polacos, de los que no podemos dejar de mencionar a Rosa Luxemburgo. Polonia, su territorio, había dejado de existir desde hacía más de un siglo, repartida entre estas tres naciones: Austria, Prusia y Rusia. Las ideas nacionalistas preocupaban mucho a estos autores que habían perdido una patria añorada. Esta ideología fue adaptándose a las diferentes circunstancias. Y otra transformación fue la de las propuestas de los autores socialistas que iban a llevar a cabo la Revolución rusa, de los que destacaremos a Lenin y a Stalin.

Pues bien, y sin mirar a más lugares de Europa influidos por estas nueva ideas, recabamos en España, pues el ideario nacionalista caló en alguna mentes privilegiadas, que al sentir la debacle en la que España estaba inmersa durante todo el siglo XIX, en lugar de arrimar el hombro, trataron de diferenciarse. Esa ideología que dibujaba tintes supremacistas, sobre todo a partir de lo escrito por Fichte, fue la que se impuso. Estamos señalando a los secesionistas españoles, catalanes y vascos. La nueva ideología lo que trajo consigo fue, además de odio, confusión. La confusión que estamos denunciando y que está implícita en lo que Trueba dijo en el discurso por el que aceptaba el Premio *Nacional* de Cinematografía[115]. Ahora ya podemos aclarar su error. Trueba confundió algo que se tiende constantemente a confundir, patriotismo y nacionalismo. El nacionalismo, el odio que proyecta, deriva en la disolución del patriotismo. En España, no solo entre los seguidores de sus ideas, sino también entre los que no son nacionalistas, pero que sin embargo se sumergen en el error. El caso es que todos los males se juntan y conforman un barrizal del que es difícil salir. Para diluirlo, lo primero que se debe hacer es señalarlo, y eso es lo que estamos haciendo. Por un lado la inveterada Leyenda Negra, que con el transcurso del tiempo consiguió penetrar en todos los españoles. Ni en los tiempos de la dictadura franquista, pese a la elevación de los símbolos españolizantes, se dio una reacción ante su cúmulo de falsedades. Si a ello añadimos la labor de zapa de los nacionalistas, anulando lo que significa lo patriótico, confundiéndolo con lo nacionalista, tenemos la situación a la que hemos llegado. Las voces que desde hace ya más de dos décadas

115 Resaltamos *Nacional* para remarcar el carácter de un premio «español». La mejor forma de expresar su falta de apego a España podía haber sido rechazarlo. Pero el dinero es el dinero: el premio está dotado con 30.000 euros, que concede el Ministerio de Cultura.

se han elevado ante esa ideología perniciosa para España lo tienen muy difícil, pero nada es imposible.

Podemos y debemos señalar más ejemplos de la ideología negrolegendaria a contrarrestar. Ciñéndonos a lo audiovisual que ya hemos comenzado a señalar, mencionamos algunas películas realizadas en los últimos tiempos en España. Películas en las que el ideario negrolegendario se muestra a las claras (las que se hacen fuera de nuestras fronteras son muchas, pero no podemos detenernos en ellas ahora). Aunque recabaremos sobre todo en guionistas, productores y directores, también tenemos que denunciar la responsabilidad que tienen los actores, que como hemos señalado, son los más mediáticos. A modo de ejemplo destacamos al afamado —aunque desde hace pocos años y por mor de una serie televisiva *La casa de papel*— Álvaro Morte, que ha participado en una de las producciones que debemos tachar de negrolegendaria sin paliativos: la del director inglés Simon West. Este director es el responsable de la serie televisiva, desarrollada en seis capítulos, *Sin límites*, para narrar la vuelta al mundo de Elcano. El actor, siguiendo la línea maniquea denunciada como típica de las izquierdas españolas, dijo que había construido «un Elcano muy de izquierdas para evitar que se lo apropien». Aunque suponemos que responsable de tal desfachatez también es Pachi Amezcua, el guionista de la serie, la cual, aunque tiene un realizador inglés, es de factura española. Y las críticas que podemos hacerle son de calado muy similar a algunas películas y series que vamos a tener en consideración a partir de ahora.

> *1898. Los últimos de Filipinas* (2016), del director Salvador Calvo y guion de Alejandro Hernández.

> De 1945 tenemos también *Los Últimos de Filipinas* del realizador Antonio Román. Una estupenda película que nos muestra el valor con el que un grupo de soldados españoles resiste un sitio de casi un año. Consideramos muy adecuado

ver esa película para compararla con la de 2016. Esta última, lejos de incidir en el valor de ese grupo de españoles solo se preocupa en lo que demanda el actual mercado cinematográfico contaminado por los intereses políticos que lo dominan, pues son los que subvencionan las producciones. La producción de *1898. Los últimos de Filipinas* ya no le preocupa explicar por qué los hombres Baler, o mejor: los héroes de Baler, se comportaron como tales.

En esta última producción atendemos a un encumbramiento del indigenismo: los nativos son los buenos, aunque no se muestren en ocasiones como demanda ese modo de ser. Sus actos están justificados pues son una «colonia» y todo lo que se haga para eliminar ese trato político injusto es moralmente asumible. Nada se dice en la película de que la financiación de los nativos que hacen el sitio es estadounidense. La preocupación del realizador y de los responsables de la película es mostrar el odio de los españoles a los nativos, odio que sería la expresión de un ideario supremacista que es falso. Los nativos, pese a engañar y matar, son una excelsa representación del «buen salvaje» que había definido Juan Jacobo Rousseau en su texto *Emilio*.

Además, lo que nos cuenta la versión negrolegendaria se dirige a dar la vuelta a lo que tenía de bueno la anterior: La chica filipina enamorada de un soldado español, que solo piensa en ir con él a España, es transformada en una guerrillera que odia a los españoles. Su amado pasa de ser un valiente a un desertor. El tratamiento de la canción de la película se transforma de motivo evocador de la victoria y la vuelta a la patria, en un arma arrojadiza contra los sitiados. El sacerdote de santo pasa a drogadicto. Los jefes, de dignos oficiales a la expresión de la cobardía y la psicopatía…

La pregunta obligada es por qué elegir este tema de entre las posibilidades que se han dado, a lo largo de muchos siglos de historia. Se podrían llevar a la pantalla de cine innumerables momentos relacionados con España y los españoles repartidos por el mundo que mostraran la relevancia de su papel en la historia. El mero hecho de elegir la narración de los estertores del Imperio es denunciable. Y más denunciable es querer poner ante los espectadores la insignificancia del papel de España respecto de otras naciones como lo hacen en la película: mostrando miserias humanas imaginadas que no realistas, fruto de las mentes más obscenas. Y con lo que estamos diciendo, no pretendemos, ni mucho menos, devaluar la acción heroica de esos últimos defensores de ese territorio nacional, que era la municipalidad de Baler, en la parte más al norte de las islas Filipinas.

También la Lluvia (2010) de Iciar Bollaín

Esta película recibió muchos premios. Algunos, incluso fuera de nuestras fronteras, en Alemania. Este premio foráneo fue del público (lo que nos habla indirectamente de lo que calan las falsedades en el común de los mortales). Por otra parte, y esto es lo que más tendría que hacernos pensar, es que la mayor parte de las críticas que el público realizó en páginas de cinefilia, tras ver la película, además de hablar de sus «virtudes», le dieron la nota a máxima. Es por todo ello por lo que se entiende la dificultad de poner en marcha una réplica al ideario negrolegendario.

El presentismo prima en la historia narrada, de un modo más que explicito por ser una película de cine sobre cine, en la que las cuestiones de justicia, de igualdad, o de derechos humanos están presentes a lo largo de toda ella, sea para referirse a lo que les pasaba a los indígenas de hace más de quinientos años, o, sea, para lo mismo en los indígenas del momento en el que se rueda la película. Una película del presente, pero que el asunto de fondo es la recepción de Colón por parte de los indígenas. Que los indígenas sean bolivianos no es relevante, para lo que se trata de contar. El maltrato a los indios se hace presente en las dos líneas narrativas. La película nos hace ver que los pueblos indígenas continúan siendo oprimidos, quinientos años después de la llegada de Colón al continente americano.

La realizadora se preocupa por señalar que los españoles buscan solo riqueza, sobre todo el gran protagonista de lo que los realizadores ficticios ponen en escena: Cristóbal Colón, pero con él (en palabras de la directora: Colón lo que hizo fue «poner en marcha un mecanismo de explotación», que como deja ver en la película, llega hasta el presente. La responsabilidad por tanto, no es solo la del que lo empezó, sino de todos los españoles, los del pasado que desembarcaron allí y los del presente, que estamos en nuestras casas, viendo su película.

En la línea negrolegendaria de Bartolomé de las Casas, se retoma el debate entre este y Sepúlveda. Sin incidir en las diferencia que se daban entre un periodo histórico y otro. No se incide en cómo vivieron muchos indígenas décadas después de la llegada de los Españoles (en ciudades americanas, como Ciudad de México, Lima o Buenos Aires, fundadas por los españoles había un sistema de cloacas, antes de que lo tuviera Londres; un dato que es digno de ser destacado, aunque no suele sacarse a la luz). De esa civilización se aprovecharon criollos y nativos. Otra cosa fue la decadencia de toda Hispanoamérica tras las emancipaciones de principios del XIX. De eso sí que sería pertinente hacer algunas películas, pues el foco de lo que les sucede hoy día a esos indígenas no se pondría en España sino en los imperialismos depredadores que se aprovecharon de ellos, cuando dejaron de ser España. El Imperio español perdió la batalla con los otros imperialismos, y de ahí la situación en que esas nuevas naciones americanas viven en la actualidad: las ideas de libertad, fraternidad e igualdad, revelaron su vacuidad con el paso de los años. Y la prosperidad a la que se habían habituado los ex españoles americanos se desvaneció tras la desaparición de los virreinatos. Incluso han olvidado que sus ancestros la tuvieron.

Esta película da pie a que hagamos unas reflexiones añadidas, relacionadas con el relato negrolegendario que airea. Un relato muy viejo, pese a las variaciones que el paso del tiempo y los diferentes intereses marcaban, pero siempre con intenciones que variaban muy poco. Los intereses en que esas falsedades se extendieran eran los de los imperialismos pujantes, que tenían la intención de debilitar el hegemónico español. Uno de los factores que no suele señalarse, pero que es de suma importancia para que prospere la trasmisión del relato, es el odio al otro. Ese otro es el conquistador, que está ordenando lo que consideran suyo.

Posteriormente, cuando los imperialismos pujantes tuvieron éxito, y cuando las mentiras vertidas habían sido asumidas mediante un mecanismo psicológico digno de ser estudiado[116], el relato continuó. Además, el ataque continúa a día de hoy, de modo sistemático, desde otros frentes. Se siguen vertiendo falsedades sobre su papel en la Historia. Estas van dirigidas a la impronta de su Imperio. Se quiere destruir la Hispanidad, que está representada por las naciones hispanas y a los hispanos repartidos por las distintas naciones del globo, todos ellos hablando en una lengua común, el español. Y entre todas esas naciones, debemos mencionar, pese a lo llamativo que pueda sonar, a los Estados Unidos de Norteamérica. No en vano el número de hispanohablantes que soporta esa nación es de más de sesenta millones.

En los Estados Unidos, los anglosajones, blancos y protestantes (los que conocemos como WASP) —los que acabaron con la inmensa mayoría de los indígenas de los territorios americanos, por considerarlos como salvajes, casi como a animales— señalan a los españoles como los que llevaron a cabo los desmanes que ellos cometieron, de ese modo —buscando un «falso chivo expiatorio»— consiguen evadirse de su responsabilidad, consiguen tergiversar el pasado. Este es un episodio relevante de negrolegendarismo, en este caso, alejado de los lugares dónde se gestó: la Europa dominada por el Imperio español. En esas tierras americanas del Norte, a día de hoy, se promueven representaciones —en escuelas infantiles— en las que aparecen jesuitas y dominicos haciendo trabajar por la fuerza del látigo a indígenas, y teatralizaciones,

116 María Elvira Roca Barea desarrolla una idea relacionada con el «fracaso», en su libro *Fracasología*. Allí defiende que los españoles han interiorizado una visión pesimista y derrotista, pese a la relevancia que España tuvo en la Historia universal.

en las que los propios niños actúan, en las que se representa a Colón matando indios.

Pero los indígenas que aparecen representados en esas burdas teatralizaciones no tenían nada que ver con lo que se dice de ellos. Los indígenas eran españoles de derecho hasta que cayó el Imperio. Eran españoles y católicos, y vivían en poblaciones fundadas por misioneros (de ahí su nombre de «misiones») desde hacía varias generaciones. Muchas de esas poblaciones se conformarían en el futuro en importantes ciudades. Algunas las había fundado fray Junípero Serra, cuyo nombre es mancillado por las nuevas hordas ideologizadas por el relato negrolegendario. Las estatuas de fray Junípero y de Colón se decapitan o se pintan de rojo, para con ello vengarse de unos crímenes que, sin embargo, cometieron otros[117].

En ese mismo continente, se da otro importante foco negrolegendario, el promovido, en algunas naciones hispanas, por los movimientos indigenistas, que, sin atender a su propia historia, elaboran un relato fabuloso del papel de España en la conquista de América. Una fábula falsaria del papel civilizatorio que desarrolló. Los movimientos indigenistas han llegado en los últimos años a tomar el control político de algunas de estas naciones, como es el caso de Bolivia o México. En Venezuela, el indigenismo no es el que ordena el país, pero sus últimos dirigentes, se adecuaron a sus intereses de un modo u otro. Estos indigenistas son los que con más insistencia señalan a España como lo que no fue, un imperialismo que destruyo las culturas que encontró a su paso, por lo que debiera de pedir perdón. Pese a todo, esta ideología está siendo frenada, no desde España, sino desde sus propias naciones: muchas voces se hacen oír, para contrarrestar las

117 La nueva cultura *woke*, que ha calado también en el movimiento indigenista, no se sustrae de la educación antiespañola recibida desde su más tierna infancia por la maquinaria ideológica antiespañola de los WASP. «Woke» significa despierto, pero es un despertar parcial, no se puede sustraer a los huellas mentirosas grabadas en su memoria.

falsedades indigenistas, cómplices del argumentario WASP desarrollado en el norte de su continente.

Pues bien, la película de Bollaín la podemos y debemos enmarcar en esta corriente de mentiras negrolegendarias que se suman a las antiguas. Mentiras que convienen al imperio estadounidense, de control WASP, que se ve amenazado por lo hispano. La entrada de hispanos en Estados Unidos tiene muy difícil control, y la asimilación se expresa como improbable, al menos a corto plazo. De ahí la preocupación de los anglosajones, blancos y protestantes. Los movimientos indigenistas que se dan en todo el continente americano son un arma que pese a que pueda expresarse como una amenaza a la cultura dominante de Estados Unidos, está dirigida contra la Hispanidad. La película de Bollaín la enmarcamos en ese contexto. La diferencia, lamentablemente, es que ella es española. Por ello la tenemos en cuenta en el conjunto de los que fomentan la hispanofobia dentro de las propias fronteras, de los que clasificamos como la izquierda que, olvidando lo que suponía el calificativo «rojo» (internacionalismo, confrontación a los explotadores, etc.) pasa a tener un nexo identitario diferente, el del odio a España. El mismo odio de los que inventaron y trasmitieron la leyenda negra desde hace muchos siglos. De ahí que les denominara con acierto Gustavo Bueno como la «izquierda negra».

Cristóbal Colón, de oficio... descubridor (1982), dirigida por el realizador, guionista y cómico Mariano Ozores, y producida por José Frade.

Frade quizá fue el más relevante de los impulsores en España del cine de comedia, en los años setenta y ochenta. Esta película es, como otras muchas —aunque el tema tratado es lo que nos ha decidido a considerarla— un claro reflejo de unos modos de ser y hacer, referidos a la atención que dedicamos a nuestra historia. Esto nos diferencia de lo que se hace en otros lugares diferentes cuando se refieren a su pasado. En esta película no faltan las brujas, y mucho menos, los inquisidores.

La relevancia de Colón, devaluando la que tuvieron los Reyes Católicos en el proyecto, está presente en la película. Pese a que ese modo de entender la lógica del descubrimiento fuera y es una constante en toda la narrativa conocida, no es óbice para que la descarguemos de responsabilidad. Que sea del género de la comedia, no la exime de haberse tomado en serio el trasfondo de lo que se narra.

Como señalábamos, los cineastas ingleses, franceses o estadounidenses lo hacen de otro modo. Si nos ceñimos a los primeros, encontraremos una ingente cantidad de ejemplos relacionados con el tratamiento de su historia que nos tendrían que hacer que pensar. A modo de ejemplo incidiremos en algunas producciones: la de *Becket* (1964) de Peter Glenville, o *El león en invierno* (1968), de Anthony Harvey, ambas con los mismos protagonistas Enrique II Plantagenet y su esposa Leonor de Aquitania. Pese a que dibujan un cruel monarca, y con cualidades morales muy poco dignas de mención (salvo en contextos maquiavélicos), elevan su personalidad de un modo insospechado. La segunda de ellas, también la de su esposa. Las diferentes puestas en escena cinematográfica de la vida y hechos de algunos reyes como Enriques III y Enrique V, del rey escoces Macbeth o de los legendarios reyes Lear y Hamlet, a partir de las obras de William Shakespeare. Los temas históricos tratados por este autor se han llevado, además de a los teatros, a las salas de cine. Cuando la película es en tono de comedia, o sea, de características adecuadas a la de Ozores, tampoco van dirigidas a devaluar su pasado. Ponemos como ejemplo *Los caballeros de la mesa cuadrada* (1975), de Terry Jones y Terry Gilliam. Y lo mismo en Francia, cuando hacen una comedia no lo hacen para de tergiversar su historia. Así lo vemos en la producción de título *Los visitantes* (1993), de Jean-Marie Poiré.

¿Es envidiable lo que sucede en otros países? Respondemos que sí. Pero no por esa envidia que inveteradamente algunos —contaminados de cierto grado de hispanofobia— dicen que caracteriza lo español. La envidia que reivindicamos es «envidia sana», una envidia que quiere ser revulsivo para empezar a hacer lo mismo que hacen esos otros. El punto de partida no sería el mismo que el de los señalados (hemos señalado producciones inglesa y francesas, pero podríamos haber señalado muchas más, de otros países), ya que los autores españoles del Siglo de Oro no tenían que ensalzar reyes que estuvieran preocupados por sus parcelas de poder, y poco más. Esto era el motivo de preocupación de William Shakespeare en muchas de sus obras. Los que regían el Imperio español en ese siglo no necesitaban engrandecerse mediante ficciones literarias, ya eran grandes por sus cometidos imperiales. De ahí que no tengamos referentes literarios fabulosos que readaptar. Pero eso no tendría que ser problema para llevar a cabo una producción cinematográfica que narrara el papel de España en el Mundo durante los siglos XVI, XVII y XVIII. Lo que hay que hacer es revisar los relatos y las reliquias para construir narraciones cinematográficas que anulen la potencia ideológica negrolegendaria. Y si se quieren contar avatares de la España posterior a esos siglos, también puede hacerse, aunque de ello tenemos ya demasiada filmografía, y la hecha últimamente del cariz del que estamos renegando. Lo que es imprescindible, con relación a las últimas producciones, es su necesaria revisión. Con ello conseguiríamos una también necesaria catarsis: sacar a la luz —expulsar— las mentiras que en ellas se narran.

De *Isabel* a *El Cid*, pasando por *Carlos, Rey Emperador* y *El ministerio del tiempo*, (series de TVE, de 2012, la primera, de 2015 las dos que le siguieron, y de 2022 la última).

Estas series españolas fueron de mal en peor, respecto de lo que nos interesa aquí tener en cuenta. Los prejuicios negrolegendarios se dejaban ver ya en la primera. Por ejemplo, con la atención que le reservaron a una de las más importantes figuras históricas españolas, la del cardenal Mendoza. El dibujo que se hace de su persona le hacía un flaco favor a la relevancia que tuvo en la Historia. Señalarlo como un personaje lascivo y degenerado es una mera falsificación, un relato interesado de denigración de un personaje por el mero hecho de ser un eclesiástico. Podría haberse incidido, además de un sus orígenes nobles, en que era un gran erudito y un político de grandes aptitudes. También fue, como era habitual en la época, un religioso guerrero, valeroso, además de un gran estratega. Se destacó como consejero de los Reyes Católicos, y supo mantenerse cerca siempre de estos monarcas, pero también de sus otros superiores, los papas, algo que solo algunas personas, las más inteligentes suelen conseguir. También, como personalidad digna de la época, fue mecenas de artistas, e impulsó financieramente el proyecto de los Reyes Católicos de llegar a las Indias por el oeste, con Cristóbal Colón al frente de la expedición. La serie pasa mucho más que de puntillas por la personalidad de este protagonista de la historia española, incidiendo en presentarlo como un personaje ávido de ambición. Pero no solo eso, los guionistas y el realizador de la serie, aprovechando que era conocido que tuvo hijos siendo religioso (hijos que no dejó en la estacada, pues pese a ser cardenal, los reconoció), tuvieron la desfachatez de presentarlo como un degenerado en el terreno sexual. Hacerlo así es parte del mecanismo negrolegendario que asimila lo católico con lo histórico español. Con la degradación de lo religioso se degrada lo que suponía el orden impuesto por España en el Mundo. Tras el éxito, mayor que el esperado, del proyecto dirigido por Colón. Podríamos incidir en más trazas negrolegendaria en la serie *Isabel*, pero las producciones que le siguieron las multiplicaban. Dejamos por tanto *Isabel* y pasamos a las siguientes. Señalaremos de las tres, algunas falsedades y sesgos negrolegendarios denunciables, aunque sin llevar a cabo el análisis en detalle que sería pertinente.

En la producción *Carlos, rey emperador* (2015), vamos a denunciar el flaco favor que se hace a la historia de España con el tratamiento de una de las figuras más importantes a nivel mundial, por la relevancia de lo que consiguió. Nos referimos a Hernán Cortés. La Leyenda Negra lo ha querido borrar de la Historia universal, y lo que vemos en la serie está en esa mismo línea, al no hacer ninguna justicia a su personaje. Podemos decir que tal tratamiento está en la línea de otras producciones no españolas, sobre todo estadounidenses, que lo dibujan como si fuera una suerte de pirata o corsario anglosajón. Esa es la conclusión que puede sacarse cuando hablan de él en películas como *A sangre fría* (1967) de Richard Brooks, o *Uncharted* (2022) de Ruben Fleischer.

Teniendo tantos datos en archivos en España y en Hispanoamérica se podían haber contado los sucesos relacionados con el reinado de Carlos emperador por partida doble. Del romano-germánico (Imperio más fabuloso que real, pese a lo que digan «entendidos» en la materia como José Luis Villacañas). Y del que estaba fraguándose y que iba a ser un Imperio en sentido estricto (con fronteras en constante defensa y comandadas por el jefe de todos los ejércitos, que es lo que significa, entre otras cosas, lo que es un emperador). Este, el español, fue el Imperio que llevó a cabo la primera globalización, pues fue la primera vez que el mundo pasó a estar ordenado económica y políticamente, enfrentándose a los intereses imperialistas de los reinos que querían no ser partícipes de los beneficios sino arrebatárselos y ocupar el lugar del dominador. Sin embargo, los guionistas, coloreando su narración de algún dato histórico que habían estudiado en el bachillerato, solo expresaron sus ocurrencias, cargadas de psicologismos y de relaciones entre los protagonistas que solo interesan a las mentes más burdas (mentalidades que sus producciones tienden a fomentar).

Una realización que se preciara, debería haber renunciado a llevar a la pantalla lo que escribieron esos guionistas. Lo que debiera haber sido lo que se pusiera en escena tenía que hacer justicia a la historia. Mostrando la relevancia de los orígenes y de la consolidación de un Imperio a escala planetaria. Los guionistas, si hubiesen sido como debieran, habrían seguido las directrices literarias de autores de la épica. De esa épica que habla del surgimiento de Imperios y de las acciones de hombres heroicos, de soberanos que fraguaron, no solo su lugar en la Historia, sino el de los pueblos que de ellos dependían y que organizaron imperialmente. Los guionistas tendrían que haber tomado como modelos a los más relevantes, y que todos conocemos: a Homero o a Virgilio.

Después de ver lo que vimos en esta serie, dudamos de que esos guionistas que estamos criticando hayan leído alguno de los capítulos de los textos que escribieron los clásicos mencionados. Unos guionistas con nombres y apellidos, que cualquier interesado puede conocer solo acudiendo a Wikipedia; aquí no los mencionamos, no queremos molestarnos en hacerlo. Solo por esa deficiencia podemos entender las carencias que muestran a la hora de tratar un tema histórico de la relevancia que se propusieron y que, lejos de hacerle justicia, destruyeron.

Los españoles de a pie, los que se sientan en sus casas después de trabajar y ver en familia lo que proponen las cadenas de televisión, tendrían y deberían tener la oportunidad de conocer la historia. Ya hemos denunciado que en el sistema educativo español se les niega, pues la educación está mediatizada por la ideología negrolegendaria. Está mediatizada de ese modo desde hace ya demasiado tiempo, aunque a diferentes escalas, siendo lo más grave lo que está pasando en las últimas décadas. El sistema educativo español solo tiene como bueno, como digno de interés para los educandos, la Historia de España de los dos últimos siglos (lo que ha sucedido después de la Constitución de Cádiz). Los españoles no se merecen esta narrativa degenerada. Una narrativa que falsifica la historia de sus antepasados, dejándoles desarmados a la hora de acometer proyectos que se adecuaran a los de nuestros antepasados. Proyectos no son solo importantes para su presente, sino que, como no puede ser de otra manera, tienen en cuenta la mejora de las condiciones de vida de las generaciones futuras.

Quizá la producción más exitosa de Televisión española, en los últimos años ha sido *El ministerio del tiempo* (2015). Pero reconocemos con tristeza y aspereza el tratamiento, tan poco adecuado, que se les dio a muchos personajes históricos de gran relevancia para nuestra historia. La figura de Felipe II, de la talla de figuras como Alejandro Magno, Julio Cesar, Cesar Augusto o Napoleón, por poner algunos ejemplos, queda devaluada en la serie. Queda devaluada del mismo modo que han tratado de devaluar su importancia los que estuvieron a la sombra de su poder. Es hasta cierto punto lógico que en producciones cinematográficas, los que fueron sus enemigos, denuesten su figura —por ejemplo en *Elizabeth: la edad de oro* (2007)[118]— pero que eso se haga en España es inadmisible. Aunque no para todos, tal y como estamos denunciando.

De todos los personajes representados en la serie solo vamos a mencionar unos pocos. Además, todos los que mencionamos fueron protagonistas en los primeros capítulos. El tratamiento que descubrimos de ellos es tendente a conseguir una suerte de «desactivación», pues la potencialidad de su biografía queda anulada en lo que se nos cuenta. Entre todas las figuras maltratadas en la serie, comenzaremos por destacar a Rodrigo Díaz de Vivar, el Cid. En la serie es borrado como tal personaje histórico totalmente, pues lo que vemos en la pantalla anula cualquier relato, sea fidedigno o legendario. La puesta en escena que se lleva a cabo de Isabel II, y de su madre María Cristina, es un insulto a la inteligencia, por muy criticables que fueran muchas decisiones tomadas por una y otra. Unas decisiones que, en su descargo, aunque no eximiéndolas de responsabilidad, dependían de unos políticos que fueron los auténticos responsables de la debacle española de la segunda mitad del siglo XIX. Políticos que, pese a ello, se les ha encumbrado en muchos casos. La figura de Torquemada en la serie, lejos de poder haber sido reivindicada, como se debe reivindicar el papel político que jugó la Inquisición española, se presenta como un pecador que sabe que ha hecho algo terrible y que merece ser castigado por ello.

118 La dirección es de un realizador indio, Shekhar Kapur, y la producción de un neozelandes, Tim Bevan. Pero queremos destacar la labor del guionista Michael Hirst, que en este trabajo, como en otros muchos, se ha preocupado de narrar historias que encumbran su nación.

(2022), una serie de *Amazon*.

Si atendemos a la serie producida por *Amazon* en 2022, *El cid*, pocas cosas buenas podemos decir de ella, la mayoría, que es en las que vamos a incidir, son todo lo contrario. Comenzamos por denunciar que en una realización en la que se narran momentos de la historia, sobraría que prime el «presentismo». En la serie atendemos a que se priman las cuestiones políticamente correctas del momento de su producción. Este presentismo hace un flaco favor a lo que tendría que ser un producto que tuviera virtuosidad y que pretendiera excelencia. Lo políticamente correcto suele cambiar con el paso de muy pocos años, pues depende de ideologías cambiantes. Las producciones que puedan conseguir un cierto grado de excelencia no pueden depender de tales sesgos. O al menos solo depender de ellos mínimamente, pero no del modo tan contaminado de ello que encontramos en *El cid*. Y no solo denunciamos el presentismo sino también el sesgo negrolegendario que guionistas, realizador y productores se han preocupado de trasmitir. No en vano, el tratamiento de la realeza del que somos testigos, pretende el desprestigio de la misma. Tratamiento que no atiende a lo que conocemos por los relatos históricos, sino de la imaginación de los responsables de la producción.

No vamos a considerar otras cuestiones de menos importancia, como la atención a la fisonomía de los intérpretes. La elección de los mismos, por sus características físicas, hace mucho con relación al sesgo que se quiere conseguir. Quizá, en este caso, podría haberse elegido un actor más adecuado. Solo comparando a Jaime Lorente, su porte y su voz, con Charlton Heston y su actor de doblaje habitual (Heston fue el Cid, en la película de Anthony Mann de 1961). Lo que queremos decir, sin ambages, es que los productores cometieron un error con la elección. Salvo que el error no sea tal y lo que se buscase con ello era presentar un matiz dependiente también del presentismo: el cambio de valores en relación a lo masculino que ahora prima en el modo de pensar correctamente.

O que simplemente se buscase devaluar la figura del héroe legendario más importante del medievo español. Con todo, debemos incidir en que el cine es ficción y se tiene que preocupar por la veracidad de lo que narra. Y para conseguirlo maneja muchas herramientas. De ahí que no queramos señalar más que lo que es relevante para nuestra crítica.

Eso sí, algunos recursos cinematográficos sí que consideramos que están absolutamente mediatizados por esa devaluación de la historia de España y de las marcas que caracterizaron su impronta cultural. Esto se ve claramente al introducir en la serie un personaje despreciable: un obispo tan malvado como ficticio. Con relación a este personaje debemos incidir en alguna cuestión aclaradora: lo que sucedía en la España del siglo XI desde luego que podría denominarse como una «guerra santa», que es lo que el religioso justifica y con lo que los responsables de la serie quieren que el público se escandalice, aunque debemos entender que tal modo de ver se adecua a la concepción del mundo de la época. Lo que no nos parece de recibo es que esto no es lo que buscan los responsables de la serie. Lo que pretenden con el tratamiento del personaje es la condena que de él haga el público.

Para hacer una buena producción cinematográfica es preciso huir de tal modo falaz de argumentar. Solo el que entiende la dialéctica de Imperios comprende que durante un milenio ese choque dialéctico se dio en la España en construcción. Y si el concepto guerra santa, puede adecuarse a lo que en esos siglos sucedió no se puede expresar como lo hacen los guionistas. Hacerlo así no es un gesto de nobleza, sino de vileza, en este caso la vileza que expresa el que odia a España y a los protagonistas que la encumbraron.

El diagnóstico que hacemos de esta serie también se justifica cuando se dan argumentos que hemos oído repetidos desde hace mucho tiempo, respecto de la bondad de los musulmanes o de su civilización «superior». Afirmaciones que hay que matizar en la mayor parte de los casos, y, en otros, incluso denunciarlas como falsedades. Los musulmanes que vemos en la película tan elevados social y culturalmente, tuvieron el momento álgido, en cuanto a desarrollo cultural, con su paso y estancia en la península ibérica. Un desarrollo que se magnifica por los mismos que devalúan todo lo relacionado con lo cristiano. Sin embargo, el desarrollo civilizatorio que se dio en España no fue en los distintos reinos musulmanes (sin negar cierta influencia positiva, pero que no vamos considerar pues suficiente es con lo que son encumbrados por terceros): En los reinos musulmanes la arquitectura fue una repetición de técnicas romanas, sin desarrollo alguno, salvo en transformación de los arcos en la forma de herradura (ningún arquitecto hablará con tal cambio de una evolución técnica o tecnológica, si no solo como motivo decorativo; un arco y otro, el romano y el musulmán, tenían la misma resistencia vertical y horizontal). Otras expresiones artísticas, como la pintura, la escultura o la música, estaban prohibidas, solo tenemos que acudir a los templos que todavía hay en pie en el sur de España para poder comprobarlo.

El momento de mayor proyección de la cultura musulmana se dio con Averroes, en el siglo XI. Después de este momento nada podemos decir que pueda señalarse como un novedoso logro cultural en el Islam. Pero no solo donde estamos señalando. En ningún lugar del mundo sus creencias religiosas fueron amigas de desarrollo alguno.

Por otro lado, no es aceptable considerar a estos islamistas como «españoles», pues solo podemos hablar de España, en sentido estricto, en su constante ampliación de fronteras, precisamente frente al Islam. Previamente al nacimiento de lo que es España era una provincia de Roma. Después de ello, en el tiempo de la ocupación del territorio peninsular por los pueblos germánicos, tampoco podíamos hablar de España. Solo tras el proyecto de los reyes de León, de los emperadores, comenzando por Alfonso II, España comienza a existir.

Carlos Bardem, conocido actor español de prestigio internacional, se ha destacado y se sigue destacando —algo que es común a otros miembros de su familia— por su militancia y defensa de ideología izquierdista, que en este caso es lo mismo que decir hispanófoba. Ejemplo de su hispanofobia

> son sus declaraciones relacionadas con esta serie (Bardem tiene un papel protagonista en *El Cid*, el del malvado Flaín). Declaraciones que podemos escuchan en entrevistas que le han realizado en Internet. Bardem señala la historia de España no como una interpretación a partir de relatos y reliquias, sino que se refiere a ella como «mito», de modo que puede tergiversarse como se quiera: «Es evidente que cada uno tenemos una imagen de los mitos, de la historia. Sería bueno entender que es una serie de ficción, no un documental (entendiendo que hay *docus* que también carecen de rigor). El Cid es entretenimiento. ¡A disfrutar!»[119].
>
> Pero el protagonista de la serie, Jaime Lorente, también lo reconocemos preso de esta enfermedad antiespañola que contrarresta la positividad que pueda tener su papel. Y no nos referimos al papel protagonista en la serie, sino a un papel de mayor enjundia, pues representar la figura del Cid en la ficción es algo muy distinto a hacer el papel de ladrón en otra producción cinematográfica. Es una lástima que esté preso de la pobreza de espíritu similar a la que mostró Esaú, cuando cambió la primogenitura por un plato de lentejas. Cambiar la relevancia de su personaje histórico por el partidismo es algo similar. Así lo entendemos cuando leemos respuesta dada a una de las preguntas que le fueron realizadas en una entrevista del diario interactivo *huffingtonpost*: «Que se preparen las derechas cuando vean El Cid»[120].

Aunque, en el mundo de las artes, el cine no es el único que puede transmitir ideas hispanófobas, debemos reconocer que, dadas sus posibilidades divulgadoras, es el de mayor calado en la población española. Su eficacia se ha hecho palpable con solo atender a los pocos ejemplos anteriores. Por ello es por

119 Esto puede consultarse en la revista interactiva Fotogramas: https://www.fotogramas.es/series-tv-noticias/a35022175/el-cid-serie-carlos-bardem-criticas-twitter/

120 https://www.huffingtonpost.es/entry/jaime-lorente-el-cid_es_5fda4284c5b6094c0fee8c19.html

lo que nos preguntamos —con aflicción contenida— por qué en España no se hacen películas que aprovechen la literatura que se ha desarrollado desde siempre. Aunque mucha literatura es negrolegendaria, hay muchas obras, de muchos autores, que han hecho y siguen haciendo justicia respecto del papel de España en la Historia. Y no nos referimos a obras escritas en el actual territorio español, sino a las que se escriben en lares ultramarinos, en los que la impronta española se expresa mediante el idioma común. En las naciones de habla hispana sería más que conveniente hacer lo que hacen otros. Los ejemplos más destacables son los de los imperialismos que se sobrepusieron al de España a partir del siglo XIX: Inglaterra, Francia y Estados Unidos, que no tienen tapujos, sino todo lo contrario, al hacer películas que narren su Historia. No narrando mitos, sino incluso elaborando una mitología mediante esas producciones. El caso de Estados Unidos es el de mayor relevancia, dado que adolecía de un pasado digno de ser narrado, es más, de un pasado que debía encubrir mediante la historia ficción de la que nos han hecho partícipes a todos. Y paralelamente a la llegada de esa historia ficción estadounidense, contenida en rollos de celuloide, la ideología negrolegendaria fue asumida en mayor grado en toda la hispanidad, del modo que ahora sufrimos, pues sus mentiras encumbradoras se acompañaban de falsificaciones sobre el Imperio español y su impronta.

Desde hace unas décadas, tal y como estamos denunciando, el ámbito de la cultura en España es un dominio de las izquierdas negrolegendarias. La derecha no ha sabido o no ha querido reaccionar contra ella en ese aspecto. Y también hemos comprobado que es el cine el que se lleva la palma a la hora de mostrar tal ideología y que no se hacen películas que hagan justicia con la historia de España. Películas que incidieran en sucesos relacionados con el periodo que va de los Reyes Católicos a los últimos Austrias, sin despreciar a reyes y héroes y lo que llevaron a cabo. Películas que relataran el descubrimiento y la construcción de la España americana, o que relataran batallas como las de San Quintín. Lepanto o la de Cartagena de Indias ante la «invencible» flota inglesa. Producciones en las que se incidiera en personalidades como la de El Gran Capitán, Hernán Cortes, Francisco Pizarro, Juan de Austria, Álvaro de Bazán, Blas de Lezo, por mencionar unos pocos de tantas y tantas personalidades memorables que ha dado España para la Historia Universal.

Pero productores, realizadores y guionistas no están por la labor. Tampoco el gremio actoral. Sin embargo, y atendiendo a los datos, podemos decir que si se sigue en la línea de los últimos años, la reacción ente esa hispanofobia puede tener frutos que se consoliden en las nuevas generaciones. En las actuales, dados los mecanismos psicológicos tan difíciles de contrarrestar, no esperamos que puedan cambiar tan radicalmente como esperamos que suceda en el futuro.

Aunque debemos señalar que la reacción a nivel literario y filmográfico ya se está dando. No solo por la publicación de ensayos que ya hemos mencionado, con autores como Gustavo Bueno, Iván Vélez, Pedro Insua o María Elvira Roca, entre otros. O narraciones sobre personajes históricos, destacando los trabajos de Pablo Victoria, sobre Blas de Lezo o Bernardo de Gálvez, incluso podríamos mencionar algunos más. Nos referimos a las producciones documentales, estrenadas con mucho éxito de público, de José Luis López-Linares: *España, la primera globalización* e *Hispanoámerica, canto de vida y de esperanza.*

4.2. LA IZQUIERDA NEGRA EN EL MARCO DE OTROS ÁMBITOS CULTURALES

De otras parcelas culturales podrían traerse aquí infinidad de ejemplos. Pero solo vamos a referirnos a unos pocos, que tienen relación con lo que hemos tratado previamente, de modo que consigamos no dispersarnos mucho en nuestros argumentos. En relación a las cuestiones relacionadas con la España esclavista ya hemos contrarrestado los argumentos vertidos en los textos de Marx. Pero argumentos derivados de aquellos los tenemos presentes en lo que hoy puede leerse en la prensa digital, pues representantes de la cultura izquierdista siguen incidiendo en ellos, para con ello abundar en lo que no fue, en los argumentos negrolegendarios.

Uno de los ejemplos que queremos mostrar, de entre los muchos que podríamos traer a colación, es el de Jesús Cosano Prieto[121]. Este «gestor cultural» —pues así se le suele presentar, dada su dedicación más conocida—, se ha caracterizado por hablar del esclavismo en los años del Imperio[122]. Señalando así al Imperio español como un imperio esclavista. Nuestra postura no coincide con estas afirmaciones, pese a que no podamos negar que en España hubo esclavitud. La cuestión es expresar con claridad y veracidad cómo se dio esta en el Imperio español, algo que ya hemos hecho en páginas anteriores. Aquí lo que queremos es contrastar lo que hemos dicho previamente con los argumentos de una autor que fomenta falsedades (las medias verdades son dobles mentiras). Que quiere señalar al imperialismo español como los imperialismos depredadores esclavistas en sentido estricto. Los argumentos que Cosano esgrime son los que han sido claves a lo largo de la Historia para justificar las desigualdades. Ya hemos atendido a ellos previamente, pues son los que derivan de lo dicho por Aristóteles y que luego desarrollaron teólogos como Juan Ginés de Sepúlveda y otros.

Aristóteles diferenciaba los hombres en dos bloques: los

121 Cosano es conocido en su entorno —aunque ampliado, pues es lo que consiguen las publicaciones de Internet— como artista, escritor, investigador, conferenciante y organizador de actividades de difusión cultural.

122 Que suponemos —sin riesgo alguno de confundirnos— dependiente de las subvenciones de los Gobiernos andaluces.

racionales, que eran los griegos, y los no racionales, los bárbaros. Aunque esto sea fiel expresión de lo que pensaba Aristóteles, lo que vamos a citar, pues es lo que podemos leer en la página web de Cosano, no es lo que escribió Aristóteles (lo podemos leer en esa web y en otras que dan pábulo a lo que dice Cosano). La frase es una parte de lo que ya leímos en el libro de José Luis Cortés López. Cuando la citamos, señalamos que en este capítulo se iban a desarrollar los argumentos que iban a contrarrestar lo que se afirmaba en la «versión libre» de lo afirmado por Aristóteles[123]:

> Es necesario que haya seres inferiores que trabajen para la parte noble de la humanidad... Hay hombres, naturalmente esclavos, tan inferiores a los otros, como el cuerpo al alma, el bruto al hombre, instrumentos puestos por una especie de selección natural al servicio de la clase superior[124].

Pues bien, lo primero que tenemos que decir es que estas frases no son de Aristóteles, si las tenemos como citas literales. Poner en boca de alguien algo que no es cierto que haya dicho es, al menos académicamente, una acción injustificable. Una

---

123 Remitimos al subepígrafe 2.2.2. Aclaraciones relativas a lo que entendemos por servidumbre y por esclavitud.

124 https://secretolivo.com/index.php/2017/03/02/negros-curros-academia-picaros-caribe-afroandaluz/ La página web donde podemos leer este artículo tiene un título con grafía de rasgos arabizantes. En 2019 repite la cita en una entrevista que podemos leer en una web brasileña: «Pata negra: conversaciones sobre negritud, cultura e historia de Andalucía. Entrevista con Jesús Cosano», *Revista Brasileira do Caribe*, São Luís, MA, Brasil, v. 20, n. 38, jan./jun. 2019. Pero lo mismo podemos leer en diferentes diarios interactivos de cariz «progresista» (de izquierdas), como la *Nueva tribuna* (nuevatribuna.es) o en *El Salto diario* (elsaltodiario.com). También tiene ese mismo cariz la Agencia Pressenza (Agencia Internacional de noticias dedicada a noticias sobre paz y no violencia con sede en muchas de las más importantes ciudades del mundo, y que divulgan los textos de Cosano, con una cita de Aristóteles que, como vamos a demostrar, «se la sacó de la manga».

acción muy poco digna para alguien que quiere presentarse como un adalid de lo cultural. Cosano dice que fue Aristóteles el que afirmaba lo citado, o sea, lo mismo que leemos en su web. Pero es mentira. La traducción libre trastoca lo dicho por Aristóteles, para adecuarlo a intereses ideológicos.

Cosano toma como palabras de Aristóteles lo que ha podido leer en el libro de José Luis Cortés López que ya hemos tenido en cuenta aquí. Lo que leemos en uno y en otro nos lleva a que podamos afirmarlo casi sin dudarlo: Escribe Cortés López en *La esclavitud negra en la España peninsular del siglo XVI*:

> Es necesario que haya seres inferiores que trabajen para la parte noble de la humanidad. La Naturaleza ha proveído a ello. Hay hombres, naturalmente esclavos, tan inferiores a los otros, como el cuerpo al alma, el bruto al hombre, instrumentos puestos por una especie de selección natural al servicio de la clase superior. Una desigualdad original es la fuente de la esclavitud.

Como podemos ver, la cita tomada por Cosano está extraída del texto de Cortés, lo comprobamos al percatarnos de la literalidad, pues lo que leemos en Cosano es lo mismo, solo que quitando algunos sintagmas de aquí y de allá en la cita de Cortés. Este último nos ha engañado al escribir lo que Aristóteles nunca escribió. Cosano se aprovecha de esa libre traducción, haciendo algo igual de injustificable, o más injustificable todavía, que el primero, al fomentar su divulgación. Ambos tergiversan lo dicho por Aristóteles, haciendo un flaco favor a la historia de las ideas, a la historia de la filosofía, que emana de los textos originales relatos. Unos textos que filólogos de todos los tiempos han tratado, con sus traducciones, de trasmitir fielmente. Algo que es muy diferente a lo que hizo Cortés, y que airea Cosano. Al denunciarlo, estamos sacando a la luz cómo se extienden y trasmiten las falsedades, como si de una marea se tratase, para llevar cada vez a más público, el cual, al poder leerlas repetidamente, aunque sobre todo, por oírlas, termina por creérselas

Para citar a Aristóteles lo que debe hacerse es atender a lo que realmente dijo. Como hemos apuntado, muchas son las traducciones de sus textos. Del titulado, en los últimos tiempos, como *Política* se han realizado varias al español. De ese texto es la traducción manipulada de Cortés. Manipulada porque no coinciden con ninguna de las múltiples traducciones realizadas a partir de lo escrito por él. Lo que hemos leído expresa argumentos falsificados que se divulgan sin que se hayan contrastado, al menos hasta ahora, pues es lo que aquí estamos haciendo (en la misma línea de lo que, en algunos casos, hemos denunciado que sucede en los textos de Marx sobre España).

En esta manipulación de lo que dice Aristóteles queda cercenado lo que opina sobre el papel de la mujer y el de la familia (que sí leemos en el texto de Aristóteles a partir del que se hace la traducción), y solo atiende a lo que les interesa señalar a Cortés y Cosano: el tratamiento y la justificación de la esclavitud (justificación que está en Aristóteles, pero de modo muy diferente a lo que proponen, que no respeta lo que dice el filósofo). Sin embargo, lo que leemos incide, de un modo presentista, en ideas oscurecedoras como «humanidad» o «selección natural» que son inadecuadas a la doctrina aristotélica. Aquí vamos a citar la traducción de Patricio Azcárate de 1875, que, al cotejarla con otras traducciones, posteriores y anteriores, comprobamos la similitud entre ellas y que ninguna se adecua a lo que dice José Luis Cortés López y repite Jesús Cosano (cualquiera podrá comprobar, al cotejar lo que ahora va a leer, que Aristóteles nunca se refirió a la «humanidad» ni a la «selección natural», tal y como hemos leído en la traducción de Cortés):

> La naturaleza, teniendo en cuenta la necesidad de la conservación, ha creado a unos seres para mandar y a otros para obedecer. Ha querido que el ser dotado de razón y de previsión mande como dueño, así como también que el ser capaz por sus facultades corporales de ejecutar las órdenes, obedezca

como esclavo[125], y de esta suerte el interés del señor y el del esclavo se confunden (...) La naturaleza ha fijado, por consiguiente, la condición especial de la mujer y la del esclavo (...) Entre los bárbaros, la mujer y el esclavo están en una misma línea, y la razón es muy clara; la naturaleza no ha creado entre ellos un ser destinado a mandar, y realmente no cabe entre los mismos otra unión que la de esclavo con esclava, y los poetas no se engañan cuando dicen: «Sí, el griego tiene derecho a mandar al bárbaro», puesto que la naturaleza ha querido que bárbaro y esclavo fuesen una misma cosa (...) Estas dos primeras asociaciones, la del señor y el esclavo, la del esposo y la mujer, son las bases de la familia.

El modo de entender el ser humano, su igualdad, no era considerada por Aristóteles, de ahí que no pueda referirse a la «humanidad». Es más, para él, los únicos hombres, eran los griegos, pues eran los únicos animales con razón, mientras que los no griegos eran bárbaros (una suerte de animales parlantes, que tenían voz pero no tenían palabras, dada la limitación de sus lenguajes). La igualdad de todos los seres humanos fue defendida, de la misma manera que hoy se defiende, por el cristianismo (con solo algunos antecedentes, como fue la filosofía del estoicismo). El cristianismo católico siempre la defendió. Algo que debe mencionarse, pues hubo cristianismos no católicos que sí que fomentaron la desigualdad. Nos referimos al cristianismo reformado. Por otro lado, debemos considerar que, dónde este modo de entender el ser humano se extendió,

125 Aquí tenemos un claro ejemplo de algo que hemos señalado previamente, la no diferencia en la atribución de siervo o esclavo a los perjudicados por la institución de la cautividad. Esta traducción que citamos de Patricio Azcárate habla de esclavos, mientras que la que hizo Pedro Simón Abril, en 1585 (a partir de la que vertió al latín desde el original griego Juan Ginés de Sepúlveda, en 1548), nos habla de siervos (fieruos). Simón Abril no intituló su traducción del texto de Aristóteles como «Política», sino que lo hizo como *Política y Economía*. Suponemos que como había hecho previamente Sepúlveda.

fue donde surgieron unas ideas supremacistas que todos conocemos, y que derivaron en hechos muy luctuosos en el siglo pasado. Por el contrario, el catolicismo fomentó lo contrario de esos supremacismo. Fomentó la mezcla racial.

Como hemos señalado, José Luis Cortés López o Jesús Cosano se hacen eco de esta mezcla racial en su región andaluza. Inciden en que en Andalucía hubo esclavitud negra y que es, por ese motivo, que a día de hoy tengamos referencias de ello: existen mulatos en algunas poblaciones de esa región. Lejos de señalar lo que de positivo tiene tal mescolanza, inciden en retratar esa realidad histórica mediante la perspectiva negrolegendaria habitual. Para ellos, los responsables de ese mestizaje son los esclavistas españoles. Pero su relato transforma lo que sucedió, o, al menos, le da un sesgo interesado. A esos mestizos mulatos, que se reconocen hoy día, se les nombra como «Los del Barco» o como «Los negros de Colón». Estos mulatos son descendientes de esclavos, esto no se puede negar. En lo que queremos incidir es en que, si estos mulatos viven en esos lugares de la España andaluza, es porque España nunca fue un imperialismo como el de los anglosajones, u otros a los que nos hemos referido. El modo imperialista español es el que derivó en que, mulatos y mestizos, proliferen en todo el mundo, y que también estén presentes en Andalucía.

De entre todos los ejemplos que podríamos mencionar, para hacernos a la idea de por dónde se siguen desarrollando los argumentos hispanófobos, vamos a considerar lo que podemos leer en las obras de algunos autores españoles, más renombrados que los anteriores. Traemos a colación a Rafael Sánchez Ferlosio. En algunos de sus ensayos, y también en opiniones vertidas en medios de comunicación, ha dado importantes espaldarazos al ideario hispanófobo. Podríamos haber tenido en cuenta a otros además de a Ferlosio, pero con este ejemplo es suficiente para lo que pretendemos seguir mostrando

Ferlosio, renombrado ensayista y novelista, hizo hace unos

años unas declaraciones en las que trasmitió literalmente su odio a España. Dijo, sin ningún tapujo, que ese odio era incausado, pues apostilló que lo sentía «desde siempre». Solo más adelante trató de limar sus palabras señalando que sí había causas de tal odio. E incidió en dos: por la excesiva atención que en España se prestaba a los deportes (la entrevista se realizó el año de las Olimpiadas de 2008, en China), y también, y en esto sí merece la pena tomarlo en serio, porque la patria le resultaba cargante. Literalmente podemos leer en la entrevista (en el diario interactivo *Público*): «me carga esto de la patria»[126]. Y la razón de que «le cargue la patria» era porque «el concepto de patria es el más venenoso de los conceptos». En la entrevista no da razones del porqué del veneno que supone la patria.

Aunque lo que hemos citado es del diario Público, estas opiniones —gratuitas, dado que no están razonadas en absoluto— vertidas por el autor de libros como *El Jarama* o *Alfanhuí*, entre otros, y premiado con el Cervantes de Literatura en 2004, tuvieron eco en toda la prensa española de 2008, pues de ello se encargó la agencia de prensa Europa Press. Que diga esto un personaje tan relevante en las letras españolas no puede dejarse de lado. Ya no podemos pedirle cuentas, de manera que contestando a ellas, señalara sus argumentos para devaluar la idea de patria, de su patria española. No podemos pedírselas porque falleció en 2019. Pero sí podemos denunciar que tal modo de expresar esas ideas es ejemplo de hispanofobia. Lo positivo del caso es que podamos denunciarlo, y que en España cada vez haya más interés en responder a tales actitudes que en nada favorecen a los que van a tener que tomar el testigo de hacer funcionar nuestra nación en las mejores condiciones. La hispanofobia destruye el futuro, destruye lo que tenemos que dejar en herencia a nuestros hijos.

126 https://www.publico.es/culturas/sanchez-ferlosio-odio-espana-siempre.html

Por otra parte, y para terminar con la denuncia de las opiniones de Rafael Sánchez Ferlosio, tenemos que sumar la denuncia a los que le bailan el agua, aunque solo vamos a señalar a uno de entre todos ellos. El que hemos destacado es nada menos que Miguel Delibes, que aseguró (esto también está mencionado en el artículo citado de *Publico*) en unas declaraciones que Sánchez Ferlosio «es el hombre más importante de nuestra literatura». No nos extraña que Delibes opine así, después de haber leído lo que opina sobre España en su novela, negrolegendaria sin paliativos, *El hereje*.

4.3. LA IZQUIERDA NEGRA Y SU INFLUENCIA EN EL TERRENO DE LA ENSEÑANZA

Un terreno diferenciado de la cultura, desde hace ya mucho tiempo, es el de la enseñanza. Profesores, de todos los niveles educativos, son fervorosos militantes del negrolegendarismo y la hispanofobia. Y, si se nos permite la ironía, «casualmente» los que tienen ideas de izquierdas. Eso sí, con cierta complicidad de los que no, pues no expresan reacción alguna ante los despropósitos que se dan en ese ámbito. Pensemos en que desde el Ministerio de Educación y siguiendo las directrices de la última Ley de Educación, la denominada «Ley Celá», la historia de España solo se considera a partir de la Constitución de Cádiz, anulando todo el pasado imperial español. ¿Cabe mayor hispanofobia? Y los profesores de secundaria, incluso los que no se consideran de izquierdas, solo callan. Así nos va.

De la educación primaria nada vamos a apuntar aquí, que no se pueda decir de la secundaria. En ese periodo se comienza a incidir en las bondades culturales de lo inglés: se comienza a animar a los niños al conocimiento de esa cultura invasora, con celebraciones como *Halloween* o la de *Papa Noel*, que continuarán en la enseñanza secundaria. De un modo u otro esta aculturación es dependiente de una falta de apego por la tradición que es pertinente sacar a relucir en un texto como el que están leyendo pues no pueden dejar de considerarse todos los factores que directa o indirectamente van sumándose en la devaluación de nuestra tradición, y en que se tenga una visión negativa de ella. ¿Qué jóvenes conocen que el día de después de la festividad de Todos los Santos es el día de las Ánimas? Aunque solo fuera para comprender, y para darles la relevancia que tienen, las obras clásicas de tantos autores españoles, como puede ser Juan Ramón Jiménez, José Zorrilla, Gustavo Adolfo Bécquer o Tomás de Villanueva. También para mantener los productos gastronómicos relacionados con Todos los Santos (huesos, buñuelos, castañas asadas…). Todo nacido en España debiera conocer que los días en que se disfrazan, imitando lo que han hecho los anglosajones desde tiempos inmemoriales, son los que nuestra tradición ha expresado como las festividades cristiano católicas señaladas y que han generado una producción cultural que quiere ser desechada.

Si pensamos en la Universidad, la cantidad de ejemplos sería tanta que sería imposible terminar este capítulo. Y como lo que pretendemos es mostrar solo algunos, de cada ámbito en el que nos detenemos, el ejemplo que no podemos dejar de lado aquí es el de José Luis Villacañas. Sus opiniones sobre lo que fue España, y lo que es en la actualidad, son el mejor ejemplo de hispanofobia como vamos a comprobar.

Villacañas niega la existencia de la Leyenda Negra en su libro *Imperiofilia y el populismo nacional-católico*: «hay opiniones más o menos negativas sobre España (durante los más de cuatro siglos) pero no Leyenda Negra». (Villacañas, 2019, pág. 153). Muestra un profundo desprecio por Fernando el Católico, por ser el causante de que la Inquisición, de estar asentada en Aragón, lo estuviera también en Castilla, para con ello «asentar su poder en toda España» (Villacañas, 2019, pág. 143). Villacañas nos dice en ese mismo libro que la Inquisición era una institución jurídica que destruyó «todo el derecho patrio», que expresa como un «derecho excepcional» que quedó trastocado por una ley que era reflejo de «su propia voluntad discrecional» (Villacañas, 2019, pág. 143). Ese derecho patrio que menciona era sin duda el derecho vigente antes de Fernando el Católico, o sea, el expresado en los fueros y a las prerrogativas que ostentaban los nobles (remitimos a lo dicho por Marx sobre los fueros, que es lo mismo que acabamos de leer). Los nobles que tenían estos derechos son pues los «patriotas» que apunta: los castellanos que no querían tener al Católico como rey: «Denunciar este monstruoso tribunal no fue un asunto de luteranos ni de renegados, sino de castellanos de bien, que vieron como su idea de patria era destruida por un tribunal regio de cuyos hilos tiraba un rey consorte que no tenía derecho alguno a reinar sobre Castilla» (Villacañas, 2019, pág. 144; los castellanos católicos o que estaban de acuerdo con Fernando, que no los nombra, no eran según parece castellanos de bien).

Pero no se queda ahí, pues sigue diciendo auténticas barbaridades, como que Carlos V y Felipe II eran unos tiranos, asesinos y prevaricadores. Del segundo añade que era cobarde y psicópata. Pero lo que nos dice de Carlos V no se queda corto ya que desprecia su política como emperador. Lo acusa de nepotismo, y además, del modo chabacano y poco académico que acostumbra, dice que también era un chapucero, argumentándolo de este modo:

> Pero debemos recordar que ser europeísta no es precisamente querer una unidad política impuesta por la fuerza de la victoria militar, ni una unidad que solo beneficiaba a Carlos, su casa y sus aristocracias, sino estar en condiciones de generar un poder equilibrado entre todos los intereses y poderes en juego y lograr las instituciones que los preserven y defiendan. Desgraciadamente, eso no fue lo que impulsó Carlos (Villacañas, 2019, *págs.* 99-100).

Villacañas viene a decir lo mismo que hemos denunciado en Marx Este afirmaba que el Imperio español tuvo las características de los imperios orientales, al estilo del Imperio persa o el egipcio. Pues bien, Villacañas opina de igual modo, cuando incide en que el largo tiempo que España tuvo relevancia mundial solo se justifica por comparación al largo tiempo que dura un imperio de estilo oriental:

> La enorme estabilidad de la sociedades regidas por casta sacerdotal es dotadas de autoridad omnímoda, de tribunales de investigación de la conciencia y de control extraordinario de la opinión pública mediante diversos procedimientos, desde la tortura reglamentaria a la censura de publicaciones, como el *Índice*. Y, en efecto, es así: repárese en la larga estabilidad de Egipto antiguo, de la sociedad del Nepal y de las otras zonas budistas. Es la imagen de lo que Ortega llamó la tibetización de España, y Max Weber la formación de una sociedad de escribas. Estas sociedades podrán gozar de estabilidad, sin duda, pero a un coste muy alto (Villacañas, 2019, *pág.* 226)[127].

Para Villacañas solo puede denominarse imperio, tras la caída del romano de occidente, al Imperio romano-germánico. Las razones que nos permiten negar su tesis ya están dadas previamente, aunque merece la pena abundar en que, en ese Imperio germánico, el emperador era elegido por votación, y en base a la cantidad de dinero que el candidato ponía sobre la mesa de negociación frente a otros. Un imperio que era más bien una ficción política, pues no tenía las características que tendría que tener un imperio en sentido estricto. El Imperio romano-germánico era una conjunción compleja de principados, ducados y otros territorios desarticulados. El emperador de turno no tenía capacidad para ordenar, y menos

127 Estamos comprobando que la fuente negrolegendaria que hemos situado en los textos de Marx sobre España tiene en Villacañas un claro ejemplo.

para unificar todas esas partes tan diversas. Hasta la política desarrollada por el Canciller de Hierro, Otto von Bismarck no podemos hablar de imperio en sentido estricto. En ese tiempo, a mitad del siglo XIX es cuando surgió el Segundo *Reich*, con el káiser Guillermo II a la cabeza. Después, en el siglo XX, con Hitler se recuperó el Imperio: el Tercer *Reich*.

Villacañas es, a la vez, un ferviente defensor del ideario de la Reforma protestante y de su baluarte ideológico, Lutero. Refiriéndose a él con afirmaciones tan falsas como escandalosas: «Lutero no denigró a los pueblos católicos ni a España» (Villacañas, 2019, pág. 89). Al parecer Villacañas no conoce lo que opinaba Lutero de España y de los españoles, o quizá quiera ocultarlo. Por nuestra parte, hemos hallado frases de Lutero que tiran por tierra la absurda defensa que Villacañas le dedica. Lutero dedicaba a los españoles invectivas como estas que aquí apuntamos, y dejamos al lector que juzgue si lo que dice es denigrante hacia los españoles o no lo es: *Sunt* (Hispani) *plerunque Marani, Mamelucken.* O sea, traduciendo, que los españoles eran «marranos» y «mamelucos»[128].

Lutero nos llama «marranos», teniendo en cuenta que no es el primero que lo hace. Así se les llamaba a los españoles en el sur de Italia que era de dominio del Imperio español: el reino de Nápoles-Sicilia fue uno de los primeros focos originarios de la Leyenda Negra. Lutero no tiene ningún problema en ser vocero de esa leyenda. Lutero no se queda allí en las descalificaciones. Sigue diciendo que los españoles solo pueden ser comparados a los turcos, que son peor que ellos. Citamos, como

128 La frase la extraemos del texto de Eric Achermann titulado *La «España» de Lutero. Observaciones sobre algunos pasajes de los «Coloquios de sobremesa».* El texto es uno de los que está en la compilación publicada bajo los auspicios de la Universidad de Berna: *Imágenes de España en culturas y literaturas europeas (siglos XVI-XVII).*

hemos ya hecho en nota a pie de página, la obra de Achermann, *La «España» de Lutero*. En ella leemos lo que dice de Lutero:

> Después comparó a los españoles y a los turcos y concluyó que era más tolerable vivir bajo los turcos que bajo los españoles, pues el turco guarda la justicia en el reino confirmado, pero los españoles son claramente bestias, como han experimentado los milaneses... (Achermann, 2004, pág. 66)[129].

Y dice más: Los españoles son peores porque son amigos —los más cercanos a ellos, y sus protectores— de los papistas. «Los papistas, que creen poseer la verdad y por eso mismo la traicionan, dado que la verdad divina, siendo un don absolutamente gratuito, no puede pertenecer a nadie» (Achermann, 2004, pág. 65). Papistas y españoles son según Lutero tan enemigos de la fe como los judíos o los turcos:

> La imagen de España y del español que resulta de los coloquios de sobremesa de Lutero está estrechamente relacionada con la imagen del turco, del judío y del papista en el pensamiento político religioso del reformador alemán. Son dos los factores que determinan esta constelación: para Lutero, la población española está constituida en su mayoría de «moranos» que —como consecuencia de la cristalización forzosa— adoptó el evangelio de manera estrictamente exterior; en segundo lugar, España aparece, junto a Italia, como el bastión político y territorial del papado, lo cual viene a significar que los españoles forman parte de los archienemigos del Evangelio que operan en lo más hondo de la Iglesia. En suma: se puede decir que, según Lutero, los españoles reúnen las características condenables de los paganos, e. d., enemigos exteriores del cristianismo, con cualidades aún peor que los

129 La frase está extraída de los mismos *Coloquios*, para localizar estos textos remitimos a la nota 1 del texto de Achermann, y para esta frase concreta a la nota 6.

> herejes, enemigos intrínsecos de la verdadera fe del cristianismo (Achermann, 2004, págs. 64-65).

Dada la defensa que Villacañas hace de Lutero entendemos que vea en la sociedad europea, no una dialéctica sino una evolución progresiva hacia la libertad incoada por Lutero y su Reforma. Darse cuenta de tal cuestión hace que el mismo se encumbre como un auténtico «Ilustrado», como un representante del movimiento del XVIII, el cual sigue teniendo vigencia para él, dadas sus repercusiones morales y políticas. Pero de la Ilustración ya hemos dicho todo lo que consideramos pertinente, por lo que no vamos a seguir abundando en ello.

Después de atender a estas cuestiones, solo nos resta incidir —pues no queremos abundar en muchas más cuestiones que podríamos sacar a la luz para mostrar la hispanofobia que caracteriza a este profesor— en que Villacañas considera que España no es una nación, que solo es un Estado. Una afirmación que deja de lado la trayectoria histórica de España (remitimos al Anexo I, donde todo esto se clarifica). Villacañas no acepta la tesis de que los reinos que había en la península conformaran la unidad española en tiempos de los Reyes Católicos. España es para él un Estado en confrontación constante con su realidad plurinacional. Estas ideas de Villacañas son compartidas por otros ideólogos de izquierdas como el profesor Carlos Fernández Liria (promotor del partido político *Podemos*).

En esta misma línea hispanófoba tenemos algunas personalidades destacadas de las que queremos mencionar solamente dos: Santiago Alba Rico, un escritor de adscripción marxista y cercano a la ideología nacionalista más antiespañola (no en vano es colaborador del diario «aberchale» *Gara*). Alba Rico es biznieto del señalado por nosotros como ejemplo de hispanófobo, Santiago Alba Bonifaz. Siguiendo la estela de su bisabuelo se hizo la más que tendenciosa pregunta «¿dónde está España?». Con ella se sitúa en la línea marcada por Villacañas y Fernández Liria (con este último ha publicado algunos libros de ideología marxista, pero dejando de lado su dogmática; de tal manera que podemos clasificarlos como textos de izquierda indefinida)[130].

La otra figura hispanófoba que queremos presentar es la del profesor jubilado de la Universidad Complutense, y colaborador del diario El País, José Álvarez Junco. Este profesor, en la misma línea que Alba Rico ha llegado a afirmar —en un Informe encargado por el Gobierno de Pedro Sánchez, en el que contrarrestaba lo que defendía la Real Academia de la Historia— que España no debe en absoluto celebrar la circunnavegación del Globo, aduciéndolo de que en ese momento «no éramos España». Y por lo que sabemos que ha dicho en otras ocasiones, podemos añadir que afirma que en ningún momento posterior tampoco España ha sido y es España[131].

4.4. LA «LEYENDA ROSA»: UN NUEVO ARGUMENTO NEGROLEGENDARIO

Una de las tácticas dirigidas a desactivar el discurso anti negrolegendario es el de afirmar que hay una «leyenda rosa» del imperialismo español. Pero tal leyenda es un nuevo constructo negrolegendario. Quién puede creer que la conquista de un territorio tan vasto como el americano no se hizo sin usar la fuerza. La palabra es efectiva, pero no en casos como ese.

130 Remitimos al Anexo II, donde se marca la diferencia entre esta última generación de izquierda y las anteriores generaciones.

131 El escritor Javier Santamarta, con el sentido del humor que le caracteriza, le contestó a su entrevistador Jesús Fernández Úbeda, del diario interactivo *Libertad digital*, que «la pregunta de "¿dónde está España?" está bien para la filosofía, pero cuando te encontrabas, no sé, en el siglo XVIII con un barco con la Cruz de Borgoña, seguramente, los británicos, los franceses o los holandeses que estuvieran ahí no decían: "Caramba, por ahí viene un constructo peninsular de indefinida situación". No: decían "los españoles". Es retorcer la Historia».

Incluso la palabra hubo de ser objeto de imposición, así como los demás ámbitos de la cultura de los conquistadores. Uno de los más importantes fue la religión. Los españoles llegaron a América y transformaron unos pueblos que vivían en estado de barbarie en hombres civilizados. Lo hicieron de un modo paulatino, pero en un tiempo record. Nunca se civilizó a tanta población en tan poco tiempo. Que no hubo tensión y crueldad no puede defenderse. Todo cambio social depende de la fuerza en muchos casos, y el de la conquista de esos nuevos territorios no podía ser una excepción.

¿Quién puede defender que España no hizo uso de la fuerza? ¿Quién puede pensar que todos los que desembarcaron eran unos santos varones regidos por la bondad implicada en seguir los mandamientos de la ley de Dios y de la Santa Madre Iglesia? Los que piensen que eso no sucedió, que todo fue una suerte de «milagro civilizador» se sitúan en lo que se ha denominado «leyenda rosa», pero pensar tal despropósito es tan absurdo que no merece la pena si quiera contrarrestarlo.

El modo imperialista español —generador de civilización y de riqueza, y no solo para los conquistadores sino también para los conquistados— se preocupó de ordenar los nuevos territorios. Un ordenamiento a la tremenda escala, que puede ser reconocida al atender a los mapas de la época y a los tiempos invertidos. El ordenamiento implicó que se pusieran en marcha infraestructuras e instituciones como las que ya estaban presentes en la España peninsular: escuelas, juzgados, imprentas, etc. Las instituciones inauguradas fueron los centros neurálgicos de ciudades que se fueron haciendo cada vez más importantes, a partir de centros poblacionales ya dados. En esas ciudades, con el paso de muy poco tiempo, dada la rápida asimilación cultural que consiguieron imponer los españoles, hicieron falta catedrales y universidades.

Universidades que acogían a todos, sin distinciones: a los hijos de los pocos conquistadores y a los de los que habían sido conquistados, que por otra parte no eran etnias estancas, pues desde el primer momento se promovió el mestizaje. El modo de entender al ser humano de los primeros, por ser católicos, propicio ese no hacer distingos entre unos y otros. Nos preguntamos si decir esto es mostrarse partidario de una leyenda rosa. Desde nuestro punto de vista, no.

Otra cuestión, relacionada directamente con lo económico, tan importante como lo anterior, fue la organización de un régimen de las encomiendas, en el que los españoles que habían llegado se ocupaban de ordenar de modo civilizado la parte de terreno «encomendada» con sus habitantes incluidos, no debió ser tarea fácil ni para él encomendero, ni para los que debían aprender un nuevo modo, moderno, de ordenar la tierra, de sacarle más productividad. Aquí los responsables de civilizar hicieron lo que pudieron, y hubo de todo. Ante los desmanes que se dieron, en algunos casos, la Iglesia tomó partido, para poner orden en las relaciones de los que considera como iguales (todos iguales por ser hijos de Dios), pero no olvidemos que los encomenderos también eran miembros activos de la Iglesia, como todo creyente. Ser católico implicaba adaptarse a esas normas que venían «de lo más alto», pues incluso el emperador las hacía suyas. Veamos cómo se expresaba esta conexión institucional.

Colón regresa a España a principios de 1493, y tras informar del descubrimiento a los Reyes Católicos, estos le piden al papa de Roma (el español Rodrigo de Borja; o más conocido por Rodrigo Borgia) que les otorgue el control de las tierras descubiertas. El papa desarrolló una suerte de normativa, respecto de cómo debía ser la acción cristanizante, dado que en esas tierras había hombres, que sorprendentemente no habían tenido la oportunidad de oír la palabra de Dios. Este hecho iba a ser muy importante en el futuro, pues había que ampliar la universalidad de la Iglesia, y esto era muy desestabilizador pues durante mil quinientos años se pensaba que esa universalidad estaba controlada. O sea, que no había hombres sin la posibilidad de conocer las Escrituras[132].

Alejandro VI escribió tres bulas que condicionaban la respuesta a la solicitud de los Reyes Católicos (las conocidas como *Inter caetera*, *Eximiae devotionis* y *Dudum siquidem*). La primera de ellas ampliaba un Breve[133] denominado de igual forma. En este el papa ya concedía a los Reyes Católicos el dominio de las tierras y de los que las habitan, además de los derechos comerciales. Y a los demás reinos cristianos se les prohibía el acceso a las mismas. El papa ponía esta condición a los españoles: «os requerimos atentamente a que prosigáis de este modo esta expedición y que con el ánimo embargado de celo por la fe ortodoxa queráis y debáis persuadir al pueblo que habita en dichas islas a abrazar la profesión cristiana».

A partir de este mandato, España debía enviar misioneros para convertir a la fe católica a los habitantes de las tierras conquistadas. Con todo, en los primeros años se plantearon muchas dudas sobre los nativos: ¿eran seres humanos o solo tenían apariencia humana? ¿Tenían alma? En 1537 la bula del nuevo papa Pablo III, la Sublimis Deus, reafirmó la condición humana de los indios. El papa prohibía a los españoles someter

---

132 En poco tiempo se expresaron relatos legendarios que trataron de solventar esa contradicción en lo que implicaba la catolicidad. El más relevante fue el que aseguraba que el apóstol santo Tomás sí había llegado a esas tierras, aunque sin mucho éxito, como podía comprobarse por lo que se encontraron los españoles al llegar. Con todo, los relatos legendarios referidos a tal llegada proliferaron, sobre todo entre cronistas jesuitas. Estos aseguraban la presencia de santo Tomás en lugares que estaban a miles de kilómetros de distancia entre ellos. Y no solo los relatos del apóstol, sino también apariciones de la Virgen María. El ejemplo que podemos traer aquí como de mayor relevancia era el de la Virgen de Guadalupe, en México. La primera aparición fue en diciembre de 1531, en un lugar denominado Tepeyac (un cerro situado al norte de la Ciudad de México).

133 Las comunicaciones del papado con los fieles era a través de escritos como los mencionados: breves y bulas.

a esclavitud a los indígenas, y a seguir la labor de convertirlos al cristianismo.

Paralelamente a estas cuestiones también relevantes para el ideario imperialista español[134], estaba la acción práctica, la acción generadora de riqueza, de la que conquistadores y conquistados se aprovecharon. La acción que iba dirigida a ordenar el territorio, a construir las infraestructuras precisas para que se diera ese proceso transformador, civilizatorio. Las encomiendas fueron fundamentales en ese proceso. Y en su seno es dónde se produjeron abusos que derivaron en transformaciones posteriores.

En el año 1512, tras las denuncias del fraile dominico Antonio de Montesinos —a las que siguieron las del, también dominico, fray Bartolomé de las Casas— se promulgaron las Leyes de Burgos, dirigidas a regular la institución, estableciendo derechos a los indios, que implicaban el justo trato que merecían, como cualquier persona, y un pago adecuado a la labor desarrollada. También se regía el deber del encomendero que se educaran y se evangelizaran. Con el paso de los años, incluso se llegó a fiscalizar si los encomenderos merecían, después de estudiar cómo cumplían la ley, si podían asumir un mayor número de trabajadores indios en la encomienda, o incluso perder trabajadores. Pero el cambio más importante y beneficioso para todos ellos derivó de las Leyes de 1542, promulgadas por la Corona. Con ellas se seguían las directrices marcadas por el papa Pablo III[135]. Los virreyes debían prestar una exquisita atención al cumplimiento de la nueva legislación,

134 Podemos señalar a estos asuntos que acompañan a la acción política como de «relevancia metapolítica», por ser una preocupación ideológica, pero que acompaña al modo de obrar, de construir el Imperio.

135 El papa prohibía la esclavitud, incluso en los casos en los que los escolásticos habían señalado como justificadores de ello: ni siquiera por haberse rebelado organizadamente (lo que se denominaba como hemos mencionado ya, la «causa de guerra justa».

pues los encomenderos, que miraban por su propio beneficio vieron estas leyes, en algunos casos como una intromisión en su labor. La confrontación entre estos y las autoridades dependientes de los virreyes provocaron conflictos, en algunos casos de mucha gravedad.

Muy poco después, sucedió uno de los grandes hitos de la organización de la conquista. Algo que nunca se había dado en la Historia, y que no volvió a repetirse con otros imperialismos conquistadores de nuevos territorios. Corría el año 1550 cuando sucedió a la denominada Controversia de Valladolid, un debate que se desarrolló durante algunos meses y que derivó en que Carlos I detuviera el proceso conquistador de nuevos territorios. La detención se dio para llevar a cabo una suerte de «auditoría» que juzgase la labor de lo que se había hecho y se seguía haciendo en los nuevos territorios españoles. Este proceso fue el golpe de gracia al modo organizador dependiente de las encomiendas americanas.

Las encomiendas tuvieron por lo tanto una efímera existencia en América, la de los años mencionados (en las tierras peninsulares existían desde hace tiempo, en los territorios ganados a los musulmanes). Fueron sustituidas por otras instituciones denominadas «del repartimiento». Este nuevo sistema de organización del trabajo indígena que se mantuvo durante un siglo. Todo este ir y venir de normas consiguieron disminuir los abusos que, en muchos casos, se habían dado y se seguían dando.

Si comparamos lo que hemos dicho con lo que supusieron otras maquinarias civilizadoras en el mundo, tenemos que reconocer grandes diferencias. Los católicos portugueses y franceses no hicieron lo mismo que los españoles en los lugares que recabaron. No siguieron, como los españoles, los dictados papales. Sus imperialismos se alejaron en diferentes grados de lo que implicaba la adscripción al mandato pontifical. Y los colonizadores de reinos en los que había triunfado la Reforma, con sus diferentes iglesias, menos todavía, como es lógico. Pero, más aún. Las respectivas iglesias lejos de poner en tela de juicio sus acciones, les animaron a lo contrario: La Iglesia anglicana bendijo lo que sus súbditos hicieron en lugares como por ejemplo en Australia (donde dejaron a muy pocos aborígenes del millón de ellos que habitaban allí), o en Tasmania (allí acabaron con todos). Los calvinistas que arribaron al norte de América promovieron esas mismas matanzas de indígenas, pues los consideraban no-humanos, o sea, como animales. A día de hoy, la élite que ha ostentado y ostenta el poder político, económico y cultural en Estados Unidos, los que Samuel Huntington señala de modo más remarcado como los WASP (siglas en inglés de «blancos, anglo-sajones y protestantes») son los que pusieron en práctica ese modo de actuar colonizador. La diferencia con los españoles, blancos —pese a que no nos cataloguen como tales los estadounidenses— y católicos (EBC), dejamos que la juzgue el lector, después de los datos que puede manejar, tras la lectura de este, libro, pues quizá algunas cuestiones señaladas no las consideraba todavía[136].

Unos y otros, todos los que estuvieron a la sombrea del Imperio español, fueron los que inventaron todas la mentiras que conforman la Leyenda Negra. La fueron inventando a lo largo de los años, que, por cierto, fueron muchos. De ahí que tales mentiras fueran tan depuradas y contundentes. Y por lo mismo tan difíciles de contrarrestar. Tanto, que los futuros españoles se las creyeron a pies juntillas. Y los actuales enemigos de España —nos referimos ahora no a los no españoles sino

136 Espero que se nos disculpe la introducción de esas nuevas siglas, que introducimos con tono jocoso, pero muy intencionado: EBC (que se refiere a los españoles, blancos y católicos). Aunque siendo más justo con lo que sucedió desde el primer momento de la acción civilizadora —y por contraste con la de los supremacistas y racistas WASP que no se mezclaron con los que consideraban como animales— podíamos haber elegido las siglas HMC (Hispanos, mestizos y católicos).

a los que sí lo son: los nacionalistas y sus asociados políticos, los izquierdistas de todo calibre— las han repetido y repetido desde hace varias décadas.

Desde luego que la conquista y el posterior ordenamiento civilizador por los españoles tuvieron episodios de gran crudeza con los conquistados que iban a ser cristianizados/civilizados (en esos años cristianizar era sinónimo de civilizar, como hoy día podríamos pensar en lo que supone llevar la democracia a los que no la «disfrutan», y si no que se lo pregunten a los estadounidenses). El que niega la crudeza podríamos asimilarlo a lo que entendemos por «leyenda rosa». Nos preguntamos si alguien con una mínima capacidad intelectual, puede colocarse en ese lugar. Creemos que airear la defensa, por parte de los españoles y de los hispanoamericanos dedicados a contar la historia de los siglos en que todo esto sucedía, nada tiene que ver con tal leyenda rosa. Los encargados de airearla, son agentes negrolegendarios. Y si no lo son, los catalogaremos de gentes ingenuas que se están dejando engañar por los primeros.

Solo quien no atienda a la historia de España, el que no tenga en cuenta lo que hemos señalado en este apartado podrá ser calificado de «rosalegendario». Nuestro caso es el de que no conocemos ningún caso que niegue lo que aquí hemos señalado; o sea, que no existe «leyenda rosa». Si se defiende el papel de España como Imperio, ¿es pertinente señalar siempre lo que se ha hecho mal? Si no hacer referencia a lo que no se hizo bien es síntoma de rosalegendarismo, quizá es conveniente estudiar qué es lo que pasa por la cabeza de los que tienen que frenar las mentiras vertidas desde hace tantos siglos.

CONCLUSIÓN

Las páginas que ustedes han leído hasta aquí las queremos cerrar mediante lo que ahora ponemos negro sobre blanco, retomando, a grandes trazos, algunos de nuestros argumentos. Argumentos con los que hemos dado cuenta de cuál es el origen de la hispanofobia que muestran tan descarnadamente las izquierdas españolas.

Como hemos podido comprobar en las últimas páginas, las del capítulo 4, lo hacen desde las distintas plataformas en las que se mueven, y que son las de máxima divulgación. Divulgación que pudieron hacer, sin miedo a la réplica, durante las últimas décadas del siglo pasado. El modo en que defienden sus argumentos, desde comienzos de este siglo, se han vuelto más agresivos, pues algunas voces nos estamos levantando para acallar las atrocidades que se vierten sobre la patria común (pese a que de ella reniegen algunos de los nacidos en ella). Lo que pueden seguir haciendo, porque todavía no hay una réplica sistemática que se esfuerce por desplazarlos, por bajarlos de su pedestal moralizante. De un código moral que trastoca lo bueno y lo malo, cuando se trata de lo tocante a España.

Y a la derecha política española, sea militante o meramente votante, queremos decirle que tendría que removerse desde su silencio cómplice, desde su silencio cobarde. En este orden de cosas, debemos señalar que es mucho simplificar depender de una compartimentación tan drástica en estos dos grupos políticos, a la que debemos de atenernos, sin hacer matización alguna, pues a esas izquierdas debiéramos asociarle otros grupos cómplices). Eso sí, debemos denunciar la estrategia de la política de izquierdas, cuando se preocupan de presentar a cualquiera que trate de defender el pasado español y la relevancia que tuvo en la Historia, como de ultraderechista sin paliativos. Este maniqueísmo promovido por ellos, ha calado tanto que tenemos que expresarnos, tal y como lo estamos haciendo (situándonos en el maniqueísmo ficticio que criticamos), para poder hacernos entender, aunque preferiríamos no tener que utilizar constantemente unas etiquetas a veces poco fiables, a la par que tan poco clarificadoras, por tender a separar drásticamente a los españoles. O a separar las tristemente famosas, tanto como falsas, «dos Españas».

Como hemos denunciado, los izquierdistas tienen la patente, gratuitamente adquirida, de ser los que hablan desde la ética (patente que nadie ha tratado arrebatársela de forma efectiva, pero todo se andará, pues nada es para siempre). Desde esa ética es desde la que nos adoctrinan en las mentiras que hemos denunciado. Mentiras negrolegendarias que vierten en sus producciones literarias, cinematográficas, y a través de otros medios culturales. Mentiras que se divulgan en colegios e institutos (aunque en este importante contexto, cuando hablamos de programas educativos, lo que prima son las omisiones de relatos del pasado). Mentiras que se afianzan para su distribución en el medio universitario, gracias a los intelectuales encumbrados mediante sus respectivos ascensos en la jerarquía del «saber». De entre todos ellos hemos destacado, para denunciarlas, las tesis de José Luis Villacañas (que hemos visto como repiten las que leíamos en los textos de Marx sobre España). Las falsedades que este catedrático vierte en sus libros se coordinan con las de otros personajes docentes universitarios, y también en línea con la de otros ideólogos de las izquierdas hispanófobas, como Álvarez Junco o Fernández Liria. O con otros personajes, muy activos «culturalmente» hablando, que se prodigan en libros y artículos de Internet como Alba Rico, Cortés López o Cosano Prieto.

Los capítulos 2 y 3 los hemos dedicado a señalar la relevancia que Carlos Marx y sus epígonos —comenzando por Engels hasta llegar a los marxistas soviéticos— han sido los responsables de divulgar la Leyenda Negra entre el gran número de lectores de izquierdas, tanto en España como en Hispanoamérica. Marx y lo demás mencionados son los responsables máximos de que puedan llegar, a todos esos lectores, los argumentos negrolegendarios de autores decimonónicos que nadie lee ni leerá. Los textos de Marx son por tanto los que, en estas últimas décadas de divulgación hispanófoba (tanto en España como en Hispanoamérica), no los únicos, pero sí los primeros y mayores responsables de la tergiversación de lo que fue España. Esto se ha dado siguiendo esta secuencia temporal: Previamente a la divulgación de estos textos, las izquierdas que conocemos hoy, no eran antiespañolas ni hispanófobas, algo que podemos ejemplificar aquí con el modo de presentar la primera edición española de algunos de esos textos. La de Andrés Nin y Jenaro Artiles en 1929. Pero después de tres décadas de esa publicación, durante el régimen de Franco, la editorial Ariel encargó a Manuel Sacristán la traducción de los artículos de Marx y Engels (la editorial Ariel llevó a cabo varias ediciones y reimpresiones de esa traducción). Pocos años después de la primera edición de Ariel, la estrategia de los soviéticos haría que varias ediciones de los mismos se distribuyeran por todo el mundo hispano. Sin dejar pasar mucho tiempo, cada muy pocos años, los ideólogos de la izquierda, interesados en divulgar las mentiras sobre España vertidas por Marx, han conseguido hacerlas llegar a sus lectores. De ese modo es como los votantes de la izquierda[137], los organizados en los diferentes partidos de izquierdas y los nuevos ideólogos han asumido lo dicho por Marx, como si de verdades «reveladas» se tratase.

En definitiva, la tesis fuerte que hemos defendido en este libro es que Marx al erigirse, de manera suponemos que poco consciente, en el vocero de los autores negrolegendarios decimonónicos, es él mismo un autor negrolegendario. A nuestro entender el máximo exponente en la actualidad de trasmitir esas mentiras (incluso un catedrático universitario, como es José Luis Villacañas, repite muchos de los argumentos negrolegendarios que hemos leído en los textos Marx).

Por todo ello, denunciamos en este libro que Marx es uno de los mayores responsables de que la hispanofobia que se haya instalada en las izquierdas españolas e hispanoamericanas.

137 En todo momento nos referimos a las izquierdas marxistas, pues las hay que no lo son. Nos referimos a los partidos anarquistas. Pero dado la escasa relevancia mediática que tienen, como tales partidos y sindicatos, no los hemos tenido muy en consideración.

ANEXO I
España como Nación

La Nación española es la reunión de todos los españoles de ambos hemisferios
(Constitución española, 1812, Art. 1º)

Es pertinente señalar que la constitución española de 1812 no es la que permite que denominemos a España como «nación». España era una nación mucho antes, pudiendo asegurarse de que fue la primera de entre todas las naciones que luego se consideraron como tales. España era una nación histórica. En Cádiz lo que cambia es el soporte de la soberanía que, al considerarse como tal «nación», se adaptaba a la nueva expresión canónica, la que desde la Constitución francesa de 1791 puede denominarse como «nación política». Esta transformación se deriva por tanto de la desaparición del «Antiguo Régimen» en cada uno de los territorios que devendrán en naciones políticas:

> En el sistema ternario que tomamos como referencia, la nación (política), como hemos dicho, se constituye en función de una sociedad política preexistente que, a consecuencia de la evolución interna de su composición social (la aparición de una poderosa clase burguesa, vinculada a la revolución tecnológica e industrial, que logra suplantar el control político detentado por las monarquías y las aristocracias en el Antiguo Régimen) y de su conflicto con otras sociedades políticas, experimentó

> transformaciones profundas que la condujeron a la sustitución de los antiguos titulares del control político, por unos nuevos titulares representativos de la reciente composición de clases sociales intermedias. Afirmándose éstas frente a las otras clases, como sujetos soberanos del poder político, tomaron muchas veces la denominación de nación, en una nueva acepción, la acepción política[138].

Aquí vamos a esbozar una propuesta clarificadora de la idea de «nación política», atendiendo pormenorizadamente al origen conceptual de la misma[139]. De este modo reconoceremos las sombras que anulan toda luz que pudieran traernos los textos de Marx cuando expresa la idea de nación aplicándola a la España de esa época. Pero también las sombras que posteriormente han seguido extendiéndose dadas las distintas interpretaciones que de esos textos han expresado algunos de sus acólitos.

Se han dado a lo largo de la historia distintas conceptualizaciones e ideas del término «nación», ordenadas en ese sistema ternario mencionado. Comenzando por los primeros usos de lo que hoy conocemos por Biología, pasando por la Etnología, y terminando por el de la Política. Dado que a algunas de ellas deberemos referirnos más adelante, representamos en el siguiente cuadro el ordenamiento de las distintas acepciones de nación[140]:

---

138 Gustavo Bueno. *España frente a Europa*, págs. 137-8.

139 El acceso a estas tesis podemos rastrearlo en el libro que acabamos de citar, *España frente a Europa*, pero está estructurado de un modo exhaustivo en *España no es un mito*, y en algunos artículos y conferencias. En este acervo de materiales el profesor Bueno ha tratado el «problema de España» sistemáticamente, y es la base sobre la que nosotros hacemos esta propuesta.

140 Remitimos a *España no es un mito* para un desarrollo más exhaustivo de lo que aquí vamos a desarrollar.

ESPECIES DE NACIÓN → GÉNEROS DE NACIÓN↓	1ª	2ª	3ª
Biológica	Cuando nace un organismo viviente completo	Cuando nace una parte del organismo viviente	Nación como conjunto de individuos zoológicos
Étnica	Grupos humanos que habitan la periferia del imperio	Naciones étnicas integradas	Nación envolvente (Nación histórica)
Política	Nación canónica	Nación fraccionaria	

Este cuadro se ha podido elaborar a partir del análisis que Gustavo Bueno expresa en sus libros y artículos, entre los que cabe destacar, por su exhaustivo desarrollo estos dos textos: *España frente a Europa* y *España no es un mito*, pero sin dejar de señalar importantes conferencias que dio desde 1998 y a lo largo de la primera década del siglo actual. El cuadro clasificatorio que aquí plasmamos, está casi completamente desarrollado en el primero de los libros citados, aunque en la conferencia ofrecida el 14 de abril de 2005, que llevaba por título *España como nación,* hizo algunas puntualizaciones que vienen recogidas en el desglose que hacemos a continuación de cada uno de los géneros y especies, propuestos por Bueno para clarificar la idea de nación:

NACIÓN BIOLÓGICA (GÉNERO 1º)

—*Cuando nace un organismo viviente completo* (Especie 1ª): Por ejemplo, cuando nace una vaca, u otro animal, antes se decía, y ahora se sigue diciendo, que ha tenido «nación».

—*Cuando nace una parte del organismo viviente* (Especie 2ª): Nacen los dientes, el pecho de una adolescente, etc. Gustavo Bueno rastrea en Varrón la siguiente utilización de «nación»: *natio dentium* («nación» de los dientes). El concepto nación no es un concepto recto sino oblicuo, pues se define desde una plataforma distinta de la que se produce el hecho (al ver una encía abultada se piensa que van a nacer los diente los cuales son conocidos previamente).

—*Nación como conjunto de individuos zoológicos* (Especie 3ª): Un rebaño de ovejas le sirve a Bueno de ejemplo (el sentido es por tanto zoológico). Esta acepción nos lleva inmediatamente al segundo género de «nación», que no es zoológico sino antropológico.

NACIÓN ÉTNICA (GÉNERO 2º)

—*Grupos humanos de la periferia del Imperio* (Especie 1ª): Se aprecia claramente el carácter oblicuo del concepto. El Imperio romano (plataforma desde donde se expresa el concepto) considera una serie de irrelevantes grupos humanos, que hostigan y que no están integrados (*aquila non capit muscas*), son los «bárbaros», que viven tras las fronteras del Imperio (helvecios, suevos, galos, eburones, britanos…). Estas naciones son también denominadas «gentes» (En el siglo IV, Arnobio de Sicca escribe *Adversus nationes* y san Jerónimo lo traduce por *Adversus gentes*). Las gentes son las naciones (étnicas). Para santo Tomás los gentiles (páganos) son los que no pertenecen a la Iglesia (romana). Por otra parte, el concepto que maneja Federico Engels para hablar de los linajes, en *El origen de la familia*, es el de «organizaciones gentilicias». Engels señala que el origen del Estado ateniense deriva de una constitución «gentil».

—*Naciones étnicas integradas* (Especie 2ª): Son las naciones que se integran en el Imperio, o en un reino sucesor. En la Edad Media se llama nación a los grupos organizados que vienen de su lugar de origen. En la Universidad, los estudiantes de un lugar (los aragoneses, los asturianos, los burgaleses...) que van a Salamanca a estudiar. Los estudiantes cuando llegaban se agrupaban en «naciones» pero, una vez allí, la procedencia pasaba a segundo plano. También se agrupaban en «naciones» los comerciantes que iban a mercados lejanos. Estas naciones tenían idioma común pero *no tenían sentido político,* sino todo lo contrario. (Aquí ya estamos situados al final de la baja edad media)

—*Nación envolvente* (Especie 3ª): Este concepto solo tiene sentido respecto de este segundo género, el de la nación étnica. La nación envolvente podría asimilarse en algunos aspectos a la nación que denominaremos histórica, pero no es lo mismo. Gustavo Bueno pone el siguiente ejemplo para marcar esta importante diferencia: en el poema de la conquista de Almería por Alfonso VII se habla de nacionalidades, pero estas nacionalidades son étnicas. Las nacionalidades étnicas no pueden ser calificadas también como políticas pues el sentido político de nación todavía no ha aparecido. La nación española en la Reconquista se fue conformando como este tipo de nación, como nación envolvente, a la vez que como un Imperio. Los habitantes del norte de los Pirineos, de la futura Francia, empezaron a llamar españoles a los catalanes. Los catalanes serían pues los primeros españoles, pese lo que les pese. Por otra parte, Bueno incide en lo que va ecualizando a todos los españoles (una ecualización que se consolidará del todo con la conquista del Nuevo Mundo). En esos tiempos los españoles estarán unidos solidariamente, estarán soldados por mor del enemigo común a todos, unidos en la lucha frente al Islam. Bueno también señala que se empieza a hablar español porque los castellanos son mayoría, porque son las cuatro quintas partes de todos los que viven en ese Imperio, en ciernes, pero ya Imperio. Al menos esa era la autodenominación que se daban los reyes de la época, empezando por los leoneses y siguiendo con los castellanos. La nación castellana, con su idioma, va envolviendo y luego se ampliará a América (millones de hablantes de español). Ese fenómeno es el primero en toda Europa (España es la primera nación europea en sentido histórico, envolvente. Luego lo serían las demás). Con *Nación histórica* se entiende lo que sucedió en España y después en otras naciones europeas. La nación histórica española está constatada en «El Quijote», pues allí podemos leer lo que Cervantes pone en uno de sus personajes, el bachiller Carrasco, que le dice a Don Quijote: «sois el espejo de la nación española». Cervantes escribe esto a principios del siglo XVI. Ni para Cataluña ni para las provincias Vascongadas había nada escrito como esto. Catalanes y Vascos solo tienen reconstrucciones falsas, mitos, como el de Wilfredo el velloso para Cataluña (que quiere narrar un falso origen de la bandera catalana; la de los vascos de todos es sabido que la primera fue elaborada por Sabino Arana). La nación histórica no es nación política. No puede serlo debido a que estamos todavía en la época del Antiguo Régimen, y en tal época la soberanía residía en el rey. Otro dato en el que incide Bueno, y con el que demuestra cómo se califica a España de «nación», es el del discurso que Luis XIV dirige a Felipe de Anjou y con él a toda España (estamos en el momento histórico en el que los Borbones toman el relevo de los Austrias en la regencia española). En ese discurso Luis XIV dice que España y Francia forman una sola «nación». Bueno afirma sin embargo que este concepto de nación no es político, ni siquiera étnico, es biológico, «nación de borbones». Más adelante, en el mismo discurso vuelve a nombrar a España como nación, pero esa vez lo hace en un sentido ya del segundo género, en sentido histórico. Eso sí, nunca político, como ya hemos dicho pues la soberanía todavía no es popular. A la «nación política» la nombrarán originalmente los franceses en su Asamblea, tras la revolución: «la Nación no recibe órdenes de ningún rey» (se refieren a la «nación política»). Llamar «nación» a una agrupación social y política no es una mera cuestión de palabras, sino que hay historia detrás. Bueno afirma que España fue la primera nación política, ya que España puede considerarse, dada su especial trayectoria entre todos los países de Europa, como una nación política antes que cualquiera de las demás. España, se conformó como nación envolvente a la vez que se hizo un Imperio, el primer Imperio globalizador. La nación española empezó mucho antes que su promulgación como tal en las Cortes de Cádiz.

NACIÓN POLÍTICA (GÉNERO 3º)

—*Nación canónica* (Especie 1ª): Así se entiende la nación desde hace alrededor de dos siglos. Son las naciones actuales: Francia, Inglaterra, España… La nación española (conformada por todos los españoles de ambos hemisferios) surgirá formalmente —pues de hecho, como ha dicho Gustavo Bueno ya lo era— en la Constitución de Cádiz: «la soberanía reside en la Nación» (art. 3º). En 1809, el diputado de las Cortes de Cádiz, Flórez de Estrada escribe: «llamar soberano al rey es crimen de lesa patria». Sabemos lo que es una nación canónica al atender a los que pertenecen a ella, al ver un carnet de identidad o un pasaporte; cuando pensamos en la nacionalidad de un individuo, del que sea que tenga documentación de un Estado reconocido. Hoy día en España tenemos problemas por haberse introducido un nuevo concepto que choca con el de nación, el de «nacionalidad». Este término fue acuñado por los constitucionalistas españoles de 1978, y con él se emborrona el que hasta ese momento era claro concepto de «nación».

—*Nación fraccionaria* (Especie 2ª): Con este concepto se quiere sustituir el anterior, el borroso anteriormente señalado. Los que defienden la nación (fraccionaria) aseguran que tienen una «nación cultural» previa. Las naciones fraccionarias que aparecen en España, y que se autodenominan como naciones (políticas), la vasca o la catalana, señalan que antes eran «naciones culturales». Ese concepto fue inventado por Fichte, a principios del siglo XIX. Fichte decía que un Estado se justifica como tal por tener una cultura; y que si un pueblo tenía una cultura, tenía que tener un Estado. Los vascos han creado una lengua unificada y distintos mitos; los catalanes a base de la sardana, la butifarra, el cava y Wilfredo el velloso. La lengua de ambas naciones fraccionarias (política según ellos mismos) debe aprenderse por obligación. Esta política llevan desarrollándola desde que tienen un gobierno autónomo, legalizado por la Constitución, y en base a lo que Fichte señaló, sabían cómo debían actuar: primero, construir una cultura, pues al considerarse como tal, el estado automáticamente también surgía, y de ahí a la nación. Pero todo ello es una reconstrucción ficticia, una maquinación secesionista. Es más, como afirma Gustavo Bueno, hoy día no son siquiera una nación étnica, pues la población que fue aumentando por la industrialización se fue mezclando, y allí conviven gentes de todas las nacionalidades étnicas españolas, además de marroquíes, etc. Lo que sucede realmente es, nos dice Bueno, que en la nación política, el componente político no viene de ninguna «nación cultural» previa, sino del Estado del Antiguo Régimen, por lo que la nación política no puede inventarse, no puede construirse a partir de nada. Hacer un llamamiento, por otra parte, al sentimiento no da ninguna razón, sentirse catalán o vasco no significa nada. Las explicaciones psicologistas no son tales. La espuria nación catalana viene del Estado español, no de un estado previo catalán. Ni vascos ni catalanes hubieran sido nada sin haber pertenecido a España (Borrell I, se proclamó duque español. Ramón Berenguer IV, anexionó Cataluña al reino de Aragón por matrimonio. Las cuatro barras rojas catalanas son de Aragón; y de la bandera de Aragón surgirá la española siglos después).

Bueno señala que España se consolida como una nación envolvente, al comenzar su andadura imperial. Así podemos calificar lo que será España, ya en esos tiempos remotos en que los reyes de León eran denominados emperadores. Alfonso III, en 867, era denominado como *Adefonsus totius Hispaniae imperator*, esto no fue una mera forma de hablar, sino el primer momento de una constante guerra de ampliación de fronteras, de manera que dos siglos después, en 1077, Alfonso VI fue coronado como *Imperator totius Hispaniae*, título que también ostentó su sucesor Alfonso VII).

En 1812, España seguía siendo un Imperio, aunque en decadencia. En Cádiz fue promulgada la Primera Constitución española, mediante la cual España comenzó su andadura como nación política.

ANEXO II
El artículo Espartero de Marx en armonía de los intereses de políticos moderados y de los enemigos de España de la época

1. OPINIONES VERTIDAS EN LA PRENSA A FAVOR DE LA REGENCIA DE ESPARTERO

1.1. Juan Martínez Villergas (El Tío Camorra)

La prensa de la época tuvo un protagonista, crítico con la política de mediados del XIX: Juan Martínez Villergas. Cuando Espartero estaba exiliado en Inglaterra inauguró una publicación satírica: El Tío Camorra (duro poco, como otras también inauguradas por él; tan poca duración se debía a que las denuncias hacían que la publicación se cerrase). Aunque crítico con la figura de Espartero, durante el periodo de su regencia, vamos a poder ver su cambio de opinión en los años posteriores.

Respecto de la situación de España en el contexto político de la época, así introduce y concluye el texto en el que se dio a conocer como «El tío camorra»:

«¿Será bien que la Francia nos socorra, o que Inglaterra a nuestra causa se una? Si le dan a escoger al Tío Camorra, de entre las dos... se queda sin ninguna.

Muchos días desde que sale el sol hasta que se pone, se ha llevado el *Tío Camorra* reflexionando acerca de la situación de nuestra patria, amarrada hace mucho tiempo al yugo extranjero, pasando del dominio de Francia al de Inglaterra, y viceversa, que es lo mismo que decir de Herodes a Pilatos, y no seguramente porque los franceses y los ingleses tengan bastante poder para esclavizarnos, sino porque los prohombres de todos los partidos españoles han tenido suficiente debilidad para vendernos. En esta parte, preciso será confesar que nada pueden echarse en cara los de ahora y los de antaño.

(...)

En cambio, preciso será confesarlo, bien nos han indemnizado los franceses, pues todas las desgracias que nos han ocasionado, todas las plagas que nos han traído, todo el mal que durante muchos años nos han hecho queda recompensado con el placer que nos han dado, con la fortuna que nos han concedido enviándonos al duque de Montpensier, príncipe de los luceros y lucero de los príncipes. ¡Qué lástima que los que nos hicieron la gracia de mandarnos a Montpensier, nos hayan hecho el agravio de llevarse a la duquesa de Rianzares! Las naciones, lo mismo que los individuos, son a veces tan miserables que no saben hacer los favores sino a *medias,* quitando de este modo todo motivo de gratitud. Pero en fin, más vale algo que nada, y con tal que Doña María Cristina disfrute buena salud y se divierta mucho en París, aunque nunca vuelva a poner los pies en España, tendremos la santa resignación de darnos por muy contentos» (El tío camorra 1, Madrid, 1 de septiembre de 1847).

EL TIO CAMORRA,

EL TIO CAMORRA,

1.2. El Tío Camorra a sus suscritores[141]

«Algunos de mis apreciables suscritores me han felicitado por la *paliza* que sacudí a los enemigos de la libertad, con motivo del plan maquiavélico que habían concebido para ultrajar al general Espartero y a todos los patriotas en el teatro del Circo. Han lamentado solo mis suscritores, que un asunto que tanto se presta a la sátira, no lo haya tratado en verso. Los que tal dicen, no saben que el ciudadano de Torrelodones se había anticipado a sus deseos, pues sobre el asunto del Circo ha hecho el *Tío Camorra* nada menos que un *poema*; sí señores, un *poema* que verá la luz pública muy pronto, con otros escritos muy notables de los redactores del *Espectador*, conocidos como escritores y como liberales. El folleto, que debe entrar mañana en prensa, tiene por título: *ESPARTERO. Su pasado, su presente, su porvenir* (Por la redacción de *El Espectador* y *El Tío Camorra*)» (Madrid, 16 de febrero de 1848).

141 En las páginas del *Proyecto de filosofía en español* se han recuperado estos textos que aquí citamos: https://www.filosofia.org/hem/184/var/etc25400.htm

De este texto, del que ya nos hemos hecho eco cuando atendimos a lo que decía en él Agustín Príncipe, vamos a plasmar aquí algunos párrafos.

1.2.1.. De Ramón Girón, y su escrito titulado *Cuatro años de emigración*.

> «Si el movimiento de 1843 despojó a Espartero de la regencia, no pudo despojarle así de su popularidad: si arrancó el poder de sus manos, no le quitó ni pudo quitarle su gran importancia, edificada sobre gloriosos antecedentes: si pudo, en fin, proscribirle, no pudo borrar su historia ni sofocar el eco que en toda la Europa había producido su nombre, ni evitar que la brillante acogida que tuvo en un país extranjero, cuya hospitalidad se vio precisado a pedir, le vengara de la ingratitud de sus conciudadanos. Porque, en efecto: Espartero caído no hizo más que mudar de patria como había mudado de posición, y la Inglaterra fue para él otro país natal, donde como en el suyo, ejerció un poder aun más grato, el gran poder moral que dan la popularidad y la estimación pública. Espartero cayó, pero en nada por esto se rebajó su fama; verdad es que todas las revoluciones del mundo no hubieran sido capaces de hundir en la oscuridad al hombre colocado por sus hazañas al nivel de las más altas notabilidades de la época. Napoleón en Santa Elena, era el grande hombre que había hecho estremecer al mundo con su espada; Espartero tenía que ser en la emigración el hombre valeroso a quien las victorias habían abierto un camino de triunfo hasta el supremo poder.
>
> (...)
>
> Y cuidado que para que se comprenda bien cuánta era su abnegación es preciso tener en cuenta no solo su influencia en el país que le había dado hospitalidad, sino también el cambio que sufrió la opinión de los que en España habían contribuido a derrocarle. ¡Ah! Espartero por lo menos pudo provocar una guerra civil, y sin embargo, quiso antes arrostrar la vida

ingrata del ostracismo, que sufrir el remordimiento de hacer verter una gota de la sangre de sus conciudadanos».

1.2.2. De Ramón Satorres, *La vuelta del proscripto*

«Napoleón en Santa Elena no pensaba tanto en la gloria y en la grandeza que había perdido, como en aquel pueblo francés de que la tiranía le rechazaba. «Yo deseo descansar, decía en su testamento, como la esperanza más lisonjera, que le quedaba al morir, en medio de ese pueblo francés que tanto he amado». Así Espartero también: cuanto había perdido en su caída del elevado puesto a que el voto nacional le encumbró, era nada comparado a la agonía que le hacía sufrir el apartamiento de una patria a cuya felicidad desde sus primeros años se había consagrado. Por eso también Espartero en los primeros momentos de desahogo que le dejó el entusiasmo y el amor general que por todas partes produjo a su llegada al suelo patrio, no hacía más que repetir en el seno de sus amigos las palabras siguientes, que encierran todo un mundo de amor y de reconocimiento. «Mientras he estado en la emigración —decía el ilustre proscripto—, mi mayor, mi único sentimiento ha sido vivir lejos del pueblo español: ahora que me hallo en su seno, me sería ya indiferente morir.» Ya lo hemos dicho en otra parte: si hay algún héroe popular en la historia, ese héroe es Espartero. Así como otros se han propuesto por término y fin de sus acciones el engrandecimiento personal, el logro de riquezas, de laureles o de vanidades; así Espartero no ha pensado ni ha vivido nunca más que para consagrarse a la gloria y defensa del pueblo en cuyo seno ha nacido».

1.2.3. De Antonio Ribot y su artículo *El porvernir*, los dos primeros párrafos

«La misión de Espartero no puede concluir sino con él. En cualquier parte que se halle, cualquiera que sea la posición que ocupe, será Espartero el centro de todas las miradas del gran partido nacional; la expresión, la síntesis de este partido; el reflejo de todas las opiniones de libertad y progreso que tienden hoy más que nunca a combinarse, a mezclarse, a fundirse en una sola; el punto de confluencia donde han de ir a parar todas las miras individuales para sostenerse mutuamente y convertirse en un pensamiento común. Las ideas más vagas de la multitud van a buscar en Espartero una fórmula; en él van a buscar las teorías personales la debida convergencia para confundir en una sola lo que cada una de ellas tiene de adaptable. Un partido como el progresista, que no aspira más que a la libertad y a la independencia de la patria y al progreso de la humanidad en general, carece de la unidad característica de las pandillas, de esa unidad que no se encuentra en los que dirigen sus fuerzas individuales al interés de la comunidad, sino en los que dirigen las fuerzas de la comunidad a sus intereses individuales. El lazo más poderoso que une entre sí a los enemigos de la libertad es el egoísmo, y como han debido necesariamente carecer de este lazo los que constituyen el partido del progreso, han tenido necesariamente que buscar otro. Ellos saben que para ser fuertes han de estar unidos, y la conciencia de esta necesidad les ha hecho pensar a todos en un vínculo a que todos se sometiesen voluntariamente, sin que nadie quisiera romperlo. Este vínculo es Espartero; existiendo Espartero, no podían los liberales buscar otro.

Si ahora, pues, se nos pregunta cuál es la significación política de Espartero, diremos que Espartero significa la unidad del gran partido liberal. Esta significación la debe a su popularidad, y su popularidad a sus hechos y también a su misma procedencia. Espartero es popular, porque como Franklin, como Washington, ha salido de la clase del pueblo, de esta clase tan vilipendiada como generosa, que ha derramado su sangre para conquistar unas instituciones que no le dan ningún derecho; es popular, porque hasta sus blasones y títulos aristocráticos los ha adquirido defendiendo al pueblo, y no vendiéndole; es popular, porque desde la inmensa altura a que le ha elevado su propio mérito, no ha escupido jamás desdeñosamente al pueblo, de cuyas filas ha salido, como tantos otros que cuando por medio de la intriga logran abrirse paso hasta los salones de los magnates, se avergüenzan de su humilde extracción, en lugar de avergonzarse de sus hechos, y procuran hacer pedazos la fe de bautismo en que consta su oscuro origen; es popular, porque pudiendo optar entre los favores de la aristocracia y el amor del pueblo, optó por este último, y supo prescindir de todos los títulos, honores y condecoraciones que había comprado con su sangre cuando se quiso convertir sus galardones en compromisos que le obligaban a encadenar su patria; es popular, en fin, porque ha estado constantemente tan identificado con el pueblo, que sus victorias y sus caídas han sido siempre las victorias y las caídas del pueblo mismo. La popularidad de Espartero no es pues usurpada; la posee más que ningún otro, porque más que ningún otro presenta títulos legítimos para poseerla».

2. EL ARTÍCULO ESPARTERO DE MARX

Leemos en las páginas del *Proyecto de filosofía en español* algo que, por suscribirlo, no podemos dejar de citar, dada su claridad expositiva: «El malicioso artículo anónimo de Marx quedó olvidado durante siete décadas, perdido en ese periódico neoyorquino, hasta que fue exhumado por los hagiógrafos moscovitas soviéticos y fue vertido bien pronto al español por el filotrotsquista Andrés Nin; conociendo después numerosas versiones y ediciones, leído fielmente como doctrina inmarcesible y superior por tantos devotos y hermeneutas de su Palabra»[142]. Y debemos seguir atendiendo a esa página, por que en ella podemos leer lo que el mismo Marx dice en su artículo sobre Espartero de los que escriben en el texto citado más arriba: *Espartero. Su presente, su pasado y su porvenir* (algo de lo que ya nos hemos hecho eco en nuestro texto, pero que es pertinente reexponer en este Anexo II, pues con ello se justifica la tesis expresada en su título):

> «Espartero se retiró tranquilamente a su hacienda de Logroño para dedicarse a sus legumbres y a sus flores y en espera de que llegase su hora. No buscó a la revolución, sino que esperó que la revolución lo llamase. Fue más allá que Mahoma. Esperó que la montaña fuera hacia él, y la montaña, en efecto, se dirigió a él. Sin embargo, hay que hacer notar una diferencia: cuando estalló la revolución de febrero, a la cual siguió el terremoto general europeo, Espartero, por mediación del Sr. Príncipe y otros amigos, publicó un pequeño folleto titulado «Espartero: su pasado, su presente y su futuro» para recordar a España que tenía todavía en su sangre y en su tierra a ese hombre del pasado, del presente y del porvenir. Cuando el movimiento revolucionario de Francia decayó, ese hombre del pasado, del presente y del porvenir desapareció voluntariamente de la escena» (Marx y Engels, *La España revolucionaria*, págs. 59-60)[143].

---

142 https://www.filosofia.org/his/1848espa.htm

143 Los comentarios que podemos leer en los compilatorios del *Proyecto de Filosofía en español*, no suelen dar «puntada alguna sin hilo», de ahí que no dejemos de atender nuevamente (pues ya hemos citado lo que retomamos aquí) a lo que podemos leer en la ventana sobre el texto del que Marx se hace eco, señalándolo con su particular saña, por los motivos que vamos a poder comprobar: «Pero sucede que la agitación parisina contra Luis Felipe se inicia tras los banquetes organizados para el día 22 de febrero, que habían de conducir a proclamar la Segunda República francesa el día 25 de febrero de 1848, una semana después del anuncio de este opúsculo (*Espartero. Su presente, su pasado y su porvenir*). Un opúsculo que se difundía desde Madrid, por tanto, poco antes también del comienzo de la distribución desde Londres, el 21 de febrero de 1848, anónimo y en alemán, del *Manifest der kommunistischen Partei*, encargado por la Liga de los Comunistas a Marx y Engels». https://www.filosofia.org/his/1848espa.htm

3. OPINIONES VERTIDAS EN LA PRENSA EN CONTRA DE LA REGENCIA DE ESPARTERO

Las opiniones vertidas en la prensa amiga del partido moderado, son críticas con la figura de Espartero, en unos términos adecuados a los que Marx nos trasmitió después en sus textos sobre España. Les dejamos aquí una serie de ejemplos:

> «La fortuna de la última guerra favoreció entre todos los ayacuchos al general ESPARTERO, sus amigos le adularon, sus amigos le valieron, sus amigos desplegaron ante él el espectáculo de la Regencia» (El Heraldo (Madrid. 1842). 1/10/1842, pág. 2).

> «Según escriben de Andalucía, el alcalde de Veger que fusiló al pueblo dentro de la iglesia para ganar las elecciones municipales en sentido favorable a la pandilla ayacucha, ha sido puesto en la cárcel, se le forma causa para castigar tamaño atentado» (El Imparcial (Barcelona). 20/2/1843, pág. 2).

> «Parece indudable que el Gobierno del duque de la Victoria, no ha temido en las convulsiones de su agonía, echar sobre sí la tremenda responsabilidad de otro bombardeo más. Sevilla, la hermosa capital de Andalucía, la ciudad rica en monumentos artísticos de todos tiempos, es ya presa de las llamas de un hombre desapiadado. ¿Qué frenesí es este? ¿A qué conduce esta barbaridad salvaje? Solo a saciar la sed de sangre que devora a los ayacuchos y a su jefe» (*Diario constitucional* de Palma (1839). 5/8/1843, pág. 2).

Las menciones a los «ayacuchos» y al que consideran su máximo representante, Espartero, se multiplican, tanto en los periódicos mencionados y en otros diferentes. Día tras día se publican artículos demoledores con la labor de Espartero y los que denominan «ayacuchos». Pese a que deja la regencia y sale de España —algo que sucede el último día de julio de

1843— los diarios continúan su labor destructiva, tal y como hemos podido comprobar al atender a la noticia de *El diario constitucional* de Palma. Tras esas fechas, durante la década moderada las menciones a los ayacuchos van decayendo, al menos con relación a los últimos meses de la regencia de Espartero. Algunos ejemplos son estos:

«Aquí empezamos á tener paz y sosiego. Desde que Cádiz se emancipó de la tiranía de los ayacuchos no pasaba apenas un día sin que no hubiese en algunos barrios de la población carreras, vivas y mueras, pasquines y otras demostraciones contra el actual orden de cosas; pero las disposiciones tomadas por el capitán general han vuelto la calma a los ánimos y desconcertado a los conspiradores. Esto convencerá al Gobierno de que en Cádiz se necesitan por algún tiempo medidas fuertes para destruir los elementos con que contaba aquí el ayacuchismo» (*El Heraldo* (Madrid. 1842). 19/8/1843, pág. 1).

«Después que todas las Juntas del Reino, una vez logrado el grandioso objeto de su establecimiento, se han declarado disueltas; después que hasta algunas de Galicia que se mantenían recalcitrantes han seguido el ejemplo de las demás, aunque murmurando sus mal disimuladas tendencias ayacuchas» (*El Corresponsal* (Madrid). 20/8/1843, pág. 1).

«Bien pronto procuró Espartero remediar el mal, y rehacerse de semejante contratiempo; y al momento salieron los periódicos vendidos a su corte, y el secretario particular, y todos los órganos del ayacuchismo; y negaron con ese cinismo, y ese impudor que les es habitual, el hecho de la imposición de los CINCO MILLONES declarando al mismo tiempo que su señor carecía de fondos y de recursos, y que apenas tenía para alimentarse, y que a no ser por las rentas de su esposa, de seguro lo pasaría muy mal, con lo cual pretendían engañar a los crédulos e inocentes españoles, y con lo cual solo consiguieron una parte del inmenso descrédito que pesa sobre

Espartero, y que le hace hoy el hombre más desacreditado de la tierra» (*La Posdata* (Madrid). 11/9/1843, pág. 1).

«El 14 empiezan en esta las elecciones para diputados provinciales, y aunque los ayacuchos trabajan mucho para conseguir el triunfo, dudo que puedan lograrlo; pues los hombres de bien, los verdaderos liberales están aquí unidos y no dejaremos de hacer cuanto esté de nuestra parte, dentro del circulo legal para que tengamos una diputación cual corresponde a esta provincia, y no como la anterior que fue la mengua y el baldón de la provincia pues escandalizó ver a algunos de los individuos que de una rendición humilde y oscura ostentaran a poco un lujo admirable, presentándose con un orgullo y una petulancia, propias de la miseria y cieno de donde salieron, Dios nos libre de que semejantes entes, que son los vampiros de los pueblos, volviesen a su ominosa dominación» (*El Castellano*, Madrid. 16/10/1843, pág. 3).

ANEXO III
Las seis generaciones de izquierdas caracterizadas por Gustavo Bueno

1. Primera generación: la izquierda radical o revolucionaria. Toma su nombre del lugar que ocupaba al sentarse en los bancos del convento dominico dedicado a la Anunciación (en los de la izquierda). Su papel en la Historia fue el de llevar a cabo la transformación de la sociedad francesa, organizada de acuerdo con las normas del Antiguo Régimen, en una nación política.
2. Segunda generación: la izquierda liberal. En España se enfrentó al Antiguo Régimen y a la invasión napoleónica. Estos revolucionarios de izquierda fueron los que firmaron la Constitución de Cádiz. Esta izquierda liberal sufrió muchas transformaciones a lo largo del siglo XIX, y las diferentes facciones que surgieron se opusieron entre sí. Las distintas organizaciones liberales dominaron la arena política durante más de cien años, tornando, por otra parte, a conformarse en lo que entendemos por derecha liberal. Su trasformación en derecha fue propiciado por la aparición de organizaciones de izquierda: anarquistas, socialdemócratas y comunistas: «Desde la llamada izquierda proletaria, tanto

los liberales como los carlistas quedaban del lado de la derecha, sin necesidad de haber cambiado de rumbo» (Gustavo Bueno, *El mito de la derecha*, pág. 212).

3. Tercera generación: la izquierda libertaria. Su política es la que quiere conseguir la destrucción inmediata del Estado en cualquiera de sus formas. La izquierda libertaria es el anarquismo.
4. Cuarta generación: la izquierda socialdemócrata. Es la primera corriente de adscripción marxista. Su cometido es el de llegar al socialismo mediante la utilización del aparato estatal, que serviría de plataforma para ello. La vía para conseguirlo no sería cruenta, revolucionaria, sino pacífica. De ese modo se llegaría al «Estado Social de Derecho».
5. Quinta generación: la izquierda comunista. Esta generación de izquierda quiere la transformación revolucionaria del Estado burgués. En esta generación se ha atendido a tres fases: la leninista, la estalinista y la de la coexistencia pacífica con el capitalismo, separadas por dos hitos importantes: la muerte de Lenin y el XX Congreso del PCUS, en el que se rechazó el estalinismo.
6. Sexta generación: Gustavo Bueno se refiere con ella al comunismo maoísta, de cuño muy diferente al que marcó las otras cinco generaciones, dado que las tradiciones de una y otra son totalmente diferentes.

Además de estas generaciones Gustavo Bueno señala a la izquierda indefinida, la cual no puede incardinarse en las generaciones señaladas previamente, aunque se identificará con algunos aspectos de las generaciones señaladas. La enciclopedia interactiva Symploké señala lo siguiente para definirlas: Con la expresión «izquierda indefinida» se «hace referencia a aquel conjunto de corrientes de la izquierda que no tienen una posición definida con respecto al Estado. Están representadas sobre todo por algunos artistas e "intelectuales", las ONGs, los movimientos antiglobalización, la contracultura, etc. Las izquierdas indefinidas se dividen en tres tipos de corrientes: la izquierda extravagante, la izquierda divagante y la izquierda fundamentalista» (remitimos al libro de Gustavo Bueno: *El mito de la izquierda*).

La derecha, sin embargo, ha expresado sus diferencias de modo distinto a la izquierda. De la derecha no podemos señalar generaciones, sino que tenemos que definirla de modo distinto. Hablamos de derecha en singular, mientras que de la izquierda hemos hablado en plural: las izquierdas (las generaciones de izquierdas señalan importantes diferencias que así lo requieren, como hemos comprobado). Por el hecho de considerar solo una derecha, para marcar algunas diferencias encontradas en su acción política debemos referirnos no a generaciones, que marcarían diferencias muy importantes entre ellas, sino a modulaciones. Estas modulaciones de la derecha las expresamos de este modo: derecha primaria, derecha liberal y derecha socialista (remitimos al libro de Gustavo Bueno: *El mito de la derecha*).

BIBLIOGRAFÍA

BUENO, G. *La teoría de la esfera y el Descubrimiento de América*, en *El Basilisco* 1 (2ª época). 1979; págs. 3-33.

—*España frente a Europa*. Barcelona. Alba Editorial. 1999.

—*La esencia del pensamiento español. El Basilisco*. 1999; 26, págs. 67-80.

—*La idea de España en Ortega. El Basilisco*. 2002; 32, págs. 11-22.

—*El español como «lengua de pensamiento». El Catoblepas* 20. Octubre 2003.

—*El mito de la izquierda*, Ediciones B, Barcelona 2003.

—*España no es un mito*. Madrid. Ediciones Temas de Hoy. 2005.

—*El mito de la derecha*. Madrid. Ediciones Temas de Hoy. 2008.

—*«Comunismo» como idea fuerza. El Catoblepas* 143. Enero 2014.

CORTÉS LÓPEZ, J. L. *La esclavitud negra en la España peninsular del siglo XVI*, Ediciones Universidad de Salamanca, Salamanca 2019.

DEMOLINS, E. *En qué consiste la superioridad de los anglosajones*, Librería de Victoriano Suárez. Madrid 1899.

DOMINGUEZ ORTIZ, A. *Historia de España, tomo V. El siglo de oro. Siglo XVI*, Barcelona, Editorial Planeta, 1989

ESPINOSA, B. *Tratado político*, Tecnos, Madrid 1985

FLÓREZ, J. S. *Espartero. Historia de su vida militar y política y de los grandes sucesos contemporáneos*, tomo III, 1847.

GARCÍA CAMBA, A. *Memorias del general García Camba para la Historia de las armas españolas en el Perú 1809-1821* (Editadas por R. Blanco Fombona), Editorial América, Madrid, 1916.

HUME, D. *De los caracteres nacionales* (En *Escritos impíos y antirreligiosos de David Hume,* edición de José L. Tasset), Akal, Madrid 2005.

KOHLER, A. *Carlos V 1500-1558. Una biografía*, Madrid, Editorial Marcial Pons, 2000.

MARIANA, J. DE (PADRE), *Historia General de España*, Barcelona, Imprenta de Luis Tasso, ¿1847?

—*Del rey y de la institución rea*l, *Obras del Padre Juan de Mariana*, tomo segundo, Biblioteca de autores españoles. Atlas, Madrid, 1950.

MARLIANI, El señor de. *Historia política de la España moderna*, Barcelona, Imprenta Antonio Berges y Compañía, 1840.

MARTÍN JIMÉNEZ, L. C. *La implantación política de la filosofía alemana. El Basilisco.* 2018; 50. Págs. 73-102.

MARX, C. y ENGELS, F. *La revolución española*, Madrid, Editorial Cenit, 1929.

—*Revolución en España*, Barcelona, Ariel, 1960.

—*Revolución en España*, Barcelona, Ariel, 1966.

—*Revolución en España*, Barcelona, Ariel, 1970.

—*La revolución en España,* Moscú, Editorial Progreso (sin año de edición, 240 páginas).

—*La revolución en España,* Moscú, Editorial Progreso (sin año de edición, 244 páginas).

—*La revolución en España,* Moscú, Editorial Progreso, Moscú, 1974.

—*La revolución en España,* Moscú, Editorial Progreso, Moscú. 1978.

—*La revolución en España,* Moscú, Editorial Progreso, Moscú, 1980.

—*La revolución en España,* Moscú, Editorial Progreso, 1974 y 1978.

—*Escritos sobre España*, Barcelona, Editorial Planeta, 1978.

—*Las luchas de clases en Francia... El dieciocho brumario de Luis Bonaparte*, Austral, Madrid, 1985.

—*Escritos sobre España. Extractos de 1854,* (Edición de Pedro Ribas), Madrid, Editorial Trotta, 1998.

—*La España revolucionaria*, Madrid, Alianza, 2014.

MENÉNDEZ PIDAL, R. *Historia de España, XX*. La España de Carlos V, Madrid, Espasa Calpe, 1979.

MERLE, M. Y MESA, R. (Selección de). *El anticolonialismo europeo. Desde Las Casas a Marx*, Alianza, Madrid, 1972.

POZO FAJARNÉS, J. L. *José Luis Villacañas Berlanga y su fobia al Imperio español, El Catoblepas* 180, verano 2017.

—¿Es Estados Unidos un país racista?, Amazon, 2023.

PRÍNCIPE, M. A. *De la cuna al Malabar*, en *Espartero. Su presente, su pasado, su porvenir* (VV. AA.), Imprenta de Julián Llorente, Madrid, 1948.

RANKE, L. *Historia de los papas de la época moderna*. Fondo de cultura económica, México, 1943.

TUERO BERTRAND, F. *Riego. Proceso a un liberal*, Nobel, Oviedo, 1995.

TUSELL, J. y SÁNCHEZ MANTERO, R. *Historia de España, El siglo XIX, vol. 12*, Espasa Calpe, Madrid, 2004.

VILLACAÑAS BERLANGA, J. L. *¿Qué Imperio? Un ensayo polémico sobre Carlos V y la España imperial,* Almuzara, Cordoba 2008.

—*Imperiofilia y el populismo nacional-católico*, Lengua de trapo, Madrid, 2019.

BIBLIOGRAFÍA INTERACTIVA

ARISTÓTELES, *Política*:

https://www.filosofia.org/cla/ari/azc03.htm

BOLIO ORTIZ, J. P. y BOLIO ORTIZ, H. J. *Juicio de residencia: mecanismo de control a las autoridades coloniales*:

https://revistas.juridicas.unam.mx/index.php/hechos-y-derechos/article/view/11593/13460

BUENO, G. *España como nación*:

http://www.fgbueno.es/med/gb2005es.htm

LAFUENTE, M. *Historia General de España* (Editado por Javier Martínez):

https://clasicoshistoria.blogspot.com/2014/01/modesto-lafuente-historia-general-de.html

MARX, C. y ENGELS, F. *La revolución en España,* Moscú, Editorial Progreso:

https://arxiujosepserradell.cat/wp-content/uploads/2023/01/marx-k-y-engels-f-la-revolucion-en-espana-1854.pdf

https://es.scribd.com/document/593511458/Marx-Engels-La-revolucion-en-Espana-Progreso-1978 (esta edición no es de Progreso, pues ha sido transformada, al intercalar un artículo y una serie de notas, por parte de Jaime Onemix Arraíza)

MENÉNDEZ PELAYO, M. Historia de los heterodoxos españoles.

https://www.cervantesvirtual.com/obra-visor/historia-de-los-heterodoxos-espanoles/html/fee78e52-82b1-11df-acc7-002185ce6064_92.html

MERCADO, T. *Suma de tratos y contratos*

https://www.cervantesvirtual.com/obra-visor/suma-de-tratos-y-contratos--0/html/feec322c-82b1-11df-acc7-002185ce6064_2.html#I_14_

SAN ISIDORO (de Sevilla)

http://www.thelatinlibrary.com/isidore.html

SANTO TOMÁS. *Del gobierno de los príncipes*:

https://drive.google.com/file/d/0B7SoIkXUABMvYmFkNzM3MjItMTU2Ni00NWNkLWEyNDYtZDJjMmY2MzUwOGU4/view?resourcekey=0-9Twn-8Cw5WPrNoIBnJZuvA

IBORRA MALLENT, J. V. y VALDÉS GUERRERO, L. R. *El pensamiento económico de la Escuela de Salamanca y la esclavitud negra.*

http://www.scielo.edu.uy/scielo.php?script=sci_arttext&pid=S2301-16292020000200087#fn47

Agradecimiento

Este trabajo no se hubiera transformado en el libro que tienen entre sus manos si Gustavo Bueno Sánchez no me hubiera animado a estudiar en profundidad los textos de Marx sobre España. Y debo agradecer a Mercedes, mi esposa, que leyera el manuscrito. Sus comentarios hicieron que la lectura del libro se librara de cierta aridez en algunos pasajes.